MANUAL PRÁCTICO SOBRE LA NUEVA JUSTICIA LABORAL EN MÉXICO

(RELACIONES INDIVIDUALES DE TRABAJO Y CONCILIACIÓN LABORAL)

HUGO ARRIAGA ESTRADA

Publicado por Ibukku
www.ibukku.com
Diseño y maquetación: Índigo Estudio Gráfico
Ilustraciones: Juan Coranguez Uribe
Cuadros conceptuales: Ingeniera E. Angélica García Herrera.
Copyright © 2020 Hugo Arriaga Estrada
ISBN Paperback: 978-1-64086-811-3
ISBN eBook: 978-1-64086-812-0

Índice

AGRADECIMIENTOS   7

PRÓLOGO   9

INTRODUCCIÓN   13

Capítulo I
Naturaleza Jurídica del Derecho del Trabajo   33

1. Derecho del Trabajo como rama del derecho social, su historia y raíz constitucional.   33

     1.1 Clasificación de las ramas del derecho.   33

     1.2 Breve reseña histórica del derecho del trabajo en México.   36

     1.3 El artículo 123 como raíz Constitucional del Derecho del Trabajo.   40

     1.4 Las 3 Esferas Jurídicas Constitucionales de Protección y Garantía de los Derechos Humanos Laborales.   45

2. Relaciones Individuales de Trabajo   48

     2.1 Sujetos que intervienen en la relación laboral.   48

     2.2 Conceptualización de la Relación Individual de Trabajo.   52

3. Características distintivas de la relación individual de trabajo.   53

4. Condiciones laborales o derechos mínimos de la clase trabajadora   56

     4.1 Disposiciones generales   59

     4.2 Jornada de trabajo   64

     4.3 Vacaciones   77

     4.4 Salario y Aguinaldo   88

     4.5 Participación de los Trabajadores en las Utilidades   95

5. Contrato Individual de trabajo   98

     5.1 Mitos y realidades   102

     5.2 Denominación del Contrato   113

     5.3 Sujetos de derecho que intervienen   114

     5.4 Declaraciones (datos generales, documentación y capacidad)   114

     5.5 Cláusulas   115

     5.6 Otras cláusulas   117

6. Terminación de la Relación Individual de Trabajo   118

     6.1 Causas y efectos de la terminación de la relación de trabajo   119

     6.2 Terminación justificada de la relación de trabajo.   122

     6.3 La rescisión   123

     6.4 Procedimiento rescisorio   124

     6.5 Caso especial del Procedimiento rescisorio   127

Capítulo II
El Conflicto Laboral   131

7. Conflicto   131

     7.1 Generalidades del Conflicto   131

     7.2 Conflicto y/o Controversia.   135

8. Conflictos en el Centro de Trabajo   142

     8.1 Semaforización del Conflicto Laboral. Una visión preventiva.   144

     8.1 Causas del Conflicto Laboral   147

     8.2 Ejemplos y ejercicios para abordar el conflicto laboral desde sus causas   148

     8.3 Dinámicas en el Centro Laboral para fomentar el trabajo en equipo.   151

     8.4 La comunicación y la escucha activa   152

     8.5 Dinámicas para fomentar la comunicación y escucha activa.   158

Capítulo III
La Conciliación Laboral **161**
  9. Medios Alternos de Solución de Controversias. 161
    9.1 Artículo 17 de la Constitución Política de los Estados Unidos Mexicanos. 162
    9.2 Obligación del Estado de Administrar Justicia, referencia Constitucional y evolución
    histórica. 164
  10. Finalidad del Proceso Judicial 166
    10.1 Métodos para solucionar los conflictos y/o controversias 168
    10.2 Auto-tutela 169
    10.3 Métodos hetero-compositivos 169
    10.4 Métodos auto-compositivos 170

Capítulo IV
Rumbo a una Nueva Conciliación Laboral **171**
  11. Problemáticas u obstáculos para la práctica de la Conciliación Laboral en los Centros de
  Conciliación Laboral 172
    11.1 Atribuibles a las autoridades 173
      11.1.1 Excesivas Cargas de Trabajo y poco personal asignado 173
      11.1.2 Espacios inadecuados. 174
      11.1.3 Escaso presupuesto para solucionar las anteriores problemáticas. 174
      11.1.4 Profesionalización y capacitación constante. 174

    11.2 Atribuibles a los procesos 175
      11.2.1 Abuso de las excepciones para agotar la instancia conciliatoria. 175
      11.2.2 Notificación de la Citación. 175
      11.2.3 Inhibir la demanda en lugar de conciliar. 175
      11.2.4 Limitantes de la Autonomía de la Voluntad por parte del trabajador. 176
      11.2.5 Irrenunciabilidad de derechos por parte del trabajador. 177

    11.3 Atribuibles a las circunstancias colaterales 178
      11.3.1 Expectativas exageradas 178
      11.3.2 Distorsión de cuantificación 179
      11.3.3 Lectura equivocada de las contingencias de los procesos 179
      11.3.4 Posiciones litigiosas de los abogados de parte 181
      11.3.5 Anteposición de pago honorarios o iguala 183

  12. Autonomía de la Conciliación Laboral como Medio para Solucionar Conflictos Laborales 185
  13. Conceptualización Moderna de la Conciliación Laboral 186

Capítulo V
Instancia Conciliatoria **189**
  14. Implementación de la Nueva Justicia Laboral 189
    14.1 Vicisitudes de la implementación 190
    14.2 Abogados de Parte (paradigmas frente a la Nueva Justicia Laboral) 193
  15. Excepciones de agotar la instancia conciliatoria 197
  16. Plazo de la instancia conciliatoria 203
  17. Jurisdicción y Competencia de las Autoridades Laborales 203
  18. Competencia Constitucional y Legal 206
    18.1 Competencia por Materia 207
    18.2 Competencia por Territorio 209
  19. Principios que rigen el Derecho del Trabajo y la Conciliación Laboral 210
  20. La Solicitud de Conciliación 214
    20.1 Modelo de Solicitud de Conciliación 215
    20.2 Datos fundamentales que debe contener una solicitud de conciliación 216

Capítulo VI
Audiencia de Conciliación   **217**
21. Etapas, Plazos y Términos   217
    21.1 Preparación y organización de la audiencia de conciliación laboral   218
    21.2 Desarrollo de la audiencia de conciliación laboral   218
    21.3 Cierre de la audiencia de conciliación laboral   218
22. Supuestos y efectos jurídicos de la conciliación   220
    22.1 Comparecencia del solicitante   220
    22.2 Comparecencia de ambas partes   220
    22.3 Solicitud de una segunda audiencia   221
    22.4 Incomparecencia justificada por cualquiera de los conciliados   221
    22.5 Incomparecencia del citado/solicitante o ambos conciliados   222
    22.6 Imposibilidad de entregar citatorio   222
23. Habilidades del funcionario Conciliador.   223
    23.1 Habilidades cognitivas   224
    23.1.1 Orientación del espacio/tiempo   224
    23.1.2 Lenguaje   224
    23.1.3 Conciencia Social   225

    23.2 Experiencia y Conocimiento en las técnicas para resolver conflictos.   225
    23.2.1 Comunicación   225
    23.2.2 Escucha Activa   227
    23.2.3 Parafraseo   228

    23.3 Conocimientos en Derecho Laboral   230
    23.3.1 Historia del Derecho del Trabajo en México   231
    23.3.2 Condiciones de trabajo fundamentales de las relaciones individuales de trabajo 231
    23.3.3 Cuantificación de prestaciones   231

    23.3.3.1 Cálculo de Vacaciones   232
    23.3.3.2 Cálculo de Prima Vacacional   233
    23.3.3.3 Cálculo de Aguinaldo   233

24. Argumento para iniciar la sesión conciliatoria en materia laboral   235
    24.1 Bienvenida a los conciliados   236
    24.2 Agradecimiento   237
    24.3 Presentación   237
    24.4 Establecer las Reglas de la Sesión   237
    24.5 Mencionar los Principios fundamentales de la Conciliación que aporte confianza a los conciliados   238
    24.6 Solicitar se presenten brevemente y Ceder el uso de la palabra   238
25. Construcción del arreglo conciliatorio   240
    25.1 Modelo de Convenio   240
    25.1.1 Condición de cosa juzgada   241

    25.2 Calidad de un título para iniciar acciones ejecutivas   241
    25.3 Pena convencional, para los supuestos en que se pacten pagos diferidos   241
    25.4 Modelo de acuerdo de Pago total   242
    25.5 Modelo de Pago en parcialidades   244
26. Archivo por falta de interés   246
    26.1 Modelo de acuerdo de archivo por Falta de Interés   246
27. Constancia de NO Conciliación   247
    27.1 Modelo de Constancia de NO CONCILIACIÓN   247

CONCLUSIÓN DEL AUTOR   **249**
COMENTARIO FINAL   **251**

AGRADECIMIENTOS

¡Gracias a mis Padres y hermanos! ¡Por una infancia y juventud maravillosa!

¡GRACIAS a mi esposa ALMA e hijos por ser la razón de todo!

De forma especial GRACIAS a ti ALMA AYALA, por ser mi compañera de vida.
Gracias por iluminar el camino de la vida con inteligencia, honestidad y lealtad, siempre que éste se pone sombrío.
Gracias por impulsarme todos los días para conseguir nuestros sueños, este libro es tuyo.

Infinitas gracias por estar aquí y ahora ALMA.

GRACIAS a quienes directa o indirectamente me han apoyado e influido en el desarrollo profesional,

¡Gracias al Maestro José Antonio Olguín Alvarado por coincidir y compartir tantas enseñanzas!

Gracias a la Secretaria del Trabajo del Gobierno del Estado de México Maestra Martha Hilda González Calderón; así como, al Presidente del Tribunal Estatal de Conciliación y Arbitraje del Estado de México Maestro Gerardo Becker Ania, por condescenderme la oportunidad de colaborar en su equipo de trabajo y servir a la Ciudadanía del Estado de México.
¡GRACIAS a mis amigas y amigos del TECA!

De forma especial agradezco a la Magistrada Presidenta del Tribunal Superior de Justicia y del Consejo de la Judicatura del Estado de Hidalgo Doctora Blanca Sánchez Martínez; y, a la Consejera de la Judicatura Licenciada Lidia Noguez Torres, por creer en el proyecto de capacitación implementado como parte de la capacitación y profesionalización de los futuros aspirantes a las diversas categorías en los Órganos Jurisdiccionales en Materia del Trabajo del Estado de Hidalgo.

Por último, gracias a la ESCUELA LIBRE DE DERECHO DEL ESTADO DE HIDALGO por todo su apoyo.

¡Gracias a las ALUMNAS y ALUMNOS del Estado de Hidalgo y Estado de México!

PRÓLOGO

Me es muy grato, que sin mayor mérito que mi trabajo de muchos años en la catedra, en el servicio público y en el litigio, dedicado a la causa del Derecho Social y en particular al Derecho del Trabajo me distinga el licenciado Hugo Arriaga Estrada con el honor de prologar el presente "Manual" que es más bien un ensayo completo de esta rama muy querida del Derecho.

La presente obra, pone a la disposición del lector un panorama breve pero sustancioso de la Teoría del Derecho del Trabajo que, como rama del derecho social, fue concebida como un derecho de clase, de la Clase Trabajadora, que como todos sabemos, logró su máxima conquista cuando se promulgó el artículo 123 de la Constitución Política de los Estados Unidos Mexicanos del año 1917; la más vanguardista de su época.

Así mismo, el autor nos expone con gran claridad las características de las relaciones individuales de trabajo, desde su inicio, sus características, sus condiciones, así como su terminación, sea justificada o injustificada, en cuyo caso invariablemente tendrá como consecuencia la generación de un conflicto laboral.

En este sentido, es indudable que las Juntas de Conciliación y Arbitraje fueron concebidas por el legislador, como Tribunales Tripartitos, cuya finalidad fue brindar a los trabajadores y patrones un representante que velara por sus derechos, y el voto de calidad lo aportaría el representante del gobierno a la luz del derecho del trabajo como un derecho equilibrador de dos clases en la que la obrera estaba en desventaja frente al capital; así históricamente, y por décadas estos tribunales funcionaron perfectamente, sin embargo, no fueron dotados de un mecanismo que les proporcionara un presupuesto económico, que pudiera garantizar su crecimiento y actualización, frente a la creciente avalancha de juicios laborales, que eventualmente saturaron y rebasaron su capacidad, lo que además contribuyó a su descomposición y corrupción, por lo que se entiende que una reforma era no solo necesaria sino inminente.

Debo asentar el sentimiento de incertidumbre que produce toda reforma que se hace a la Constitución y las consecuentes reformas a sus Leyes reglamentarias, pues teniendo presentes sus motivos, siempre se ponen en duda sus resultados.

Cuando estaba por aprobarse la reforma Constitucional de 2017, tuve la oportunidad de platicar, discutir y compartir opiniones con diversos colegas y estudiosos del Derecho del Trabajo, y siempre coincidimos que la extinción de las Juntas de Conciliación y Arbitraje, traía aparejada la extinción del derecho del trabajo como lo conocíamos.

La reforma plantea desde luego interrogantes obligadas, pensando en sus futuros resultados.

Lo primero que yo considero esencial es que la reforma entre sus fines, pretende disminuir el abrumador número de conflictos obrero-patronales que redundan en una sobrecarga de trabajo y el consecuente rezago de juicios ante los Tribunales laborales, que ya rebasan los límites de la eficiencia y la eficacia de dichas autoridades.

En este sentido celebro que esta reforma enfatiza la Conciliación y la Mediación, como el remedio que dará solución a la saturación de juicios laborales, ya que por fin, se le da a la conciliación el carácter de obligatorio, pues antes de la reforma en cuestión, era una simple etapa del procedimiento que las partes no agotaban, ya que no le tenían el menor respeto, y en la mayoría de los casos, era un simple pretexto para diferir la audiencia inicial, y cuando la agotaban no había suficiente impulso por parte de las autoridades para coronar la conciliación con un convenio favorable a ambas partes, de tal suerte que los convenios que se celebraban no representan ni el 15% del total de asuntos.

Hoy la reforma establece que salvo en contadas excepciones, el requisito *sine qua non* para que las partes en conflicto, principalmente la obrera, ejercite una acción, debe agotar primero la conciliación, para que se interrumpa el termino prescriptivo.

Sin embargo, para lograr los fines de esta reforma, se han tocado elementos esenciales de la naturaleza social y humanista del Derecho del Trabajo que aumenta la incertidumbre. Un cambio fundamental y esencial de la reforma lo constituye lo relativo a la justicia laboral que incide en la propia naturaleza jurídica del Derecho Procesal del Trabajo.

El traslado de la justicia laboral de los Tribunales específicos que fueron creados para ello y que constituyen una jurisdicción propia del Derecho del Trabajo, como son las Juntas de Conciliación y Arbitraje, al cambio del Poder Judicial, que es una jurisdicción diferente en su esencia y naturaleza jurídica, plantean dos aristas que, en principio, generan interrogantes e incertidumbre.

Una primera arista de este cambio es el sistema de valoración de la prueba en los procedimientos jurisdiccionales; arista que el licenciado Hugo Arriaga Estrada promete abordar en el segundo tomo del presente manual. Seguramente con su experiencia al dictaminar laudos por más de 6 años en la Junta Local de Conciliación y Arbitraje de la Ciudad de México, nos transmitirá conocimientos y experiencias.

Los Tribunales del Poder Judicial, están inmersos en un sistema de valoración de la prueba que difiere sustancialmente de la valoración de pruebas "en conciencia" que es propio de las Juntas de Conciliación y Arbitraje y que es un sistema indudablemente establecido para favorecer los intereses de los trabajadores y que dista mucho de los sistemas valorativos de la prueba tazada o del libre albedrío del juzgador, propio del Poder Judicial. ¿Se conservará el sistema del Derecho Procesal del Trabajo?

Y una segunda arista, tiene que ver con el equilibrio en la impartición de la justicia laboral.

Antes de la reforma, en la impartición de la Justicia laboral de las Juntas de Conciliación y Arbitraje, intervenían con justificadas razones los trabajadores a través de sus representantes, designados por ellos mismos, individual y colectivamente para asegurar la imparcialidad en este sistema de impartición de justicia social. En el nuevo sistema ¿Quién cuidara los intereses de la clase trabajadora?

Ahora bien, en cualquier circunstancia, siempre es bueno y muy útil contar con un instrumento que facilite a autoridades, así como a trabajadores y patrones, y a los estudiosos del Derecho del Trabajo, el acceso al nuevo procedimiento laboral, que la reforma nos impone, y el presente manual, gracias al esfuerzo del autor, considero que cumple con amplitud esos propósitos, al hacernos presente lo esencial, y propio del Derecho del Trabajo y hacer más accesible la participación de todos los implicados en esta rama del Derecho.

En hora buena a esta obra y al licenciado Hugo Arriaga Estrada.

Lic. Antonio Isaac Gómez Alcántara.

INTRODUCCIÓN

¡Adaptarse o morir sin intentarlo!

En lo últimos 40 años el sistema jurídico mexicano ha tenido una transformación radical desde su base constitucional, los cambios sociales, económicos, culturales, demográficos y hasta una contingencia sanitaria mundial han tenido enormes repercusiones para la transformación de la vida en sociedad y por supuesto en el ámbito jurídico; aunado a esas cuestiones que han cambiado al mundo, se le suman el sistema de globalización en la que estamos inmersos y por su puesto los pasos gigantescos que ha dado el uso de las tecnologías de la información y comunicación, todo ello, sin duda han sido y seguirán siendo un motor de cambio en todos los aspectos.

Uno de esos cambios ha sucedido en el mundo del trabajo, actualmente existen nuevas formas en que se relacionan, interactúan, conviven, comunican y se contratan en relaciones de trabajo los seres humanos, las consecuencias de la vida moderna y acelerada en la que coexistimos dentro de una sociedad civilizada, no se han desentendido creando diversos y complicadas formas en las que se desarrollan los vínculos laborales.

La consecuencia lógica de esos cambios sociales es la adaptación de la norma jurídica, con el objetivo de regular nuestra conducta en el desarrollo de la convivencia cotidiana, el encontrar un equilibrio entre los factores de la producción y con ello conseguir la Paz Social, es y seguirá siendo el fin primordial de regular las relaciones de trabajo.

La norma jurídica laboral es flexible y debe adaptarse para regular las relaciones humanas entre sector obrero y patronal; así se ha entendido desde la constitución de 1917 con la adición al texto original del artículo 123; es por ello que la creación, derogación y erogación de la norma es una constante obligación del Poder Legislativo de un Estado democrático; contar con un sistema jurídico moderno eficaz y eficiente es un derecho y una necesidad Social; el derecho y necesidad del Ciudadano, se convierte en una obligación para el Estado Mexicano.

En esa tesitura, el sistema jurídico mexicano ha tenido transformaciones trascendentales desde la Constitución Política de los Estados Unidos Mexicanos, resulta importante para el tema que nos ocupa en el presente libro, que en esta parte introductoria abordemos de forma breve los cambios normativos más importantes posteriores al año 2000 hasta nuestros días.

En este marco histórico de 20 años, se realizará un breve, pero conciso recorrido: El 6 de junio del año 2008, el H. Congreso de la Unión promulgó reforma a nivel de la Constitución Política en sus artículos 16, 17, 19, 20, 21, 22 fracción III, 73 fracciones XXI y XXIII y 115 fracción VII, reformas que tuvieron como objetivo primordial establecer las bases necesarias en la Constitución para implementar un nuevo modelo de justicia penal.

Posteriormente, como una consecuencia de la evolución de los derechos humanos y la tendencia normatividad establecida por los organismos internacionales, en el Estado mexicano se promulgó reforma Constitucional de fecha 10 de junio del año 2011, en la que otros artículos se reformó el artículo 1° de la Constitución.

Esta reforma ha sido trascendental en el sistema jurídico mexicano, ya que desde ese momento se estableció una nueva forma de interpretar, aplicar, respetar y sobre todo garantizar los derechos humanos de las personas; para intentar explicarlo en pocas palabras se conformó el llamado "bloque constitucional" para la protección de los Derecho Humanos, bloque conformado por el reconocimiento, protección y garantía de los derechos humanos que se encuentran plasmados en nuestra propia Constitución, los Tratados Internacionales y el marco legal secundario.

Bajo este bloque constitucional todas las Autoridades del Estado Mexicano tienen una obligación de hacer, a propósito de la interpretación y aplicación de la Ley; esa obligación es la de favorecer siempre la protección más amplia de los seres humanos personas bajo el amparo del propio artículo 1° de la Constitución, y, por supuesto en concordancia con los artículos 1.1. y 25 de la Convención Americana sobre Derechos Humanos y 2.3., del Pacto Internacional de Derechos Civiles y Políticos.

Aunado a la obligación de interpretar y aplicar la Ley más favorable al ser humano, por el sólo hecho de ser un ser humano, en el neo-constitucionalismo las Autoridades Mexicanas tienen la obligación irrestricta de respetar, promover, proteger y garantizar los derechos humanos bajo los principios de universalidad, interdependencia, indivisibilidad y progresividad; sin olvidar que en el último párrafo del artículo primero de la Constitución prohíbe la discriminación en cualquiera de sus formas.

El enramado normativo constitucional, convencional y legal, que se ha conformado en el sistema jurídico mexicano ha tenido el propósito de adaptar al sistema a esas nuevas necesidades que día a día mutan de acuerdo a los cambios sociales; sin duda, el cambio normativo abrió, desde el año 2011, las puertas para atender obligadamente en las resoluciones jurisdiccionales los criterios emitidos por los organismos internacionales, con la idea de fortalecer la Tutela Jurisdiccional Efectiva con mecanismos más agiles y eficientes.

Continuando con ese recorrido de reformas constitucionales, el artículo 17 Constitucional fue motivo de una nueva reforma en el mes de junio del año 2008, reforma que entre otras cosas en su párrafo quinto, estableció de manera puntual que las leyes deberán prever mecanismos alternos de solución de controversias o MASC, como se conocen por sus siglas; la idea de solucionar mediante estos mecanismos obedeció a la necesidad social de contar con modelos judiciales agiles y eficaces, con instrumentos y herramientas alejadas del litigio; un cambio de 180° en lo forma de solucionar las controversias jurisdiccionales, que analizaremos a partir del capítulo II, en cuanto se refiere al Derecho del Trabajo.

El impacto en lo jurídico que han tenido las reformas constitucionales enunciadas en esta parte introductoria, sin duda ha repercutido de manera importante en todas y cada una de las leyes que conforman nuestro sistema jurídico mexicano; pero, también ha significado un cambio radical en cuanto la forma de pensar y actuar dentro de un procedimiento jurisdiccional de autoridades jurisdiccionales, abogados litigantes y ciudadanía en general.

Ejemplo de ese cambio de pensar y de actuar, es que actualmente en nuestro México se cuenta con un modelo de justicia penal acusatorio que, dicho sea de paso, durante los últimos 10 años ha intentado instaurarse al 100%; sin embargo, se han encontrado con muchos inconvenientes para lograrlo, lo peor es que se respiran aires de estarse cocinando a nivel legislativo una nueva reforma en esa materia, lo cual, espero no sea un retroceso en su instauración.

Las críticas al modelo de justicia penal han sido severas, los principios de oralidad, inmediatez e inmediación que rigen el proceso, hacen que los errores cometidos por los involucrados en la Justicia penal, tanto normativos como de operatividad se han puesto en evidencia ante la crítica social. El uso de las tecnologías de la información y comunicación han contribuido para desnudar las deficiencias del modelo implementado en materia penal, todos hemos visto en redes sociales los traspiés de abogados de parte, fiscales y hasta Juzgadores en estos 10 años de implementación del modelo de Justicia Penal.

La referencia anterior, realizada al modelo de justicia penal y las vicisitudes padecidas en su implementación, tienen el objetivo o la intención de hacer un llamado a todos los involucrados en la implementación del Nuevo Modelo de Justicia Laboral, pues sin duda se han cometido errores de instauración del modelo; sería muy grave que en materia del trabajo se cometan errores en la instauración del nuevo modelo justicia laboral. Lo primordial en este cambio de modelo es que la Ciudadanía cuente con órganos impartidores de justicia laboral eficientes y eficaces, so pena de que la Paz Social en México, se vea afectada.

En mi opinión, la raíz de todos los males en la implementación del modelo de justicia penal radicó en la omisión de realizar un diagnóstico de necesidades de capacitación o "DNC" único para todas las procuradurías de justicia, defensorías públicas, poderes judiciales e incluso abogados postulantes.

Ese error no puede ser cometido en la implementación del Nuevo Modelo de Justicia Laboral, en manos de los futuros Jueces pertenecientes a las nuevas Autoridades del Trabajo, estará precisamente la Paz Social del País; en manos de los abogados litigantes un mejor procedimiento y en manos de la sociedad mejores relaciones laborales. Parafraseando una expresión atribuida a Henrry Ford, a propósito de los errores cometidos, decía:

"EL ÚNICO ERROR REAL, ES AQUEL DEL QUE NO APRENDEMOS NADA".

En esa tendencia de cambios sociales y normativos al interior, no podían dejar fuera a la Materia del Derecho del Trabajo; a pesar de los intereses cuidados de los grandes empresarios, sus organizaciones y algunos líderes sindicales que constaban con sistemas o herramientas de control de sus trabajadores agremiados que hubieran preferido que las cosas siguieran igual, los vientos de cambio normativo llegaron al derecho del trabajo.

Sería incongruente pensar que el artículo 123 promulgado en 1917 resultaba adecuado a las necesidades del México actual, el cambio era más que inminente y necesario, cambiar el modelo arcaico, desgastado y rebasado desarrollado ante las Juntas de Conciliación y Arbitraje, era más que urgente.

Y, aunque existieron otros factores que impulsaron la reforma al modelo de justicia laboral como lo fue en el ámbito internacional las condiciones impuestas por los gobiernos de Canadá y Estados Unidos de Norte América, para firmar el tratado económico llamado "T MEC"; es cierto, que a los gobiernos norteamericanos les interesa muy poco la estabilidad laboral de la clase obrera de nuestro país, pero, sí que les interesa que nuestro país no tuviera mano de obra barata, para según ello encontrarse en igualdad de circunstancias en ese rubro. Generar confianza a los inversionistas extranjeros según ellos fue la bandera principal de los gobiernos extranjeros para presionar al gobierno de nuestro país y firmar el T MEC.

Si bien es cierto los principios que emanan de la primera Constitución Social en el mundo, como lo fue la constitución mexicana, eran adelantados a su tiempo, innovadores y destacados por el esquema tan amplio de protección de los derechos de la clase obrera, la lógica es que después de un siglo de transformaciones sociales, económicas, culturales y tecnológicas principalmente.

Inminente la adecuación de la norma laboral para estar acorde a las necesidades de los Ciudadanos que habitan en nuestro País, incluso la tendencia normativa Constitucional de la década anterior, exigía adaptarla para la debida protección de los derechos humanos laborales, la igualdad, la dignidad humana, la no discriminación, la perspectiva de género y la aplicación de medios alternos de solución de controversias como parte de la tutela jurisdiccional en la Materia del Trabajo.

Antes de febrero del año 2017, teníamos un artículo 123 arcaico, con un modelo de justicia laboral desgastado, rebasado, lento, tortuoso para las partes y costoso para todos, sobre todo para el Estado Mexicano.

Un Modelo Arbitral que conocen, substancian y resuelven las Juntas de Conciliación y Arbitraje; que dicho sea de paso es una Autoridad Laboral que desafortunadamente se encuentra olvidada presupuestalmente, con poco personal asignado que dista mucho de ser equitativo con el cumulo de trabajo que cada día se acumula hasta convertirse en rezago imposible de desahogar en esas condiciones.

Aunado a las dificultades antes expuestas, se le suman algunas otras como los bajos salarios del personal de las Juntas que a pesar de realizar una labor jurisdiccional no se encuentra homologado a los salarios que perciben los funcionarios jurisdiccionales de los Poderes Judiciales; un modelo Tripartista que a principios del siglo XX se presentaba como el modelo más justo para los factores de la producción, pues tener cada uno de ellos a su representante, resultaba un esquema ideal para todos los involucrados.

Sin embargo, el modelo Tripartista con el paso del tiempo se volvió ineficaz y lleno de vicios como, la designación de Presidentes de Juntas y representantes obrero y patronales al dedazo por compromisos políticos y sin ningún conocimiento del derecho laboral; se sumó a la falta de capacitación y profesionalización del personal; y, sobre todo los procesos viciados por la simulación en la que han contribuido todos los involucrados en el derecho del trabajo, dejó al desnudo en pleno siglo XXI la necesidad de una transformación radical.

La reforma era inminente, el modelo estaba rebasado y el primer esbozo del siglo XXI para tener una nueva justicia laboral, sucedió el 30 de noviembre del año 2012, data en la que se promulgó reforma a la Ley Federal del Trabajo.

Los impulsores de la reforma del 2012, la vendieron como la panacea, el antes u el después, el punto de inflexión que alejaría a los juicios laborales de los vicios que la colmaron durante más de 9 décadas. Sin embargo, después de 8 años de aquella reforma, puedo asegurar que cuestiones como las nuevas formas de contratación y la "*regulación*" de la subcontratación o lo que conocemos como "out-sourcing", que, en las discusiones del Poder reformador a propósito de esta, se sostuvo que dichas adiciones ayudarían a flexibilizar las relaciones de trabajo, que se procuraban las modificaciones a favor de incentivar la producción y sobre todo el respeto irrestricto a los derechos de la clase trabajadora. Que dicho sea de paso en pleno año 2020, se está cocinando una reforma laboral que pretende de tajo desaparecer los vicios de la subcontratación o "out-sourcing".

Sin embargo, nada de lo proyectado en la exposición de motivos de la reforma de noviembre de 2012, se ha concretizado, esa reforma laboral no ha significado cambio alguno en favor de la productividad y mucho menos ha contribuido para salvaguardar los derechos del trabajador.

En contraste, la comentada reforma laboral de noviembre de 2012, ha significado sin duda alguna, un retroceso en los derechos de los trabajadores, pues la modificación realizada al artículo 48 y su posterior interpretación realizada por altos Tribunales, limitaron o cortaron de tajo los salarios caídos.

El artículo 48 de la LFT, vigente e intocado en la reforma del 1° de mayo de 2019, en lo substancial limita el pago de los salarios caídos a 12 meses únicamente; y, a partir del treceavo mes el pago de un interés mensual del 2%, "CAPITALIZABLE", según dice la Ley, al momento del pago. Esa medida normativa fue justificada por los impulsores de dicha reforma, con la cerrazón de eliminar el incentivo económico que significan los salarios caídos para la parte actora; sin darse cuenta, que la naturaleza misma de los SALARIOS CAÍDOS es otorgar un resarcimiento justo a la parte trabajadora que ha sido despedida injustamente por el Patrón.

Si bien es cierto el pago de salarios vencidos o caídos terminaban siendo el mejor aliciente económico para la parte trabajadora dentro de los Juicios laborales, considero que no es justificación para haberlos acotado; ya que el menos culpable de esa circunstancia era, es y será el trabajador, pues la consecuencia lógica para resarcir al trabajador respecto de los daños y perjuicio causados por el quebrantamiento de la relación de trabajo por causas imputables al trabajador, es el pago de los salarios caídos o vencidos.

Es por ello que después de 8 años sigo sin encontrar justificación en dicho argumento, incluso tomando en consideración que la lentitud o rezago procesal en materia del trabajo que históricamente han vivido las Juntas de Conciliación y Arbitraje viven, tampoco es una causa atribuible a la clase trabajadora, pues la obligación de entregar una justicia pronta y expedita es del Estado, no de los sujetos de derecho que han decidido resolver su controversia mediante el Juicio Arbitral desahogado en las ineficaces Juntas de Conciliación.

Es cierto también, que los Juicios iniciados antes del 30 de noviembre de 2012, un denominador común era que los abogados de parte actora buscaban y aplicaban estrategias que tenían la única finalidad de prolongar los juicios, con la idea de acrecentar la condena por concepto de salarios vencidos; sin embargo, no es una mala práctica utilizada única y exclusivamente por la parte trabajadora, ya que la representación de la parte demandada también ha aplicado fórmulas para extender los Juicio interminablemente con dos objetivos muy puntuales: el *"cansar al trabajador y reciba lo que se le ofrece" y "que la iguala siga generando una entrada mensual al despacho"*.

Es una realidad que procesalmente hablando las malas prácticas para retrasar el procedimiento de forma innecesaria es una constante en los Juicios Laborales, desde la interposición de incidentes que a todas luces son improcedentes, diferimientos de audiencias de manera indiscriminada, hasta ofrecimiento de innumerables medios probatorios ofrecidas con el único objetivo de retardar el procedimiento.

Sin embargo, desde una perspectiva muy personal el acotamiento de la condena de salarios caídos a 12 meses y el pago del 2% mensual después del 13° mes, no ha disminuido significativamente la duración de los Juicios laborales; por otro lado, sí que benefició a la parte patronal condenada por un despido injustificado, con el pago de solamente un año de salarios caídos a pesar de ser culpable de haber despedido a la parte trabajadora. ¡Beneficiar al culpable!

Se supone que los salarios caídos es el resarcimiento del trabajador por la pérdida de su empleo por causa de un despido injustificado, es sin lugar a dudas un duro golpe a los principios de progresividad e interdependencia de los Derechos Humanos Laborales que contempla el artículo 1° de la Constitución, que tan sólo un año antes se había se había establecido en su texto.

Y, aunque la Suprema Corte de Justicia de la Nación al resolver la contradicción tesis con número de localización 2011180[1] dice lo contrario. En mi opinión se necesita ser insensible sobre de los derechos sociales, ignorar su significado o simplemente

---

1 Tesis 2a./J. 28/2016 (10a.) Gaceta del Semanario Judicial de la Federación, Décima Época, Libro 28, Marzo de 2016, Tomo II, Pag. 1264, Jurisprudencia (Constitucional, Laboral), bajo el rubro: "**SALARIOS CAÍDOS. LA REFORMA AL ARTÍCULO 48, PÁRRAFO SEGUNDO, DE LA LEY FEDERAL DEL TRABAJO, DE 30 DE NOVIEMBRE DE 2012, NO TRANSGREDE EL PRINCIPIO DE PROGRESIVIDAD NI ES VIOLATORIA DE DERECHOS HUMANOS.**" Disponible en: https://sjf.scjn.gob.mx/sjfsist/Paginas/tesis.aspx Fecha de consulta 26 de marzo de 2020

tener ceguera selectiva para no ver y entender que la reforma del año 2012 al artículo 48 de la Ley Federal del Trabajo, es un retroceso a los derechos humanos del trabajador que fue despedido; pues como hablar de la progresividad de los derechos humanos laborales que toda Autoridad dentro del Estado Mexicano tiene la obligación observar ante tal retroceso en contra de la clase trabajadora.

Por otro lado, no darse cuenta que, con esa afectación a los derechos del trabajador, el principio de interdependencia del derecho humano al trabajo se vio trastocado, pues los derechos humanos del trabajador a la dignidad humana, la igualdad, la alimentación, la vivienda y la educación del trabajador y su familia invariablemente se verán afectados por el despido injustificado del que fue objeto.

¿En dónde queda el equilibrio de los factores de la producción?
¿En dónde quedan los derechos irrenunciables del trabajador?
¿En dónde queda el resarcimiento al trabajador por la pérdida de su ingreso durante el tiempo que perduró el Juicio?

Lamentablemente las respuestas a las preguntas anteriores no las contesta el máximo Tribunal en México al resolver la tesis jurisprudencial citada anteriormente.

Aunado al retroceso que sufrió el principio de progresividad y la afectación al principio de interdependencia, el problema de fondo no fue resuelto con la reforma a la Ley Federal del Trabajo del año 2012, los juicios laborales siguen teniendo una duración excesiva, lo cual sin duda lacera los derechos del trabajador.

No quiero dejar pasar la oportunidad de mencionar una incongruencia más de dicha reforma, pues en la exposición de motivos se indica que uno de los objetivos era precisamente disminuir los tiempos de juicio con el acotamiento al pago de los salarios caídos; sin embargo, contrario a ese objetivo, el legislador tuvo la terrible e incongruente idea de dividir la audiencia trifásica establecida en la Ley antes de la reforma en los artículos 873 y 875, para después de la reforma del año 2012, llevarse en 2 momentos procesales distinto, una audiencia de Conciliación, Demanda y excepciones y posteriormente una audiencia de Ofrecimiento y admisión de Pruebas.

Una de las críticas más fervientes en contra del procedimiento llevado ante las Juntas de Conciliación son los largos periodos de tiempos que pasan entre una y otra audiencia, por ello no se entiende cual era la finalidad de dividir la audiencia trifásica, pues genera un retraso de por lo menos 6 meses; que alguien me explique como pretendían agilizar los Juicios en Materia del Trabajo, con esas medidas.

Esas y otras realidades del derecho del trabajo fueron evidenciadas por el estudio realizado por el Centro de Investigación y Docencia Económica "CIDE" en el año 2016 sobre "Justicia Cotidiana", diagnostico entregado al ejecutivo federal de aquel entonces, y que fue utilizado para presentar una reforma preferente a los artículos 107 y 123[2] de la Constitución Política de los Estados Unidos Mexicanos.

Para omitir contar una historia respecto al proceso legislativo, demos un pequeño salto de acontecimientos hasta el día 24 de febrero del año 2017, fecha en la se promulgo la reforma a los artículos 107 y 123 Constitucionales, la trascendencia de dicha reforma es innegable, para resumirlo, se puede afirmar que desde 1929 no se había vivido un cambio de tal magnitud en el Derecho del Trabajo.

El poder legislativo obligado por los transitorios de la reforma constitucional al artículo 123, promulgó un poco después del tiempo programado la reforma a la Ley Federal del Trabajo, que data del día 1° de marzo del año 2019[3]. Dicha Reforma significó en materia colectiva un avance enorme en la protección de los derechos sustantivos de los trabajadores, pero hay que subrayar por su trascendencia, el establecimiento del voto libre, secreto y directo de la base trabajadora para elegir a sus dirigentes sindicales, que es quizá el logro más importante desde 1917.

Pero la reforma en lo tocante al tema colectivo no es parte de la presente obra, ya que nos ocuparemos únicamente de las reformas realizadas a la fracción XX del artículo 123 Constitucional del 24 de febrero de 2017; relacionadas con las reformas al Título Trece Bis en su capítulo I y Título Catorce de la Ley Federal del Trabajo, del 1° de mayo del año 2019.

Los preceptos normativos antes señalados, contemplan un cambio de 180° para el derecho adjetivo laboral, pues de ellos se desprende un nuevo modelo de justicia para resolver los conflictos individuales, cambio que implica retos para todos los que de alguna u otra forma estamos involucrados en el derecho del trabajo; y, en la implementación del nuevo modelo. Algunos retos son mediáticos y no pueden esperar, los 3 poderes de la federación y de las entidades federativas deben asumir su responsabilidad.

---

2 Constitución Política de los Estados Unidos Mexicanos, Título Primero, Capítulo I, México 1917, disponible en línea: www.**diputados**.gob.mx/**Leyes**Biblio/index.htm. **Fecha de consulta 30 de septiembre de 2019.**

3 LEY Federal del Trabajo, **Nueva Ley publicada en el Diario Oficial de la Federación el 1° de abril de 1970, texto vigente, última reforma publicada 02-07-2019,** disponible en línea: http://www.diputados.gob.mx/LeyesBiblio/ref/lft. htm. **Fecha de consulta 30 de septiembre de 2019.**

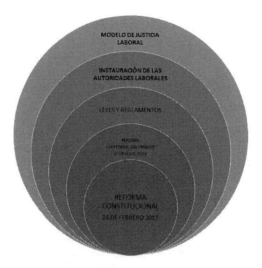

La adecuación de las normas secundarias es y será un reto exclusivo de los poderes legislativos locales y federales en el ámbito de su competencia; la federalización de la materia colectiva, la creación del centro federal de conciliación y registro sindical, así como, de centros de conciliación de las entidades federativas y la extinción de la competencia paulatina de las Juntas de Conciliación y Arbitraje y su jurisdicción gradual hasta que se resuelvan la totalidad de los Juicios radicados en dicha instancia arbitral, es una obligación de las mismas Juntas junto con el apoyo del Poder Ejecutivo Federal y Local por conducto de la Secretaría del Trabajo.

Y, por último, pero de suma importancia es el hecho de que los Poderes Judiciales a nivel Federal y Estatal tienen la obligación de contar con la infraestructura necesaria para operar el Nuevo Modelo de Justicia Laboral en sede judicial.

En ese contexto el Ejecutivo Federal a través de la Secretaria del Trabajo y Previsión Social en cumplimiento a los transitorios de la reforma constitucional al artículo 123, ha tomado la batuta y estableció en el mes de septiembre del año 2019, una calendarización para la implementación de la reforma laboral en toda la República Mexicana, en el calendario fraccionado en 3 etapas, esta instancia Federal precisó que en la primera de ellas las entidades Federativas de Baja California Sur, Durango, San Luis Potosí, Guanajuato, **Estado de México**, Tlaxcala, Chiapas, Tabasco y Zacatecas, deben contar con las adecuaciones normativas e infraestructura adecuada para que las Nuevas Autoridades en materia de Derecho del Trabajo inicien su operación en octubre del año 2020. Un año posterior en la segunda etapa les corresponderá a las entidades federativas de Aguascalientes, Baja California, Guerrero, Hidalgo, Michoacán, Morelos, Nayarit, Oaxaca, Querétaro, Quintana Roo y Sinaloa; y al siguiente año la tercera donde la Ciudad de México, Coahuila, Chihuahua, Guanajuato, Jalisco, Nuevo León, Puebla, Sonora, Tamaulipas, Tabasco y Veracruz, deberán estar listos para la operación del nuevo modelo de justicia laboral.

Calendario de implementación que ha sufrido modificaciones derivado de algunas vicisitudes que se han presentado en el camino de dicha implementación, desde la resistencia al cambio por parte de los sindicatos, falta de presupuesto para contar con la infraestructura necesaria para operar el nuevo modelo, hasta el hecho que la contingencia sanitaria declarada en el mes de marzo del año 2020, derivado de la pandemia COVID-19, han creado un rezago importante para llevar en tiempo y forma la implementación de la Nueva Justicia Laboral.

Circunstancia sanitaria que abordaremos en el Capítulo V de la presente obra con mayor detalle; sin embargo, lo que se puede adelantar es que serán 7 Entidades las que la Justicia Laboral bajo el nuevo esquema y autoridades inicien operaciones en la segunda quincena de noviembre del año 2020.

En mi opinión, las primeras 7 entidades federativas serán muestra para las designadas en la segunda y tercera etapa de implementación, creo sin temor a equivocarme que el reto más importante en la ejecución será la capacitación y profesionalización de los funcionarios que atenderán tanto la instancia conciliadora como la instancia judicial.

Debemos ser sensibles para entender que lo que realmente le interesa al Ciudadano común, trabajador y/o empresario de la micro, pequeña, mediana y/o gran empresa; así como, sindicatos, es contar con Autoridades Laborales que entiendan y atiendan su problemática de manera eficaz y eficiente, con calidez humana y sobre todo con una buena actitud.

De nada o muy poco servirá contar con las adecuaciones normativas secundarias e infraestructura de las nuevas autoridades laborales en el tiempo planteado por los artículos transitorios de la Reforma a la LFT y la planeación en 3 etapas del Poder Ejecutivo federal, si la capacitación y profesionaliza de los funcionarios Conciliadores y Judiciales, resulta inadecuada e incompleta.

Pero no sólo los futuros funcionarios del modelo de justicia laboral deben capacitarse y profesionalizarse en este nuevo modelo de justicia laboral; en la medida en que todos los involucrados caminemos en el mismo rumbo se podrán tener al servicio del Ciudadano una verdadera Justicia laboral; por ello, es prioritario que haya una oferta académica para los abogados postulantes en el nuevo modelo de justicia laboral.

La confianza de los usuarios en las nuevas autoridades laborales y de los abogados laboralistas debe demostrarse de forma inmediata, el cambio no solamente es normativo, el verdadero cambio implica cambiar la forma de pensar y de actuar de todos y cada uno de los que de alguna y otra forma nos vemos implicados en el mundo de la justicia del Derecho del Trabajo; una nueva cultura laboral en todos los aspectos es la que se nos avecina y que a pesar de algunos cuantos, llegó para quedarse esta Nueva Justicia Laboral.

En mi opinión, no hay fórmulas mágicas para cumplir con el objetivo del éxito en la eficacia y eficiencia de las nuevas autoridades del trabajo. Sin embargo, la mejor fórmula se encuentra conformada con tiempo, trabajo, dedicación y perseverancia, en mi experiencia puedo afirmar que el éxito para una buena implementación del modelo lleva los siguientes ingredientes, que espero sean utilizadas por los Poderes Judiciales y futuros Centros de Conciliación de las Entidades federativas que forman parte de la segunda y tercera etapa de implementación, la fórmula es sencilla y se las comparto:

PP+C= ÉXITO

Una buena PLANEACIÓN (P) conjugada con la PROGRAMACIÓN (P), deben sumarse con una excelente CAPACITACIÓN (C).

En lo personal he constatado que la fórmula funciona, tengo la fortuna de haber colaborado durante los últimos 3 años con los Poderes Judiciales de la Ciudad de México, Hidalgo y Estado de México, quienes asumieron un verdadero compromiso desde la segunda mitad del año 2017, pues desde ese momento empezaron a planear y programar de forma inteligente sus programas de capacitación; intuyeron acertadamente el gran compromiso y complejidad que tendrían en los siguientes años para la debida implementación del modelo.

A finales del año 2017 y 2018 los Poderes Judiciales de los Estados antes mencionados, en colaboración con la Facultad de Derecho de la Universidad Nacional Autónoma de México y la Fundación Escuela Nacional de Jurisprudencia se dieron a la tarea de sumar esfuerzos para Planear y Programar una serie de eventos académicos abiertos a cualquier interesado en la capacitación y profesionalización de la materia de Derecho del Trabajo y el nuevo modelo de justicia laboral.

He tenido el goce y la oportunidad de formar parte del claustro de profesores en muchos de esos eventos académicos, lo cual me ha permitido palpar de manera directa la planeación y programación de los diversos trabajos académicos.

Aprovechando el numeroso aforo que han tenido los diversos ejercicios académicos en los que tuve la oportunidad de asistir y colaborar, durante los últimos 3 años, me di a la tarea de realizar un diagnóstico de necesidades de capacitación (DNC) en materia de justicia laboral rumbo a la implementación del nuevo modelo judicial. El diagnóstico fue realizarlo de la forma más sencilla y eficaz, preguntando directamente a los interesados que se necesitábamos para la debida implementación del Modelo de Justicia Laboral.

Es por ello que, a académicos, abogados postulantes, funcionarios de juntas de conciliación, funcionarios de los poderes judiciales, empresarios, administradores, contadores y alumnos, les hice la siguiente pregunta:

¿Cuál considera Usted que es eran sus necesidades de capacitación, frente a la reforma laboral?

Las respuestas fueron diversas, pero en su gran mayoría coincidieron en referir que necesitaban poner en práctica el nuevo modelo de justicia. El "DNC" arrojó que después de haber adquirido los conocimientos básicos del Derecho del Trabajo tanto en su parte sustantiva como adjetiva, era necesario un esquema práctico de capacitación.

Con ese resultado y la experiencia adquirida en más de 25 años de desarrollo profesional en labores jurisdiccionales y administrativas en diversas dependencias federales y locales al servicio del Estado, abogado postulante en materia de derecho del trabajo, representante legal de importante Institución de banca múltiple, funcionario de la Junta Local de Conciliación y Arbitraje de la Ciudad de México y los último 2 año como Secretario General Operativo en el Tribunal Estatal de Conciliación y Arbitraje del Estado de México, me dieron la pauta para diseñar un esquema de capacitación enfocado a conocer el nuevo modelo de justicia laboral de forma práctica.

La modalidad de TALLERES, permite al estudiante recibir la transmisión del conocimiento de forma auditiva, visual y quinestésica (poniendo en práctica lo escuchado y visto en clase). Los talleres tienen la bondad de aportar al estudiante, sin importar el tipo de estudiante que este sea, de recibir el conocimiento de acuerdo a sus capacidades y necesidades; además de que el esquema de talleres te ayuda a reforzar los conocimientos adquiridos con anterioridad.

Los talleres están diseñados para que el estudiante se incorpore en los temas que le interesan de acuerdo al perfil y conocimientos que maneje o en los que pretenda incursionar; es claro que al Conciliador le resultará poco útil en la práctica el tema de la valoración de la prueba y la sentencia, sólo por poner un ejemplo. Al futuro funcionario conciliador le interesará conocer la parte sustantiva del derecho del trabajo, cuantificaciones, autonomía de la voluntad e irrenunciabilidad de derechos; así como, reforzar temas como la escucha activa, comunicación, parafraseo, etcétera.

Otra bondad del esquema de talleres, es que al poner en práctica los conocimientos, te vuelves invariablemente crítico, resulta fácil percatarse de posibles errores cuando pones en práctica los que crees ya conocer; incluso te puedes percatar de errores cometidos por otro compañero, que posiblemente en un futuro será tu parte contraria en un Juicio real.

Dice un refrán mexicano que *"ECHANDO A PERDER SE APRENDE";* sin embargo, ese refrán sería aplicable frente a una mala planeación y programación en la capacitación y profesionalización de los futuros funcionarios conciliadores y de los integrantes de los Juzgados Laborales pertenecientes a los Poderes Judiciales de las Entidades federativas y a nivel federal.

Considero que estamos en el momento preciso de generar un cambio de pensamiento y de actuar, dejar de actuar bajo la cultura de la improvisación y aprender de los errores del pasado, crear mejores prácticas en base a los aprendizajes que han dejado los errores del pasado y sobre todo evitar cometerlos.

En contraste al dicharacho anterior, existe otro refrán en la cultura nacional mexicana que dice: *"LA PRÁCTICA HACE AL MAESTRO"*, en numerables ocasiones he repetido que el momento para experimentar, equivocarnos y subsanar los errores cometidos con la instauración de "MEJORES PRÁCTICAS" debe ser antes de que las nuevas Autoridades Laborales den el banderazo inicial para otorgar a los Ciudadanos un servicio de Justicia de excelencia.

Por lo anterior, la implementación de "Programas de Capacitación" que se encuentren sustentados en un D.N.C., en la PRÁCTICA para cada uno de los perfiles de funcionarios Conciliadores y de los Poderes Judiciales resulta primordial para la correcta operatividad del Nuevo Modelo de Justicia Laboral en toda la República Mexicana.

Ahora bien, el DNC también tiene que estar relacionado con los perfiles de los aspirantes a ocupar los puestos tanto en los Centros de Conciliación como en los Tribunales laborales; en ese sentido, considero que existen 2 fuentes importantes que otorgaran los perfiles necesarios para ocupar los puestos en esas 2 instancias: el primero de ellos saldrá de la Juntas de Conciliación y Arbitraje ya existentes, quizá con el filtro adecuado se podrán rescatar a las personas valiosas, honestas, responsables, inteligentes y sobre todo con la experiencia y conocimiento en la materia del derecho del trabajo; el segundo perfil, saldrá sin duda de los Poderes Judiciales de las entidades federativas y de la federación que además de contar con una carrera judicial, capacitación y profesionalización constantes; también tienen una amplia experiencia en la forma en que se desarrolla el procedimiento ante los órganos jurisdiccionales y conocimientos en el derecho común.

Ante esa realidad, es indudable que las necesidades de capacitación de estos 2 perfiles son y deben de ser completamente distintos; aunado a ello, la capacitación debe ir enfocada a la intención del puesto que deseen ocupar los aspirantes. No hay que olvidar que por disposición Constitucional los funcionarios que ocupen los puestos tanto en los Centros de Conciliación como en los Poderes Judiciales deben acreditar experiencia y conocimientos en la materia del trabajo; así como, en los llamados Medios Alternos de Solución de Controversias.

Por ejemplo, el personal de las actuales Juntas de Conciliación que deseen incorporarse a los Centros de Conciliación Laboral en cualquier nivel, tienen experiencia y conocimientos en la materia del derecho del trabajo, por lo tanto, su capacitación deberá ir enfocada en conocer la Teoría del Conflicto, la Cultura de Paz, el cómo manejar el conflicto sin conflicto y las diferentes técnicas y herramientas de conciliación laboral.

Por otro lado, el personal de las actuales Juntas de Conciliación que tengan la intención de formar parte de los Poderes Judiciales a cualquier nivel, y que cuentan con experiencia y conocimientos en el derecho laboral; deben ser incluidos en la capacitación y profesionalización que los Poderes Judiciales tienen diseñados respecto a la función jurisdiccional, ética judicial, deliberación y argumentación jurídica, etcétera; y, por supuesto el nuevo modelo de justicia laboral.

Muy diferente en intensidad y temática debe ser la capacitación del personal que en estos momentos forma parte de los Poderes Judiciales y que tienen deseos de incorporarse como Autoridad Judicial en el nuevo modelo de Justicia Laboral, ya que ellos deben empezar desde los principios y conceptos básicos del derecho laboral, su historia, naturaleza jurídica, derecho sustantivo y adjetivo, técnicas de conciliación e instancia conciliadora, las etapas y términos del nuevo modelo de justicia laboral, valoración de medios probatorios, sentencia y ejecución, así como el amparo laboral.

Las necesidades de capacitación en materia del derecho del trabajo de cada perfil, las bondades del esquema pedagógico que otorgan los talleres, fueron sumadas a las experiencias y conocimientos de 25 años de labor profesional. Todo en suma me permitió diseñar un esquema de capacitación en 7 módulos, cada uno de ellos con 4 talleres de 4 horas diarias, con uno una carga académica 70% en la práctica y 30% en lo teórico.

El esquema permite al estudiante ir aportando a sus conocimientos otros nuevos y ponerlos en práctica, en casos que si bien son ficticios se desarrollan en un ambiente real, explorando desde la parte adjetiva de la reforma a la Ley Federal del Trabajo del 1° de mayo de 2019, las habilidades del estudiante, con el siguiente esquema:

ETAPA ESCRITA DEL JUICIO ORDINARIO

► TALLER 1.- INTRODUCCIÓN AL ESTUDIO DEL DERECHO LABORAL, ESTRATEGIA LABORAL LITIGIOSA.

► TALLER 2.- PROCEDIMIENTO PREJUDICIAL (LA CONCILIACIÓN LABORAL).

► TALLER 3.- DEMANDA Y CONTESTACIÓN.

ETAPA ORAL DEL JUICIO ORDINARIO

► TALLER 4.- CURSO BÁSICO DE ORATORIA ARISTOTÉLICA, AUDIENCIA PRELIMINAR JUICIO ORDINARIO.

► TALLER 5.- AUDIENCIA DE JUICIO.

► TALLER 6.- RESOLUCIÓN o SENTENCIA

► TALLER 7.- INCIDENTES Y JUICIOS ESPECIALES.

La temática se ha desarrollado con éxito del mes de noviembre del año 2019 a mayo de 2020 en el Instituto de Profesionalización e Investigaciones Jurídicas del Consejo de la Judicatura del Poder Judicial del Estado de Hidalgo; institución que avaló el esquema planteado por un servidor y lo instauró como parte de las diversas capacitaciones enfocadas a sensibilizar, capacitar y profesionalizar a los futuros funcionarios judiciales de los Órganos Jurisdiccionales en Materia del Trabajo en el Estado de Hidalgo, el poner en práctica el Nuevo Modelo de Justicia Laboral.

Estoy convencido que el trabajo constante realizado en el Estado de Hidalgo a propósito de la implementación de reforma laboral desde el año 2017, implicará contar con mejores funcionarios judiciales en materia del trabajo.

No debemos dejar de observar que por mandato constitucional los aspirantes que deseen participar en las convocatorias para formar parte de las Autoridades del nuevo modelo deben acreditar las capacidades y competencias necesarias para desempeñar sus funciones en estándares máximos de calidad y eficacia en materia de Derecho del Trabajo.

Sin duda. es necesario que quien aspire a ser elegido para formar parte de las nuevas Autoridades del trabajo, debe contar necesariamente con la **sensibilización** respecto a los derechos sociales y sus antecedentes, los derechos humanos laborales, los medios alternos de solución de controversias en materia laboral y códigos de ética judiciales; debe contar además, con la **capacitación** en derecho sustantivo y adjetivo del derecho del trabajo; y, por supuesto la **profesionalización** como obligación de contar como mínimo con la Licenciaturas en Derecho laboral.

La presente obra recopila en su interior las más importantes experiencias adquiridas en 25 años de dedicarme a la honorable profesión de licenciado en derecho con pasión, entrega y dedicación; desarrollado con una visión objetiva, empática para todos los sectores, global y en la práctica vivida en el servicio público en áreas administrativas y jurisdiccionales a nivel federal y local en el distrito federal hoy Ciudad de México y Estado de México; así mismo, en el desarrollo profesional en el ámbito privado como abogado postulante, académico, representante legal de institución de banca múltiple, empresario en pequeño y sobre todo como incansable apasionado del derecho laboral.

La obra está dividida en 3 entregas, en este primer tomo se abordará la parte del derecho sustantivo en materia del trabajo como base fundamental del conocimiento del derecho laboral e indispensable para sensibilizar a los factores de la producción, desde la perspectiva de los involucrados directamente; es decir, entre patrón y trabajador.

Así mismo, se abordará de manera sencilla la conflictividad laboral y la forma en que se pueden resolver los conflictos laborales sin conflictos adicionales por medio de la conciliación laboral, pues en mi opinión no basta con obligar a las partes a presentarse a una instancia Conciliatoria, el verdadero reto de la sociedad, es que las partes aprendan a conciliar. Desafío nada fácil de cumplir, pero nada es imposible y la mejor forma de hacerlo es cambiar de pensar y actuar.

En el segunda Tomo o entrega se abordará la parte adjetiva del nuevo esquema del derecho trabajo; es decir, el derecho procesal del trabajo hasta el cierre de instrucción, visto desde 3 dimensiones: Parte Accionante, Parte Demandada y Autoridad.

En el Tercer Tomo, se analizará la emisión de la sentencia por parte de la Autoridad, vista desde la metodología del estudio del caso y la forma correcta de enjuiciamiento para una correcta deliberación del caso concreto; así como, la forma de recurrir la Sentencia mediante el medio de control constitucional, convencional y legal que nos regala a todos los Ciudadanos los artículos 103 y 107 de la Constitución Política de los Estados Unidos Mexicanos, mejor conocido como Amparo.

Por lo anterior y debido en que nos encontramos en la era de compartir el conocimiento de manera más efectiva, se considera más que oportuno compartir el primer TOMO del "**MANUAL PRÁCTICO SOBRE LA NUEVA JUSTICIA LABORAL EN MÉXICO**".

El "**MANUAL PRÁCTICO SOBRE LA NUEVA JUSTICIA LABORAL EN MÉXICO**", esta dividida en 5 capítulos donde se aborda con un lenguaje sencillo, de forma esquemática y con dinámicas fáciles de realizar y comprender, desde los conceptos básicos de una relación laboral hasta su quebrantamiento y el proceso pre-judicial o instancia conciliatoria. Todo ello, con el objetivo de transmitir el conocimiento de forma dinámica, sencilla y práctica.

El primer capítulo es un aporte valioso que permitirá al lector allegarse de los elementos necesarios para entender la naturaleza jurídica del derecho del trabajo; lo que se entiende por una relación individual de trabajo, quienes son los sujetos que intervienen, las condiciones laborales básicas y contar con todos los elementos necesarios para realizar un "CONTRATO INDIVIDUAL DE TRABAJO" como traje a la medida para cada caso en concreto; así mismo, conocerá la forma de elaborar una **"ESTRATEGIA LABORAL LITIGIOSA PREVENTIVA"** (E.L.L.P.) que asegure una defensa adecuada en caso de un conflicto laboral.

En el segundo capítulo conoceremos los fundamentos de la teoría del conflicto, clasificación de los conflictos laborales y la forma de plantear en los centros de trabajo una conciliación preventiva con el objetivo de evitar demandas laborales; conoceremos y pondremos en práctica técnicas grupales y herramientas de la conciliación que ayudarán a los involucrados a encontrar una posible solución de sus conflictos desde el centro de trabajo sin generar más conflictos.

En el tercer capítulo, se podrá conocer la incorporación al sistema jurídico mexicano de los medios alternos de solución de controversias, la evolución del artículo 17 Constitucional y la Obligación del Estado de administrar justicia; la finalidad del proceso judicial y los métodos que existen para resolver los conflictos y/o controversias.

En el cuarto capítulo se aportarán nuevas teorías sobre la nueva conciliación laboral, ya que se hablará de la autonomía de la conciliación laboral como método para solucionar conflictos; las problemáticas u obstáculos a los que podría enfrentarse la conciliación que se desarrolle en los Centros de Conciliación Laboral; y, una conceptualización moderna de la Conciliación Laboral.

En el quinto capítulo se abordará la instancia conciliatoria desde las vicisitudes de la implementación de la reforma; pasando por la nueva postura que tendrá que asumir el abogado de parte frente a la instancia conciliatoria; las excepciones para no enfrentar dicha instancia; las consecuencias jurídicas del inicio, desarrollo y conclusión de la instancia conciliatoria; términos y plazos; por último, el análisis de riesgo que significa enfrentar una instancia jurisdiccional.

El manual es una lectura obligada para cualquier trabajador que pretenda conocer sus derechos; así mismo, le resultará útil al empresario de la micro, pequeña y mediana empresa, si pretendes abrir un "changarro" y tiene la necesidad de ocupar el servicio personal y subordinado de otras personas. Así mismo, representa una lectura favorable para el trabajador que ha sido despedido, pues encontraras respuesta a tus dudas sobre que debes o puedes exigir; y, seguramente le será provechoso al patrón que desea terminar de manera responsable una relación de trabajo o interpusieron demanda en su contra.

Seguramente cualquiera que tenga el presente libro entre sus manos se encuentra dentro de esos supuestos y, por ende, debe ser una lectura obligada.

La obra, también será útil para el estudiante y/o pasante en derecho, que requiera reforzar lo aprendido en las aulas Universitarias, hoy en día existen pocas Universidades que incorporan en sus planes de estudios el esquema práctico del derecho adjetivo como parte de sus planes de estudio; siempre que egresa un estudiante de la Facultad de Derecho, se enfrenta a la dura realidad de no saber nada sobre la práctica litigiosa, definitivamente los abogados recién egresados de la universidad, se topan de frente con la enorme pared bien cimentada con ladrillos de la ignorancia en la práctica.

Contados son los casos de abogados que desde que se encuentran estudiando en la facultad tienen contacto con la práctica litigiosa, pues de no correr con la suerte de provenir de una familia de abogados postulantes que desde el inicio de la carrera te aporten los conocimientos y experiencias que la práctica incorpora a la formación profesional, seguramente adolecerás de esa parte tan importante aportación en la vida profesional del futuro abogado o abogada.

Nadie te dice como atender a tu primer "cliente"; nadie te dice que decir y que no decir; nadie te explica cuáles son las preguntas claves que tienen que hacer, que documentación te resulta necesaria para ejercitar la acción jurisdiccional que debes ejercitar a favor de tu representado; así mismo, cuales son los hechos trascendentes que debes conocer para hacer en una demanda eficaz; por otro lado, nadie te orienta ante qué autoridad debes presentar tu escrito inicial; y, mucho menos como resolver cualquier incidencia que se presente en el procedimiento jurisdiccional.

En fin, ningún mago te revela tus secretos y en el caso de los abogados de parte, la gran mayoría son celosos de los conocimientos adquiridos durante la práctica profesional.

El manual, también es una contribución para los futuros funcionarios Conciliadores y los Tribunales del Trabajo; sin olvidar, a una pieza clave en el rompecabezas que significa la Nueva Justicia Laboral, los abogados postulantes, el libro les aportará herramientas que les servirá para actualizar sus conocimientos y continuar su labor de representación como abogado de parte ya sea patronal u obrera frete a las Nuevas Autoridades Laborales.

En la impartición de justicia, contribuimos todos y en la medida en la que los involucrados caminemos en el mismo rumbo, se tendrá un mejor Modelo de Justicia Laboral al servicio de los Ciudadanos.

Mejores abogados postulantes, hacen mejores impartidores de Justicia; y, mejores impartidores de Justicia, hacen mejores abogados postulantes.

Capítulo I
Naturaleza Jurídica del Derecho del Trabajo

1. Derecho del Trabajo como rama del derecho social, su historia y raíz constitucional.

Con respecto a la naturaleza jurídica del derecho del trabajo, considero que debemos iniciar su análisis, en ubicarlos dentro de las ramas del derecho, para poder entender su origen histórico y su raíz constitucional. Contrario a lo que se piensa, el derecho del trabajo es complicado en cuanto a la técnica jurídica que se debe utilizar para su estudio, comprensión, interpretación y por supuesto su aplicación.

Es un derecho hecho para trabajadores y empleadores; por ello, es que el derecho del trabajo debe ser cercano a todos los ciudadanos, su concepción debiera ser clara, precisa, concisa y entendible para todos los involucrados, sin embargo, la realidad es que no es así. Es por ello que debemos iniciar por encontrar al derecho del trabajo dentro de la Clasificación clásica de las ramas del derecho

1.1 Clasificación de las ramas del derecho.

	PÚBLICO Regula las relaciones entre Estados y entre este con sus gobernados	PRIVADO Regula las relaciones jurídicas entre los particulares	SOCIAL Regula las necesidades de los grupos humanos semejantes económicamente desvalidos
RAMAS DEL DERECHO	· Derecho constitucional	· Derecho civil	
	Derecho del Trabajo Raíz Constitucional, Normas de Interés Público, Intervención y vigilancia del Estado	**Derecho del Trabajo** Relación entre particulares (Patrón y Trabajador)	**Derecho del Trabajo** El trabajador se encuentra en un estado de vulnerabilidad al encontrarse en una relación de subordinación
	· Derecho administrativo	· Derecho mercantil	· Derecho agrario
	· Derecho penal	· Derecho procesal	· Derecho de la seguridad social
	· Derecho internacional público	· Derecho internacional privado	· Derecho migratorio
	· Derecho fiscal		Derecho económico

Como se puede observar en el cuadro anterior, dentro de la clasificación clásica de las ramas del Derecho, el "Derecho del Trabajo" tiene rasgos o características que pudieran encuadrarlo dentro del derecho público o privado.

El Derecho del Trabajo tiene características del derecho público al tener una raíz Constitucional, contiene normas de interés público y además requiere de intervención y vigilancia del estado; a su vez el derecho laboral, tiene rasgos del derecho privado puesto que regula la relación jurídica que sostienen los particulares (Patrón y Trabajador) los cuales se obligan a cumplir en el mejor de los casos una serie de cláusulas que insertan en un contrato individual de trabajo y se comprometen a cumplir so pena de las obligaciones o sanciones que conlleve su incumplimiento; sin embargo, esas características no las únicas y tampoco son determinantes para situar al derecho del trabajo dentro de esas ramas del derecho.

Ya que, como lo indica el artículo 2 de la LFT, "*Las normas del trabajo tienden a conseguir el equilibrio entre los factores de la producción y la justicia social, así como propiciar el trabajo digno o decente en todas las relaciones laborales*"; es decir, el objetivo de la Ley es poner en un plano de igualdad y regula las necesidades que pudieran tener la clase trabajadora como grupo humano semejante que se encuentran económicamente desvalido en toda relación de trabajo frente al poderoso económicamente Patrón.

La complejidad que sugiera la clasificación del derecho del trabajo, permea invariablemente en su interpretación y aplicación, la realidad es que tanto trabajadores como empleadores en el mayor de los casos desconocen los derechos y obligaciones que invariablemente tienen al encontrarse en una relación laboral.

Si bien es cierto los objetivos principales de los empresarios es crear industria, fuentes de trabajo y riqueza, en un mundo capitalista, no deben dejar de observar que tener una sana y responsable administración frente a su fuerza de trabajo les ayudara a cumplir de mejor forma sus objetivos como empresa.

Por otro lado, los trabajadores al prestar sus servicios personales tienen como objetivo principal obtener un ingreso que les permita cubrir sus necesidades esenciales para vivir con decoro y dignidad, conseguir un crecimiento personal además de ser socialmente útil.

En definitiva, sin importar a que factor de la producción se haga referencia, si desean cumplir con sus objetivos, deben forzosamente conocer sus derechos para poder exigirlos y/o defenderlos; al respecto, en los últimos 50 años la clase trabajadora ha tenido muy poca o nula participación en el mejoramiento de condiciones laborales y eso es un claro reflejo de la ignorancia e indiferencia por parte de ese sector frente a sus derechos y como defenderlos, ha ganado terreno la clase patronal como lo vimos en la parte introductoria.

Importante también resulta que los futuros funcionarios de las Autoridades laborales, conozcan y se sensibilicen respecto a la naturaleza del derecho del trabajo, muchos de ellos seguramente contaran con una carrera judicial dentro de los Poderes Judiciales tanto Federales como Locales en materia civil, penal, mercantil y administrativo; esa experiencia en el ámbito judicial seguramente les dará una ventaja pues conocen el método de juzgamiento y ponderación que ahí se utilizan para emitir las sentencias.

Pero, ese mismo aspecto bajo una perspectiva negativa, también implica que tienen una formación formalista de conocer, interpretar y aplicar el derecho; es decir, a "rajatabla", como lo indican los Códigos de Ética que rigen el actuar jurisdiccional. Es indudable que Jueces y demás personal jurisdiccional habrán de conducirse en la impartición de justicia bajo los principios estipulados en los Códigos de Ética Judiciales, como lo es el denominado Principio de "OBJETIVIDAD", principio que implica que al tomar sus decisiones deben hacerlo sin dejarse influir por factores ajenos al Derecho mismo; sin embargo, en mi opinión dicho principio se contrapone con la obligación que tienen las autoridades del trabajo de emitir sus sentencias sin necesidad de sujetarse a reglas ni formulismos como lo dispone el artículo 841 de la Ley Federal del Trabajo.

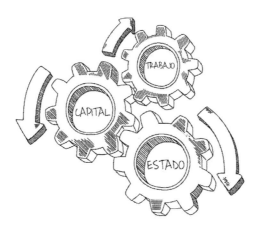

Por lo que resulta primordial que los Poderes Judicial de las Entidades Federativas y Federales, regulen sus Códigos de Ética, para flexibilizar los principios éticos judiciales respecto a la Materia de Derecho del Trabajo

En este punto es trascendental establecer que la presente obra tendrá un lenguaje sencillo para que empresarios, trabajadores, estudiantes y futuros científicos del derecho que pretendan incursionar por primera ocasión en el derecho laboral, lo hagan fácilmente; así mismo, se harán solamente las citas que resulten sumamente necesarias por su trascendencia.

Para ello hay que iniciar con la concientización de lo que ha significado la lucha social de la clase obrera para conseguir el reconocimiento en la Ley, en una Ley Federal del Trabajo, sus derechos laborales más esenciales, sus obligaciones y en el camino de la sensibilización darse cuenta y resaltar que existen enormes diferencias entre la clase trabajadora del siglo XXI y la del siglo anterior.

1.2 Breve reseña histórica del derecho del trabajo en México.

En el siglo XX la relación entre los factores de la producción (Empleadores, Trabajadores y Estado) se jugaba bajo reglas muy distintas a las actuales, era un México distinto en todos los aspectos. Para explicarlo de manera muy sencilla, imagínate que "Pepe y Toño" que conocemos, los trasladamos al año de 1900, donde teníamos un México totalmente diferente al que tenemos actualmente. Un México en condiciones sociales, culturales, políticas y económicas distintas a las del 2020, 2 décadas del "Porfiriato" favoreciendo principalmente a los empresarios extranjeros con aranceles irrisorios, cero regulaciones laborales y un gobierno pasivo ante las injusticias patronales y represoras ante cualquier levantamiento de la clase trabajadora, representaba un paraíso para los empleadores.

Pepe un francés adinerado gracias a las bondades de inversión en nuestro México a finales del siglo XIX, decide invertir en la industria textil, al sur de la República su fábrica de hilado de algodón necesitaba de mano de obra; es decir, personas que desempeñaran el trabajo; he ahí los vestigios de las relaciones laborales. Patrones y trabajadores tenían una relación pero sin ninguna reglamentación específica, el Patrón ponía sus reglas, pagaba lo que quería y como quería, las tiendas de lista de rayas era un mecanismo de control perfecto para cubrirle al trabajador sus necesidades mínimas, sin que el patrón pierda el control de sus trabajadores; debido a la falta de regulación por parte del Estado, los patrones se despachaban con la cuchara grande, imponían castigos y multas a los trabajadores bajo sus propias reglas y criterios; el patrón no tenía ninguna restricción para obligar a los trabajadores a cumplir con jornadas exhaustivas de hasta 14 horas diarias sin días de descanso; no existía protección para el trabajo de mujeres y niños, todos trabajaban por igual; ni pensar en ningún tipo de asistencia médica.

Al norte del País, Toño es un empresario norteamericano que en su industria Metalúrgica tiene condiciones laborales peores a la industria de Pepe; en ella, los trabajos importantes y mejor pagados eran realizados únicamente por sus compatriotas norteamericanos, quienes además gozaban de condiciones laborales distintas a las realizadas por los obreros mexicanos, la exclusión y discriminación que sufrían los mineros mexicanos se encrudecía aún más con la nula protección a sus derechos.

Los "Pepe´s y Toño´s", empezaron a proliferar durante los últimos años del Porfiriato y sus industrias a crecer, la tajada grande del pastel era para ellos; sin embargo, la consecuencia lógica era que el número de trabajadores se multiplicara.

Entre los años de 1905 a 1907, los obreros mexicanos se empezaron a unir para defender sus derechos, las conflagraciones de Cananea y Rio Blanco sucedidas entre esos años, son emblemáticas de la lucha de la clase trabajadora. La represión del Gobierno era letal en muchos de los casos, inclinar la balanza para factor patronal era su prioridad sin importar los derechos laborales de la clase débil, era una lucha totalmente desigual.

En 1910, estalla la Revolución Mexicana que si bien es cierto tenía como bandera principal la lucha por la tierra y su repartición equitativa, es indudable que la clase obrera jugaría un papel importantísimo para lograr la victoria de la rebelión en contra de la dictadura que representaba el Presidente Porfirio Díaz; la colaboración de los batallones rojos conformados por integrantes de la casa del obrero mundial en la parte última de la revolución (1915) fue importantísima para la conquista de la lucha revolucionaria y para que en 1917 Venustiano Carranza fuera el primer Presidente Constitucional de la República.

El pacto firmado en 1915 entre Venustiano Carranza y los batallones rojos no hubiera sido posible sin la intervención del empresario Sonorense Álvaro Obregón, un tipo inteligente, astuto, intuitivo y con un gran sentido de la persuasión, esta última cualidad fue utilizada para convencer al futuro Presidente de firmar un pacto en el que otorgaría por cada triunfo de los batallones rojos una sede de la casa del Obrero Mundial; fue así como, las uniones obreras por medio de la Casa del Obrero Mundial, tuvieron presencia en gran parte del territorio nacional.

Álvaro Obregón, vislumbró la gran importancia y poderío que tendrían las uniones obreras en el futuro político, económico y social del País; el contrapeso perfecto para equilibrar los factores de la producción.

La fuerza de la clase trabajadora se demostró de inmediato ya que entre 1916 y 1917, al discutirse el articulado de la Constitución, el futuro Presidente Venustiano

Carranza se negaba a darle cabida al artículo 123 en su texto, su idea modificar el artículo 5° Constitucional y que cada estado regulara la materia del trabajo. Sin embargo, el cabildeo de Álvaro Obregón al interior del poder legislativo constitucionalista, fue tan persuasivo que ni el futuro Presidente de la República pudo detener la conquista obrera que significó la incursión del artículo 123 en la Constitución Política de los Estados Unidos Mexicanos de 1917.

El poder de la clase obrera y la participación al interior de ellas de Álvaro Obregón, le sirvió a este último para llegar a la silla presidencial en el año de 1920 y como Secretario de Gobernación Plutarco Elías Calles; ambos amigos de Luis Napoleón Morones quien nada más y nada menos fue Secretario general de la Confederación Regional Obrera Mexicana (CROM) en 1918, fundador del Partido Laborista (1919) y ministro de Industria, Comercio y Trabajo (1924-1928) durante la presidencia de Calles. Luis Napoleón Morones, el primer líder obrero, las circunstancias sin duda cambiaron para "Pepe y Toño", desde ese momento el pastel se dividió en 3 partes: Gobierno, Patrones y líderes sindicales que de alguna u otra manera controlaba a los trabajadores.

Durante 1917 a 1929, los ideales plasmados en el artículo 123, fueron sólo eso "ideales", la reglamentación secundaria para que los obreros hicieran exigibles sus derechos era distinta en cada Entidad dependiendo de la rama de la industria y la fuerza que tuviera su organización obrera, los casos rescatables fueron las leyes laborales de Veracruz y Yucatán que posteriormente sirvieron como marco para la Ley Federal.

Fue en el año de 1929, que se reformó por primera vez el artículo 123, en dicha reforma se otorgó la facultad única y exclusiva de legislar en materia del trabajo al Poder Reformador Federal; lo cual significó la federalización del derecho laboral.

Motivo de esa federalización del derecho del trabajo, en el año de 1931 se promulgó la primera Ley Federal del Trabajo, en un solo texto se consolidaban, precisaban y protegían los parámetros mínimos de derechos para los trabajadores; las facultades, obligaciones y derechos de los 3 sectores de la producción se encuentran perfectamente establecidos en el marco legal del derecho del Trabajo, el artículo 123 de la Constitución y la Ley Federal del Trabajo.

La balanza se equilibró, el derecho de coalición y sindicalización con apoyo en la Ley Federal, significaron un contrapeso frente a las injusticias y abusos por parte del sector patronal, que si bien es cierto ya no significaba un esclavismo para la clase trabajadora; también lo es, que el poder de mando y subordinación natural se encontraba del lado de la balanza patronal. Pero la relación entre los factores de la producción (patrón y trabajador) estaba mutando, pues el estallamiento a huelga en cualquier momento y circunstancia estaba latente.

El sindicalismo tuvo sus mejores momentos en esos años respecto a la representación y lucha por el mejoramiento de las condiciones laborales de sus agremiados; pero esa clase desprotegida, esa clase considerada como los más débiles, a ese sector que se encuentra bajo la subordinación de la clase patronal, hay que darles pequeñas dosis de esperanza ¡Solamente pequeñas dosis! Seguramente esa dosis pequeña los mantendrá medianamente controlados.

Nadie hace historia por amor al arte, sin embargo es necesario mencionar que en los años 40´s y 50´s, el licenciado Miguel Alemán Valdés, quien fuera en ese periodo Secretario de Gobernación y Presidente del Estado Mexicano, se propuso industrializar y modernizar al País; pero antes, debía tomar el control de la clase trabajadora, lo cual hizo por conducto de la central obrera más importante que conocemos hasta nuestros días, la CTM y su líder vitalicio Fidel Velázquez, personaje celebre que colaboró en sistemas de control para crear el clima de certidumbre necesario para los nuevos inversores.

En esa época, surge el mecanismo de control de la Clase Trabajadora llamado *"CONTRATO DE PROTECCIÓN"*, que por un lado significaba vender protección a los empresarios mediante un esquema de simulación, en él se aparenta la existencia de un sindicato representativo de los trabajadores, pero que en realidad solamente su existencia es en papel; ello implica que los representantes sindicales eran personas a modo y favor del patrón que en ningún momento intentarían estallar una huelga o reclamar el mejoramiento de las condiciones laborales a la hora de revisar el contrato colectivo de trabajo.

Por otro lado, el *"CONTRATO DE PROTECCIÓN"* ha sido uno de los esquemas de control que más daño le ha causado a la clase trabajadora en nuestro México, tan es así que la fuerza sindical ha perdido fuerza, hoy en día es difícil hablar de un verdadero representante de la clase trabajadora.

Como ya lo dijimos párrafos anteriores, el sindicato solamente existe en el papel, por lo que los trabajadores no habían utilizado su derecho irrestricto de escoger por merecimientos propios a su líder sindical; en muchos de los casos los trabajadores ni siquiera conocen al supuesto líder. Un esquema este del *"CONTRATO DE PRO-TECCIÓN"* que planteaba un escenario benéfico únicamente para la clase patronal, pues con ese mecanismo ha controlado durante varias décadas las organizaciones sindicales, dejando la defensa, protección y mejoramiento de las condiciones laborales en una simple utopía.

El sector patronal con la complacencia y complicidad del Estado Mexicano, crearon mecanismos de control bajo esquemas de simulación, con el objetivo de mantener la paz social, manteniendo a raya a la clase trabajadora.

La balanza se desnivelo nuevamente en contra de los derechos del trabajador, a partir de la aplicación de los *"CONTRATOS DE PROTECCIÓN"* patrones y trabajadores se enfrascaron en una lucha constante para inclinar la balanza a favor de cada sector y en medio de ellos, moviendo los hilos, la intervención del Estado. Lo cierto es que los mecanismos de control creados y ejercidos por el Estado y sector patronal en complicidad con los líderes sindicales alrededor de los años 40´s, funcionó durante los 70 años posteriores; el objetivo era mantener la paz social y crear un ambiente propicio para la inversión.

1.3 El artículo 123 como raíz Constitucional del Derecho del Trabajo.

Desde 1929 que se promulgó la primera reforma al artículo 123 y pese a las transformaciones sociales, culturales, económicas y políticas, el artículo solamente se ha reformado en 28 ocasiones más; de esas 28 reformas, se resaltan por el impacto social que representan las reformas realizadas en los años de 1960, en la que se adiciona el apartado "B" para regular las relaciones de trabajo entre los poderes de la unión, los gobiernos del distrito y de los territorios federales y su trabajadores; la de 1961, que establece que en ningún caso los salarios de los trabajadores podrán ser inferiores al mínimo, en ese entonces en el distrito federal y en las entidades de la república; la de 1962 que reglamenta el derecho del sector obrero a participar en el reparto de las utilidades generadas por las empresas; la de 1974, en la que se considera de utilidad social y pública la expedición de la ley del seguro social; y, la del año de 1978, en la que se establece a nivel constitucional en el primer párrafo del artículo 123 lo siguiente:

"Toda persona tiene derecho al trabajo digno y socialmente útil; al efecto, se promoverán la creación de empleos y la organización social de trabajo, conforme a la ley...".

La evolución que han tenido de los derechos de la clase trabajadora en México ha sido lenta durante los últimos 90 años, lo evidencian las 29 reformas a nivel constitucional que ha tenido la materia del trabajo; algunos pensaran que son la que necesitaba el artículo 123 para tener un marco jurídico robusto para proteger los derechos de los y las trabajadoras, mientras otros muchos pensaran que es la clara Muestra del control patronal y gobierno sobre la clase más desprotegida.

Sea por una u otra razón ahora nos toca como sociedad ocupar mejores prácticas para lograr tener un mejor mundo del trabajo.

Cuadro 1 "DE LAS REFORMAS CONSTITUCIONALES AL ARTÍCULO 123"

REFORMAS AL ARTÍCULO 123	CONCEPTOS MOTIVO DE REFORMA
1ª Reforma DOF 06-09-1929	SUPRIME LA ATRIBUCIÓN DE LAS LEGISLATURAS LOCALES PARA HACER LEYES EN MATERIA DE TRABAJO. CONSIDERA DE UTILIDAD SOCIAL LA EXPEDICIÓN DE LA LEY DEL SEGURO SOCIAL (ANTES EL ESTABLECIMIENTO DE CAJAS DE SEGUROS POPULARES)
2ª Reforma DOF 04-11-1933	Relativo al proceso para ejercer el derecho a la participar en las utilidades
3ª Reforma DOF 31-12-1938	Relativo al contrato colectivo de trabajo
4ª Reforma DOF 18-11-1942	Relativo a la competencia de las autoridades del trabajo
5ª Reforma DOF 05-12-1960	SE ADICIONA EL APARTADO "B" PARA REGULAR LAS RELACIONES DE TRABAJO ENTRE LOS PODERES DE LA UNIÓN, LOS GOBIERNOS DEL DISTRITO Y DE LOS TERRITORIOS FEDERALES Y SU TRABAJADORES
6ª Reforma DOF 27-11-1961	EN NINGÚN CASO LOS SALARIOS PODRÁN SER INFERIORES AL MÍNIMO PARA LOS TRABAJADORES EN GENERAL EN EL DISTRITO FEDERAL Y EN LAS ENTIDADES DE LA REPÚBLICA
7ª Reforma DOF 21-11-1962	Relativa a Jornada nocturna de 7 horas; prohibición del trabajo de menores de 15 años en todos los casos y de 16 años en labores insalubres; competencia, salarios mínimos SE REGLAMENTA LA FORMA EN LA QUE SE DEBE DE OTORGAR EL DERECHO AL REPARTO A LOS TRABAJADORES DE LAS **UTILIDADES**
8ª Reforma DOF 14-02-1972	Relativo a la prohibición de establecer expendios de bebidas embriagantes y de casas de juego de azar en los centros de trabajo
9ª Reforma DOF 10-11-1972	Se crea el INFONAVIT. Y el mismo derecho a los miembros del ejército, fuerza área y armada.
10ª Reforma DOF 08-10-1974	Relativo al primer párrafo del apartado "B", para quedar: *"Entre los Poderes de la Unión y sus trabajadores:"*
11ª Reforma DOF 31-12-1974	SE CONSIDERA DE UTILIDAD SOCIAL Y PÚBLICA LA EXPEDICIÓN DE LA LEY DEL SEGURO SOCIAL
12ª Reforma DOF 06-02-1975	Relativo a la competencia de las autoridades del trabajo
Fe de erratas DOF 17-03-1975	Relativo a la competencia de las autoridades del trabajo

13ª Reforma DOF 09-01-1978	Relativo a la competencia de las autoridades del trabajo
14ª Reforma DOF 09-01-1978	capacitación y adiestramiento
Fe de erratas DOF 13-01-1978	Relativo a la competencia de las autoridades del trabajo
15ª Reforma DOF 19-12-1978	DISPONE QUE TODA PERSONA TIENE DERECHO AL TRABAJO DIGNO Y SOCIALMENTE ÚTIL; además, reubica en el párrafo segundo la facultad de legislar al Congreso de la Unión.
16ª Reforma DOF 17-11-1982	Naturaleza jurídica de las relaciones de trabajo de la Administración Pública Federal que formen parte del sistema bancario mexicano, bajo el apartado "B"; y, facultad del Congreso de la Unión y las Legislaturas de las entidades federativas para legislar en materia de derecho Burocrático
17ª Reforma DOF 23-12-1986	Relativa a salarios mínimos.
18ª Reforma DOF 10-08-1987	Se reforma sobre la facultad del Congreso de la Unión y las Legislaturas de las entidades federativas para legislar en materia de derecho Burocrático y la aplicación de sanciones administrativas por incumplir, eludir o simular las disposiciones del artículo.
19ª Reforma DOF 27-06-1990	Encabezado de la fracción XXXI Relativo a la competencia de las autoridades del trabajo "a) Ramas industriales y servicios." Se adicionó el numeral 22 de dicho inciso y se reformó la fracción referente a las relaciones de trabajo de la Administración Pública Federal que formen parte del sistema bancario mexicano, bajo el apartado "B"
20ª Reforma DOF 20-08-1993	Se reformó la fracción referente a las relaciones de trabajo de la Administración Pública Federal que formen parte del sistema bancario mexicano, bajo el apartado "B"
21ª Reforma DOF 31-12-1994	Relativo a la competencia de las autoridades del trabajo sobre los conflictos entre el Poder Judicial de la Federación y sus servidores; y entre la Suprema Corte de Justicia y sus empleados.
22ª Reforma DOF 08-03-1999	Relativo al organismo encargado de la seguridad social y el derecho a la vivienda de los componentes del ejército, fuerza área y armada.
23ª Reforma DOF 18-06-2008	Se reforma el primer y segundo párrafo; y nuevamente se reforma respecto la vivienda de los componentes del ejército, fuerza área y armada.
24ª Reforma DOF 24-08-2009	Última reforma relativa a facultad del Congreso de la Unión y las Legislaturas de las entidades federativas para legislar en materia de derecho Burocrático.
25ª Reforma DOF 17-06-2014	Se establece la prohibición de la utilización del trabajo de los menores de quince años. Los mayores de esta edad y menores de dieciséis tendrán como jornada máxima la de seis horas
26ª Reforma DOF 27-01-2016	Se establece que el salario mínimo no podrá ser utilizado como índice, unidad, base, medida o referencia para fines ajenos a su naturaleza
27ª Reforma DOF 29-01-2016	Se reforma el primer párrafo de la fracción XXXI del inciso "A"; el primer párrafo del apartado "B"; los salarios no podrán ser inferiores al mínimo para los trabajadores en general en las entidades federativas; se establece que los Ministerio Público, peritos y miembros de las instituciones policiales de la Federación, las entidades federativas y Municipios en caso de separación, remoción, baja, cese o cualquier otra forma de terminación del servicio fue injustificada, no podrán ser reincorporados por ningún motivo; y, se estableció el fortalecimiento del sistema de seguridad social del personal del Ministerio Público, de las corporaciones policiales y de los servicios periciales, de sus familias y dependientes l
29ª Reforma DOF 24-02-2017	MATERIA COLECTIVA Se estableció el voto de los trabajadores será personal, libre y secreto (libertad sindical) (fracción XXII inciso b del artículo 123); parámetros de licitud del derecho a huelga que son elevados a rango constitucional (fracción XVIII y IXX)
	MATERIA INDIVIDUAL La desaparición de las Juntas de Conciliación que pasan ahora ser Tribunal Laboral para la solución de las controversias laborales en el ámbito individual; la obligación de agotar la instancia conciliatoria (fracción XX del artículo 123); y, creación de las nuevas autoridades laborales.

En el cuadro anterior se encuentra de manera fácil las fechas en que se ha reformado el derecho del trabajo desde su base constitucional, así mismo, se encontrará la correlación de esas fechas con los conceptos reformados o adicionados más importantes; será tarea de los Científicos del derecho poner en marcha el marco jurídico en favor de mejores relaciones de trabajo.

Debemos cambiar la cultura del engaño por la cultura de la legalidad y cumplimiento de responsabilidades patronales, la mejor forma de cumplir responsablemente es incorporar mejores prácticas a los procesos administrativos de las empresas; conocer los derechos y obligaciones del artículo 123 de nuestra Constitución es un primer paso que deben dar tanto empleadores como empleados. ¡El conocer es poder!

En la actualidad la mayoría de los empresarios son personas físicas que se atreven a invertir el patrimonio de su vida en una fuente de trabajo, que además de sortear los requisitos legales y administrativos para abrir su "changarro", son víctimas de actos de extorsión por parte de supuestos organizaciones obreras desde el mismo momento en que abren sus puertas para ofrecer sus servicios o productos; los empresarios se ven obligados a formar parte de una maquinaria perversa creada por los conocidos contratos de protección y otras prácticas que lastiman al sector obrero.

Aunque tampoco hay que poner como víctimas a los empresarios, no siempre el empresario es la víctima en esta tragicomedia, también hay empresarios que lamentablemente buscan la forma de evadir responsabilidades, vivimos en una sociedad en que la corrupción se ve, se vive y práctica como algo cotidiano, estamos acostumbrados a vivir en el mundo del "***no pasa nada***". El hecho de que las empresas hayan adoptado a los contratos de protección como una práctica común es simplemente porque durante las últimas 5 décadas los empresarios han evitado múltiples dolores de cabeza por no lidiar con una verdadera representación de los trabajadores en sus centros de trabajo.

Por otro lado, el trabajador perdió la confianza que tenía en las organizaciones obreras, para ellos la figura del "sindicato" se ha desgastado, no tiene fuerza y mucho menos credibilidad.

Los contrapesos entre la clase patronal y la clase obrera han ido cambiando, la balanza ya no está solamente del lado del patrón, la figura del patrón se ha transformado y acoplado a nuevas necesidades sociales, ahora tenemos empresarios de la micro, pequeña y mediana empresa, que en la mayoría de los casos no cuenta con el poderío económico para sortear las implicaciones de enfrentar un juicio laboral; sin embargo, eso no es justificación para que los empresarios utilicen prácticas evasivas de responsabilidad en contra de los derechos de la clase trabajadora.

Lamentablemente para la parte patronal, las malas prácticas utilizadas al principio y desarrollo de la relación laboral, eventualmente se vuelcan en su contra; esto sucede cuando el trabajador decide demandar el respeto de sus derechos ante las Juntas de Conciliación y Arbitraje, lo que comúnmente resulta en condenas cuantiosas derivadas de la omisión de cumplir con sus obligaciones patronales ante sus empleados.

La consecuencia lógica de que el empleador no cumpla con sus obligaciones, resulta en la omisión de tener los documentos que tenía la obligación de llevar, conservar y presentar ante la Autoridad Laboral y por ende, el empleador omitirá acreditar en el Juicio tanto las verdaderas condiciones laborales como haber pagado algunas de ellas; la condena es inminente y seguramente esa condena será cuantiosa porque el trabajador ha exagerado las condiciones laborales al memento de interponer su escrito inicial de demanda.

El círculo viciosos en el que se ha desenvuelto el derecho del trabajo es la suma de acciones realizadas por ambas partes, además de eso, las penurias y tormentos que tiene que pasar un empleado para interponer una demanda laboral o en contraste lo tortuoso que significa para el patrón ser demandado laboralmente; ambas partes deben sortear un procedimiento laboral lento, costoso e ineficaz; y, en muchas ocasiones con una defensa inadecuada, mañosa, leguleya, ignorante de la materia y corrupta.

En mi opinión las prácticas ilegales, evasivas de responsabilidad, abusivas y perversas realizadas tanto por el sector patronal como por el sector obrero durante las últimas 80 décadas, sin duda han lastimado mucho al derecho del trabajo; los daños ocasionados por esas malas prácticas han colapsado el modelo laboral en todos sus aspectos.

El sistema corrupto e ineficaz en el cual se ha desarrollado el derecho del trabajo perjudica a todos, ha sido una lucha estéril entre empleador y empleado; no se han dado cuenta que los ataques y contraataques que han librado durante décadas en base a la simulación nada les ha dejado y nada les dejará; no se han dado cuenta que la propia naturaleza de su relación y los objetivos aparentemente antagónicos que persiguen los factores de la producción siempre convergen en el hecho que la existencia y subsistencia de las fuentes de trabajo es la fórmula perfecta para que el empresario cuente con una industria productiva; mientras que la parte empleada tendrá la posibilidad de contar con un trabajo que le otorgue la estabilidad y seguridad de un trabajo digno y decente.

El justo medio de las cosas, que significa en el derecho del trabajo para lograr compatibilidad en los intereses de sus factores, el factor de subordinación de uno frente al otro siempre existirá por el sólo hecho de existir la relación de trabajo; pero eso no significa que se vean siempre como enemigos con intereses y posiciones irreconciliables.

Es momento adecuado para que la clase empleadora y la clase empleada cambien su forma de pensar y de actuar, la estabilidad de las fuentes de trabajo, representa beneficio para ellos y para la paz social del País.

También es cierto que es el momento justo para que las organizaciones sindicales se reinventen bajo nuevos esquemas, sí de protección de la clase trabajadora, pero también de cooperación con la parte patronal para que coadyuven en el mejoramiento de la producción de las empresas y la prestación de servicios de calidad; si bien es cierto la fuerza de la clase trabajadora esta en las coaliciones para el mejoramiento de las condiciones laborales, también lo es que hay que hacerlo con responsabilidad.

1.4 Las 3 Esferas Jurídicas Constitucionales de Protección y Garantía de los Derechos Humanos Laborales.

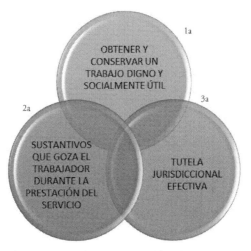

El sistema jurídico mexicano es un sistema que tiene una naturaleza garantista, un sistema que obliga a las autoridades a proteger y garantizar los derechos humanos de las personas; en ese sentido, en el derecho del trabajo se garantizan los derechos humanos laborales en 3 grandes esferas.

La primera esfera jurídica de protección y garantía constitucional se refiere por un lado a la **obligación** del Estado de crear las condiciones óptimas en el País para que todos gocen de la oportunidad de contar con un trabajo que satisfaga sus necesidades; esa obligación se convierte en el **derecho al libre ejercicio** del derecho humano que tiene toda persona de dedicarse a la profesión, industria, comercio o trabajo que le acomode, siempre y cuando ejerza ese derecho en el ámbito de la licitud; es decir, todos tenemos el derecho de elegir libremente a que nos dedicamos, frente a quien nos obligamos a prestar nuestro servicio y bajo qué condiciones se prestará dicho servicio.

Este derecho humano se puede y debe ejercer sin ningún tipo de discriminación y bajo un clima de igualdad de oportunidades para mujeres y hombres; así mismo, todos tenemos el derecho inalienable que nuestro trabajo satisfaga nuestras necesidades más básicas con el objetivo de tener una vida digna, el desarrollo personal, intelectual, económico y familiar.

Pero esto no lo digo yo, el sustento lo encontramos en los artículos 1°, 4°, 5° y 123 de la CPEUM que forman parte del marco legal de protección para que las personas que viven en el territorio nacional tengan protegido y garantizado su derecho a tener un trabajo; es de advertirse que el **artículo 123 Constitucional** establece que: *"Toda persona tiene derecho al trabajo digno y socialmente útil"*, fue voluntad del constituyente elevar el derecho al trabajo a la categoría de **garantía social y un derecho humano**, que por tanto debe resguardarse por el Estado a través de sus órganos de gobierno, incluidas las autoridades jurisdiccionales.

Esto es así, porque se reconoce que para la mayoría de los seres humanos, el trabajo es el medio fundamental de subsistencia para garantizar la vida digna de hombres y mujeres, así como de sus familias; tendencia que bajo el neo-constitucionalismos en el que se desenvuelve actualmente el sistema jurídico mexicano, coincide con lo que **expresa el artículo 23 .1 y .3 de la Declaración Universal de los Derechos Humanos** que señala en su parte conducente: *"Toda persona tiene derecho al trabajo, a la libre elección de su trabajo, a condiciones equitativas y satisfactorias de trabajo y a la protección contra el desempleo..." "Toda persona que trabaja tiene derecho a una remuneración equitativa y satisfactoria, que le asegure, así como a su familia, una existencia conforme a la dignidad humana y que será completada, en caso necesario, por cualesquiera otros medios de protección social."*.

Y por último el artículo 25. 1 que indica: *"Toda persona tiene derecho a un nivel de vida adecuado que le asegure, así como a su familia, la salud y el bienestar, y en especial la alimentación, el vestido, la vivienda, la asistencia médica y los servicios sociales necesarios; tiene asimismo derecho a los seguros en caso de desempleo, enfermedad, invalidez, viudez, vejez u otros casos de pérdida de sus medios de subsistencia por circunstancias independientes de su voluntad"*.

La segunda esfera jurídica de protección y garantía constitucional de los derechos humanos laborales, se refiere, al enorme catálogo de prerrogativas que tanto el artículo 123 de la CPEUM, los tratados internaciones y la LFT le otorga a la clase trabajadora por el sólo hecho de que una persona FÍSICA preste un servicio personal y subordinado para una persona moral o física denominada "PATRÓN"; esos derechos o prerrogativas acompañan al trabajador durante todo el tiempo que perdure el vínculo de trabajo.

En ese sentido y a propósito de los derechos humanos laborales, todas las autoridades laborales, tienen la obligación de hacer respetar esos parámetros mínimos que la clase trabajadora tiene desde el mismo momento que inicia el vínculo laboral.

La última esfera jurídica de protección y garantía constitucional de los derechos humanos laborales es la que se refiere a la Tutela Jurisdiccional efectiva, la reforma del año 2017 es sin duda la más trascendente de las 29 reformas realizadas al artículo 123; el derecho subjetivo que tienen los ciudadanos de resolver las controversias laborales frente a Nuevas Autoridades del trabajo dependientes del Poder Judicial, significa un cambio de 180° en cuanto al derecho procesal del trabajo, ya veremos a partir del segundo capítulo de la presente obra como las reformas constitucionales de los últimos 12 años se conjugan con la realizada al artículo 123 para crear un nuevo y diferente modelo de justicia laboral.

Los abogados de parte en materia de derecho del trabajo deben estar conscientes y preparados para seguir llevando procedimientos ante las Juntas de Conciliación y Arbitraje quizá durante los próximos 5 a 10 años, algunos de esos procedimientos seguirán regidos por la L.F.T., vigente previa a la reforma del 30 de noviembre del año 2012; en su mayoría procedimientos que se rigen con la L.F.T., vigente y aplicable posterior a dicha reforma y hasta que se las Juntas cierren sus puertas. Pero, por si fuera poco, los abogados postulantes tendrán que desarrollar su labor profesional a partir del 1° de octubre (en algunas entidades del País) frente a nuevas autoridades del trabajo y el nuevo modelo de justicia laboral que plantea la reforma a la L.F.T., del 1° de mayo del año 2019.

Uno de los objetivos o principales ejes planteados con la reciente reforma constitucional al artículo 123 de la CPEUM, es que los medios alternativos de solución de controversias (MASC) sea el pilar del nuevo sistema y que permita a las Nuevas Autoridades cumplir con su obligación de resolver de manera más pronta y expedita los conflictos laborales.

En ese contexto, se apuesta desde la misma exposición de motivos que el conocimiento y sustanciación de la instancia conciliatoria previa y obligatoria antes de interponer una demanda laboral, sirva para resolver el mayor porcentaje de conflictos laborales y que a la sede judicial solamente lleguen juicios que por la naturaleza del conflicto sean irreconciliables.

Antes de conocer el nuevo modelo, es importante para el tema que nos ocupa que el lector conozca lo relativo a las relaciones individuales de trabajo, conocer es poder y en pleno siglo XXI nos encontramos en la era de transmitir y compartir el conocimiento con quien más lo necesita para utilizarlo en su vida diaria.

2. Relaciones Individuales de Trabajo

Estoy convencido que tanto la reforma al artículo 123 de la CPEUM del año 2017 y la consecuente reforma a la LFT del año 2019, relacionada con el derecho adjetivo laboral eran más que oportuna, necesaria e inevitable; históricamente se tenía una deuda con la sociedad mexicana en el sentido de otorgar un modelo de justicia laboral que fuera eficaz y eficiente.

Como bien lo menciona el Maestro Antonio Isaac Gómez Alcántara en el prologada del presente manual el modelo "tripartista" establecido hasta antes de la reforma del Constitucional de 2017, para resolver las controversias laborales ante la Juntas de Conciliación y Arbitraje se mostraba como lo más justo para las partes en controversia; sin embargo, después de dicha reforma tenemos un modelo de justicia nuevo que tendremos todos en nuestro ámbito de aplicación.

En mi opinión la mejor forma de contar con un modelo funcional, es utilizando el poder del conocimiento al servicio de los demás y del pensamiento crítico, para crear esquemas de mejoramiento constante en todos los sectores. Aplicar mejores prácticas desde el principio de su implementación es una deuda que debemos pagarle a la sociedad.

Partamos pues de ese punto para irnos adentrando al mundo del derecho del trabajo, para iniciar me gustaría explicar que el hombre en sociedad decide relacionarse con otros seres humanos creando, modificando y extinguiendo derechos y obligaciones, en el caso de las relaciones individuales de trabajo, no es la excepción, las personas o sujetos que intervienen van creando, modificando y extinguiendo derechos y obligaciones.

Los sujetos que participan, el roll que juega cada uno de ellos y cuáles son sus derechos y obligaciones, es parte importante de la implementación.

2.1 Sujetos que intervienen en la relación laboral.

Por regla general las partes que intervienen y adquieren derecho y obligaciones derivadas de las relaciones individuales de trabajo son el "*trabajador*" y el "*patrón*" expresiones utilizadas en este párrafo en género masculino por ser los que se utilizaron en la redacción de la Ley Federal del Trabajo; sin embargo, en la presente obra procuraré realizar menciones en ambos géneros para ser equitativo.

TRABAJADOR

El trabajador o trabajadora es también reconocido en la Ley Federal del Trabajo como *"empleado"*, *"obrero"* o *"jornalero"*; comúnmente también es llamada ayudante, servidora, proletaria, peón, operaria, asalariada y colaboradora.

La Ley Federal del Trabajo reconoce el termino de trabajador en el artículo 8°, así mismo, aporta en el mismo precepto la definición al indicar de manera muy clara que: *"**Trabajador es la persona física que presta a otra, física o moral, un trabajo personal subordinado.**"*

En mi opinión la definición aportada por la ley laboral no necesita mayor explicación, simplemente destacar de ella que establece categóricamente que la parte trabajadora siempre será una persona física.

PATRÓN

También conocido como *"empleador"* o *"empleadora"* en la Ley Federal del Trabajo; o cotidianamente por los Ciudadanos como jefa, empresaria, patrono, amo, señor, dueña, directora, titular y burgués.

En cuanto a su definición la Ley Federal del Trabajo aporta una que resulta ser comprensible fácilmente, pues nos dice en el artículo 10 lo siguiente: *"**Patrón es la persona física o moral que utiliza los servicios de uno o varios trabajadores.**"*

De igual forma la definición no necesita mayor explicación, salvo la acotación que en el caso de esta figura si puede ser una persona moral como ente que no existe físicamente, pero si jurídicamente para adquirir derechos y obligaciones.

La legislación laboral vigente contempla en su contexto a otros sujetos que intervienen con derechos y obligaciones en las relaciones laborales, por lo que resulta importante definir en el presente apartado quienes son los "intermediarios", y "contratista" esta última figura, causa de múltiples comentarios, estudios, críticas y polémicas a partir de la adición de los artículos 15-A al 15-D en Ley Federal del Trabajo, reformada el 30 de noviembre del año 2012, vigente al día siguiente.

INTERMEDIARIO

Según el artículo 12 de la Ley Federal del Trabajo, es la persona que contrata o interviene en la contratación de uno o varios trabajadores para laborar para otra persona que será su patrón; en esencia el intermediario no recibe el servicio personal del trabajador; sin embargo, en la práctica el uso y abuso de esta figura ha sido de manera perversa para ocultar al verdadero responsable de la relación laboral, obviamente en contra de los derechos del trabajador.

Considero que la intención de establecer un régimen de intermediación para la contratación de personal, era simple, buena y útil, imagínate un patrón con la necesidad de contratar a un grupo de técnicos especialistas en programación de computadoras; sin embargo, no tiene la menor idea del perfil que debe de cubrir el personal que necesita. Es ahí donde la intervención de un intermediario especialista en el tema de perfiles laborales en programación de computadoras es importante y valiosa para el patrón que desea contratar el mejor personal para su empresa.

Por último, es importante remarcar que la Ley Federal del Trabajo en su artículo 13, establece algunos parámetros mediante los cuales intenta proteger el abuso de esta figura, establece que serán considerados como patrones las empresas que se ostenten como intermediario, pero en realidad el trabajador los servicios son prestados con elementos propios de esa empresa; es decir, una simulación. Así mismo, se considera solidariamente responsables a las personas que se vean beneficiados del servicio prestado por el trabajador, explico a continuación con un ejemplo este supuesto "del beneficiario del trabajo" que será muy importante cuando el lector aborde el capítulo concerniente a la demanda y contestación.

En la práctica nos encontramos muchas veces con asuntos donde la trabajadora manifiesta que prestó servicios en el domicilio, supervisión, recursos, condiciones, etcétera de una cierta empresa, como si la relación laboral fuera con ella; sin embargo, fue contratado por otra que le paga sus salarios y cumple con el resto de derechos laborales y de seguridad social. Se parece mucho al outsourcing, pero el sector empresarial lo utiliza comúnmente como intermediación.

Ante un eventual despido injustificado decide demandar, pero surge la disyuntiva de ¿A QUIÉN DEMANDAR?, a la empresa que me contrato y cumplió mis derechos o a la empresa donde verdaderamente se prestaron los servicios o demandar a ambas; la disyuntiva en ese sentido es saber bajo qué carácter se demandara a las empresas.

La respuesta está en el artículo 13 de la Ley Federal del Trabajo, hay que demandar a ambas empresas, pero con caracteres diferentes, a la primera como la persona que se **benefició** del servicio y a la supuesta intermediaria se le demanda como **responsable** de la relación laboral. Verán que las empresas responsables al momento de contestar la demanda asumirán la responsabilidad solidaria. Pero eso ya lo iremos desarrollando en los futuros capítulos.

Como ya se pudo apreciar con el tiempo la figura de la **intermediación** se fue tergiversando hasta convertirse o parecerse mucho en lo que hoy la Ley Laboral reconoce como la figura de la **subcontratación** o outsourcing; empresarios y sus representantes legales ocuparon esta figura por lo menos 3 décadas antes de adicionarla a la Ley Federal del Trabajo; quizá esa sea la causa por la cual se suele confundir entre una y otra figura.

CONTRATISTA

Como lo habíamos mencionado anteriormente a partir del primero de diciembre del año 2012, entro en vigor la reforma a la Ley laboral en las que se establecieron las reglas para el régimen de subcontratación o como se conoce vulgarmente como outsourcing; derivado de la incorporación del sistema apareció una variante de la empresa considerada como patrón, denominada "contratista". En este esquema la empresa contratista es la responsable de los derechos laborales de sus trabajadores, quienes prestan sus servicios en favor de otra empresa llamada contratante.

La intención de la subcontratación es noble en el fondo, para explicar esta opinión me gustaría ejemplificarlo con un supuesto en el que una empresa que se dedica a manufacturar zapatos, requiere de cajas para introducir sus productos; es en esos casos cuando la contratista ofrece los servicios de sus empleados especializados en realizar cajas de zapatos.

Mucho se ha criticado la figura de la subcontratación o outsourcing, creo que la crítica no debe ir en contra de la figura, sino de las personas que han transformado su sentido de aplicación en contra de los derechos del trabajador; concuerdo con los especialistas que indican que las reglas para ese régimen son claras y precisa; sin embargo, es incuestionable que las grandes empresas pasan por alto las reglas del juego para subcontratar y pervierten día con día el esquema previsto pisoteando los derechos fundamentales del trabajador, pues es bien sabido por todos que muchas empresas que se dicen contratantes crean indiscriminadamente empresas de outsourcing para que las principales eludan obligaciones obrero patronales, se seguridad social y fiscales.

Está de más repetir lo estipulado en los incisos a, b y c, del artículo 15-A, en la que se establecen las condiciones que debe cumplir la empresa contratante para utilizar los servicios de una empresa contratista; y, que en caso de cumplir con esas condiciones se considerará patrón con todas las obligaciones inherentes.

Por último, no quiero dejar de mencionar que en el supuesto caso que la empresa contratante cumpla con las condiciones establecidas en el artículo 15-A y utilice los servicios de una empresa contratista, está obligada en todo momento en vigilar y supervisar que la empresa de outsourcing este al corriente de las obligaciones para con sus trabajadores; en caso contrario, será responsable solidaria respecto a los derechos de los trabajadores.

	INTERMEDIACIÓN	OUTSOURCING
	INTERMEDIARIO	**CONTRATISTA**
ALGUNAS CONSIDERACIONES PARA DIFERENCIAR ENTRE INTERMEDIARIO Y CONTRATISTA	REGULADO POR LOS ARTÍCULO 12, 13, 14 Y 15 DE LA LEY FEDERAL DEL TRABAJO.	REGULADO POR LOS ARTÍCULO 15-A A 15-D DE LA LEY FEDERAL DEL TRABAJO.
	INTERVIENE EN LA CONTRATACIÓN DE TRABAJADORES A FAVOR DE OTRA PERSONA	CONTRATA DIRECTAMENTE A LOS TRABAJADORES
	NO TIENE EL CARÁCTER DE PATRÓN	TIENE EL CARÁCTER DE PATRÓN
	EN PRINCIPIO NO TIENE RESPONSABILIDAD ALGUNA CON LOS TRABAJADORES	ES RESPONSABLE DE LOS DERECHOS PARA CON LOS TRABAJADORES
	NO HAY CONTRATO ENTRE EL PATRÓN Y EL INTERMEDIARIO	DEBE EXISTIR UN CONTRATO ENTRE EL CONTRATISTA Y LA EMPRESA CONTRATANTE QUE SUSTENTE LA SUBCONTRATACIÓN
	NO HAY CONDICIONES ESPECIALES A CUMPLIR PARA UTILIZAR AL INTERMEDIARIO	LA CONTRATANTE DEBE CUMPLIR CON LAS CONDICIONES ESTABLECIDAS EN LOS INCISOS A), B) Y C) DEL ARTÍCULO 15-A DE LA LEY
	EN CASO DE SIMULACIÓN EL INTERMEDIARIO ES CONSIDERADO PATRÓN O SOLIDARIAMENTE RESPONSABLE EN CASO DE QUE EL PATRÓN NO CUMPLA	EN CASO DE CUMPLIR CON LAS CONDICIONES ESTABLECIDAS EL CONTRATANTE ES CONSIDERADO PATRÓN
	NO EXISTE MULTA O SANCIÓN EN CASO DE INOBSERVANCIA DE LA LEY	LA LEY ESTABLECE QUE EN CASO DE TRANSFERIR TRABAJADORES DE LA CONTRATANTE A LA CONTRATISTA SE IMPONDRÁ EQUIVALENTE DE 250 A 5000 VECES LA UMA.

2.2 Conceptualización de la Relación Individual de Trabajo.

Se considera la existencia de una **relación individual de trabajo entre** una persona llamada **trabajador** que presta un servicio personal subordinado con la correlación de mando-obediencia frente a otra persona física o moral llamada **patrón**, mediante el pago de un salario.

Para la existencia del vínculo jurídico entre trabajador y empleador, basta con la sola prestación del servicio por parte del trabajador y la aceptación tácita del empleador al recibirla; es decir, el acuerdo de voluntades se puede formalizar por una situación de hecho.

En las relaciones individuales de trabajo puede haber un acuerdo de voluntades de forma verbal, supuesto en la que normalmente el patrón le impone al trabajador las condiciones básicas del trabajo como los días y horarios; el salario que se dará como retribución y la forma de hacerlo; y, demás derechos obligaciones sin mediar un contrato laboral.

En estos supuestos la existencia de la relación laboral no se pone en tela de juicio, pues el bien jurídico tutelado por la Ley, es el trabajo mismo.

Es frecuente que tanto patrones como trabajadores piensen que no existió relación laboral debido a la omisión de firmar un contrato individual de trabajo; sin embargo y como ya lo analizamos en párrafos anteriores, no es así. En ese contexto resulta primordial definir cuándo se considera ante la ley que nos encontramos dentro de una relación laboral, que elementos debe de tener nuestra relación para ser considerada como un vínculo laboral.

3. Características distintivas de la relación individual de trabajo.

El segundo renglón del artículo 20 de la Ley Federal del Trabajo, al establecer que se entiende por una relación de trabajo, nos indica de manera muy clara las características distintivas y esenciales para considerar la existencia de un vínculo laboral. La existencia de uno sólo de estos elementos en una relación es suficiente para considerar jurídicamente que las personas involucradas se encuentran dentro de una relación de trabajo.

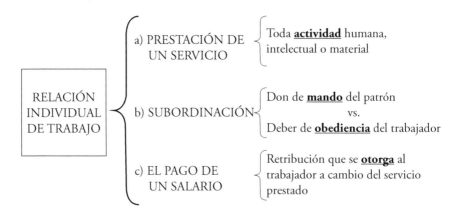

Para explicar de manera sencilla cada una de las características de la relación de trabajo que nos aporta el artículo 20 de la Ley de la materia, partamos de la idea o supuesto de la existencia de una relación entre una persona física (trabajador) con otra persona o personas ya sean físicas o morales (patrón o patrones).

1. La "PRESTACIÓN UN TRABAJO" o servicio personal subordinado.

Según la propia LFT es la actividad humana, intelectual o material que realiza una persona física denominada "trabajador" en favor o beneficio de otra persona física o moral denominada "patrón".

2. La "SUBORDINACIÓN"

Es el don de mando que tiene el patrón sobre el trabajador, la relación entre patrón y trabajador siempre se da en un plano de desigualdad, pues el primero de ellos en todo momento goza de la posibilidad de disponer del servicio del segundo quien tiene la obligación de cumplir con las indicaciones de quien se encuentra en el plano superior jerárquico; el patrón demuestra la superioridad jerárquica sobre el trabajador desde el mismo momento en que inicia la relación al indicar al trabajador la forma, el momento y las condiciones en la que realizará el servicio personal.

3. El "SALARIO"

Hablar de él como característica distintiva de la relación laboral, sugiere observar lo estipulado por el artículo 82 de la Ley Federal del Trabajo, precepto que de forma llana nos dice: "*Salario es la retribución que debe pagar el patrón al trabajador por su trabajo*"

Lo cierto es que en un sentido humano debemos entender al **salario** como un principio fundamental del derecho del trabajo, pues es la forma que tiene el trabajador de obtener el sustento material para garantizar un nivel de vida adecuada para cubrir las necesidades primordiales propias y de su familia.

En ese sentido el concepto de salario se amplía, para entenderlo como todos los pagos hechos por el empleador y recibidos por el trabajador a cambio de su trabajo, tal y como lo indica el artículo 84 de la misma Ley Laboral, al referir que el salario "*... se integra con los pagos hechos en efectivo por cuota diaria, gratificaciones, percepciones, habitación, primas, comisiones, prestaciones en especie y cualquiera otra cantidad o prestación que se entregue al trabajador por su trabajo.*" Indicado de esa en el inciso a) del artículo 1° del Convenio 100 de la OIT.

Por otro lado, debemos ver al salario como parte de las condiciones fundamentales de la relación laboral, las partes pueden pactar bajo acuerdo de voluntades el monto de pago (cantidades entregadas al trabajador); el periodo de pago (diario, semanal, quincenal, mensual, etc...,); la forma de hacerlo (efectivo, depósito bancario, transferencia, cheque, etc...,); y, nombre que se le designe a los pagos (bono de puntualidad, bono de asistencia, pago de despensa, etc...,).

Es muy importante conocer, entender y tomar en cuenta las características distintivas de las relaciones individuales de trabajo en nuestra vida cotidiana, las propias relaciones humanas en innumerables ocasiones hacen que las personas realicen situaciones de hecho que en el mundo jurídico pueden ser equiparables una de esas características y considerarse que existe una relación laboral entre sujetos personas que en realidad no tienen ese vínculo jurídico; he aquí algunos ejemplos.

Los depósitos o transferencias bancarias a cuentas de débito por préstamos, donaciones o pagos de otra especie suelen ser muy comunes entre familiares, amigos, parejas sentimentales o conocidos. ¡UNA ALERTA PARA TODOS LOS LECTORES! si has realizas o has realizado periódicamente este tipo de movimientos estas en riesgo de que una de esas personas a quienes le haces el cargo a favor te demande laboralmente, eventualmente podrá acreditar la característica distintiva de la relación de trabajo llamada "***SALARIO***".

Otro ejemplo es cuando de muy buena fe entregas a algún familiar, amigo, pareja sentimental o conocido una carta de recomendación, mencionando que te prestó un servicio sin haberlo hecho en realidad; lamento comentar al empresario que sin duda realizó un acto de buena fe, que también se encuentran en riesgo de ser demandado laboralmente como persona física y/o en conjunto con la micro, pequeña y mediana empresa en la que se ostenta como patrón; lo anterior, ya que eventualmente podrá acreditar con el documento entregado de muy buena fe, la característica distintiva de la relación de trabajo llamada "***PRESTACIÓN DE UN TRABAJO***" o servicio personal.

En toda relación o vínculo de trabajo la característica de la subordinación del Patrón sobre el sector Obrero se encuentra presente.

Por último, el uso de las tecnologías de la información y comunicación es una herramienta que representa bondades innumerables, una de ellas es acortar distancias y poder comunicarnos directamente con familiares, amigos, parejas sentimentales o conocidos; el caso es que ya sea vía correo electrónico, mensaje de texto o por medio del WhatsApp un sujeto le pide a otra la realización de un acto que en el contexto del mensaje se entiende como una orden de trabajo; esas comunicaciones también ponen en riesgo a quien envió el mensaje de ser demandado laboralmente; eventualmente con algún mensaje que presuponga en su contexto una orden de trabajo, esa persona a la que se le envió podrá acreditar en su contra la característica distintiva de la relación de trabajo llamada "***SUBORDINACIÓN***". Hoy en día las Juntas de Conciliación y Arbitraje tienen innumerables Juicios que nacen de ese tipo de eventos que suceden en la vida cotidiana.

4. Condiciones laborales o derechos mínimos de la clase trabajadora

Respecto a las condiciones laborales que deben prevalecer en el trabajo, el artículo 123 de la Constitución Política, los artículos 25, 56, 57, fracción VIII del artículo 153-J, los artículos relativos a los Trabajos Especiales conforme el Título Sexto de la Ley Federal del Trabajo, Convenio 100 sobre igualdad de remuneración de la OIT, El Pacto Internacional de Derechos Económicos, Sociales y Culturales (PIDESC) 4 tie-

---

4 Adoptado el 16 de diciembre de 1966, en vigor internacional a partir del 3 de enero de 1976. México se adhirió el 23 de marzo de 1981, promulgado en el Diario Oficial de la Federación el 12 de mayo de 1981, entrada en vigor para México el 23 de junio de 1981. **Disponible en:** https://aplicaciones.sre.gob.mx/tratados/muestratratado_nva.sre?id_tratado=2

nen el denominador común de establecer como principio básico la dignidad humana de las personas trabajadoras

Ahora bien, entre esa dignidad humana que establece el bloque constitucional debe existir un vínculo irrestricto con las condiciones de trabajo equitativas y satisfactorias, no se puede concebir hablar de dignidad humana si la clase trabajadora se duele de obtener y conservar una trabajo que le permita asegurar una remuneración que proporcione como mínimo un salario equitativo; no se puede hablar de dignidad humana sino se le otorga un salario igual al percibido por otro empleado que hace un trabajo de igual valor; no se puede hablar de dignidad humana sino se tiene seguridad e higiene en el trabajo; no se puede hablar de dignidad humana sin la igualdad de oportunidad para promociones a la categoría superior que les corresponda; no se puede hablar de dignidad humana sino se tiene un periodo de tiempo para descansar, disfrutar de tiempo libre, vacacionar periódicamente y pagadas; y, sin la remuneración de los días festivos.

Lamentablemente somos una sociedad que ve con normalidad la degradación del tejido social en todos los aspectos, en el ámbito laboral no es la excepción y durante más de 80 hemos sido pasivos e indiferentes ante los actos del sector patronal y sus representantes legales al imponer sistemas de control, figuras y condiciones laborales que lastiman invariablemente la dignidad de las personas; sin tomar en consideración, que la mayoría de las personas que integran el sector obrero, lo único que desean es llevar honrosamente el sustento diario a sus hogares.

En el mundo ideal, las condiciones pactadas para la prestación del servicio personal y subordinado, debiera ser negociado y pactado entre ambas partes; imaginemos que en ese mundo ideal de las contrataciones se lleven en un plano igualdad, donde trabajador y patrón sentados en una mesa analizan las capacidades del primero y las posibilidades del segundo, ambos acuerden el monto salarial y demás condiciones laborales; es un mundo donde el patrón exigirá a la parte obrera que realice su trabajo bajo altos estándares de calidad, servicio, eficacia y eficiencia en favor de la productividad; a cambio de eso, el trabajador recibirá un trato bajo altos estándares de dignidad humana como lo indican los diversos instrumentos internacionales, la constitución y la ley reglamentaria respecto el derecho laboral.

La realidad, es que en nuestro México las condiciones laborales que rigen una relación laboral, las estipula generalmente el empleador de forma unilateral y las impone al futuro empleado en el momento mismo de la contratación; es decir, en acto de superioridad impone sus condiciones.

Fecha de consulta 07 de abril de 2020

Hay que ponerse en los zapatos de la clase trabajadora para entender que frecuentemente se firma un contrato de trabajo por la enorme necesidad de contar con un medio de subsistir para él y su familia; en la vida real existen muchos casos en que una persona busca empleo durante meses o años, la búsqueda del empleo que le permita satisfacer sus expectativas de ingresos y condiciones laborales, para sostener económicamente de manera decorosa a su familia; sin embargo, pasa el tiempo y no encuentra esa oportunidad laboral que le satisfaga. Al final, acepta prestar sus servicios en las condiciones impuestas por un patrón que seguramente vulnerara de facto los derechos laborales de la clase trabajadora.

Por principio básico, el fin del derecho laboral es salvaguardar los derechos esenciales de la clase trabajadora por el sólo hecho de formar parte de la clase más débil o desvalida; sin embargo, durante los últimos años la precarización de las condiciones laborales se ha degradado cada vez más en perjuicio de la clase obrera.

EL SECTOR PATRONAL HA CREADO DIVERSAS FORMULAS
PARA PRECARIZAR LA MATERIA DEL TRABAJO.
EJEMPLO: LOS CONTRATOS DE PRESTACIÓN DE SERVICIOS PROFESIONALES

En la mayoría de los casos la parte trabajadora acepta las condiciones labores impuestas por la patronal, el índice de desocupación es muy alto en el País la enorme necesidad de la clase obrera de trabajar y con ello percibir un salario periódicamente que le permita solventar sus necesidades básicas, es la principal causa por la cual la parte más débil acepta las condiciones impuestas. Quienes hemos tenido la necesidad de buscar empleo encontramos ese tipo atropellos e incluso con comentarios que humillan al gremio obrero como el siguiente:

¡Si quieres aceptar mis condiciones,
hay miles de personas esperando la oportunidad!

La trabajadora o trabajador responden el agravio diciendo:

¡El patrón hace como que me paga, yo hago como que trabajo!

Es el círculo vicioso en el que se encuentra sumido el modelo laboral en el País, nos encontramos a herramientas de control que anula la representatividad de los trabajadores, los bajos salarios, el altísimo porcentaje de desempleo que se compagina con los niveles de pobreza, son la suma de todos los miedos para la clase trabajadora que tiene que aceptar condiciones paupérrimas con el afán de conseguir un empleo que les genere un salario por demás irrisorio comparado con el índice de precios de la canasta básica.

Ante esa lucha desigual entre la clase obrera y empresarial la Ley Federal del Trabajo establece en el Título Tercero las Condiciones de Trabajo las condiciones fundamentales y los márgenes mínimos en las que se pueden estipular las circunstancias en que se desarrollara el servicio; sin duda alguna esos márgenes mínimos no resuelve el problema de lo inestable, inseguro y precario que representa formar partes de la clase trabajadora, pero por lo menos establece un estándar para fijar los derechos y obligaciones de las partes en las relaciones individuales de trabajo.

	Ley Federal del Trabajo TÍTULO TERCERO CONDICIONES DE TRABAJO					
	CAPÍTULO I	CAPÍTULO II	CAPÍTULO III	CAPÍTULO IV	CAPÍTULO V, VI y VII	CAPÍTULO VIII
CONCEP-TO	Disposiciones generales	Jornada de trabajo	Días de descanso	Vacaciones	* Salario * Salario mínimo * Normas protectoras y privilegios del salario	Participación de los trabajadores en las utilidades de las empresas
ARTÍCU-LOS	56, 56 Bis y 57	58 al 68	69 a 75	76 a 81	82 a 89 90 a 97 98 a 116	117 a 131

En el anterior cuadro sinóptico a propósito del Título Tercero de la Ley Federal del Trabajo referente a las Condiciones de Trabajo, encontraras de manera sencilla en que capítulo se encuentra cada Condición Laboral; así como, los artículos de referencia.

4.1 Disposiciones generales

Antes de entrar de lleno al análisis de las condiciones laborales que establece la Ley Federal del Trabajo, es importante hacer hincapié en las disposiciones generales que prevé la Ley de la materia; así como, la evolución que ha tenido sobre todo el artículo 56 y la adición del artículo 56 Bis, gracias a la dinámica evolutiva que también se ha desarrollado en torno a los derechos humanos laborales y la urgente necesidad de ajustar el derecho laboral a los criterios internacionales sobre igualdad sustantiva, no discriminación y dignidad humana.

Al respecto, en noviembre del año 2012, se reformó el numeral 56 y se adicionó el artículo 56 Bis de la Ley Federal del Trabajo; con el ánimo de resaltar su importancia se presenta el siguiente cuadro comparativo.

Antes de entrar de lleno al estudio de las condiciones laborales, es pertinente recordar que el objetivo principal del presente libro es que el lector cuente con un manual o guía de fácil manejo y útil para desarrollar dentro del marco legal esquemas de contratación y administración de las relaciones de trabajo como base de un sistema preventivo que permita a los empleadores tener una defensa adecuada ante posibles o eventuales demandas laborales.

Recordemos sin ánimos de colmar el texto de estadísticas, que en el México del siglo XXI, 3 de cada 5 empleos es generado por la pequeña y mediana empresa, en ese sentido hay que hacer hincapié en que los conocimientos de los empresarios de la pequeña y mediana empresa respecto del derecho laboral son empíricos, escasos y muchos de ellos equivocados; es de vital importancia acercar el derecho laboral a quienes más lo necesitan, en este caso a trabajadores y empresarios, que todos hablemos el mismo idioma.

Ley Federal del Trabajo	Artículo 56	CONCEPTOS IMPORTANTES	ARTÍCULOS RELACIONADOS	COMENTARIO
Ley publicada en el Diario Oficial de la Federación el 1º de abril de 1970	Las condiciones de trabajo en ningún caso podrán ser inferiores a las fijadas en esta Ley y deberán ser proporcionadas a la importancia de los servicios e iguales para trabajos iguales, sin que puedan establecerse diferencias por motivo de raza, nacionalidad, sexo, edad, credo religioso o doctrina política, salvo las modalidades expresamente consignadas en esta Ley.			

Artículo reformado DOF 30-11-2012	Las condiciones de trabajo <u>basadas en el principio de igualdad sustantiva entre mujeres y hombres</u> en ningún caso podrán ser inferiores a las fijadas en esta Ley y deberán ser proporcionales a la importancia de los servicios e iguales para trabajos iguales, sin que puedan establecerse diferencias <u>y/o exclusiones</u> por motivo <u>de origen étnico o nacionalidad, sexo, género, edad, discapacidad, condición social, condiciones de salud, religión, opiniones, preferencias sexuales, condiciones de embarazo, responsabilidades familiares o estado civil, salvo las modalidades expresamente consignadas en esta Ley</u> .	**IGUALDAD SUSTANTIVA.**- Según el artículo 2° de la LFT se logra con la "*eliminación de la discriminación motivada por origen étnico o nacional, el género, la edad, las discapacidades, la condición social, las condiciones de salud, la religión, las opiniones, las preferencias sexuales, el estado civil o cualquier otra que atente contra la dignidad humana y tenga por objeto anular o menoscabar los derechos y libertades de las personas*". **DISCRIMINACIÓN.**- Según el **artículo 1° de la CPEUM y el 2° de la LFT, se entiende a cualquier acto que atente contra la dignidad del ser humano por "por motivo de origen étnico o nacional, género, edad, discapacidad, condición social, condiciones de salud, religión, condición migratoria, opiniones, preferencias sexuales, estado civil o cualquier otro que y tenga por objeto anular o menoscabar los derechos y libertades de las personas**	La interpretación conforme obliga al Juzgador a interpretar, valga la redundancia, el principio de igualdad a luz de los artículos 1° y 4° de la CPEUM. Del **Convenio 111 de la OIT** Sobre la discriminación (empleo y ocupación) que la define en el artículo 1.1 como "*cualquier distinción, exclusión o preferencia basada en motivos de raza, color, sexo, religión, opinión política, ascendencia nacional u origen social que tenga por efecto anular o alterar la igualdad de oportunidades o de trato en el empleo y la ocupación*" Los **artículos 2° y 3°** de la propia Ley Federal del Trabajo, que conceptualiza las expresiones de igualdad sustantiva y discriminación. Así mismo, resaltar la obligación de la Autoridad laboral de promover, proteger, respetar y garantizar el derecho humano a mejores condiciones laborales prohibiendo la discriminación y procurando en todo momento optar por la interpretación más favorable al trabajador.	La reforma Constitucional del año 2011, en materia de derechos humanos fue el pilar para la incorporación en la Ley Federal del Trabajo del el principio de igualdad sustantiva entre hombres y mujeres; y, la prohibición de la discriminación en todas sus formas que sin duda otorgan la oportunidad a cualquier persona de tener acceso a condiciones laborales que respeten la dignidad humana para proteger a la clase trabajadora.

Ley Federal del Trabajo	Artículo 56 Bis	CONCEPTOS IMPORTANTES	ARTÍCULOS RELACIONADOS	COMENTARIO
Ley publicada en el Diario Oficial de la Federación el 1º de abril de 1970				
Artículo adicionado DOF 30-11-2012	Los trabajadores podrán desempeñar labores o tareas conexas o complementarias a su labor principal, por lo cual podrán recibir la compensación salarial correspondiente. Para los efectos del párrafo anterior, se entenderán como labores o tareas conexas o complementarias, aquellas relacionadas permanente y directamente con las que estén pactadas en los contratos individuales y colectivos de trabajo o, en su caso, las que habitualmente realice el trabajador.	**LABORES CONEXAS o COMPLEMENTARIAS.-** El segundo párrafo del artículo adicionado es muy claro en indicar que por labores complementarias se entiende **COMPENSACIÓN SALARIAL.-** Es la justa retribución por el trabajo efectivamente realizado por el empleado de acuerdo a la interpretación del artículo 56 Bis relacionado con los artículos 82 y 84 de la Ley Federal del Trabajo.	Artículos 82 y 84 de la Ley Federal del Trabajo; así como, los artículos 163 fracción II y 265 de la misma Ley Federal del Trabajo, respecto a invenciones de los trabajadores y trabajos especiales.	En mi opinión la intensión del legislador al incorporar el artículo en estudio, era que el trabajador recibiera el justo pago por el trabajo realizado efectivamente y no solamente por el trabajo pactado; sin embargo, en un equívoco el artículo indica que las labores conexas deben estar relacionadas con las actividades planteadas. La realidad es que entre las condiciones laborales pactadas y las condiciones laborales efectivamente realizadas hay una diferencia enorme, es un hecho recurrente en las relaciones individuales de trabajo escuchar a trabajadores decir que fue contratado como **"vendedor de piso"** pero que tenía la obligación de ser el **chofer** de su patrona, **cuidadora** de los hijos de la patrona, **afanadora** pues debía limpiar el establecimiento, etcétera. Pero, insisto que el legislador se equivoca al indicar categóricamente que las labores conexas deben estar relacionadas con las actividades pactadas o las realizadas habitualmente por la trabajadora, ya que en materia procesal será muy complicado acreditar dicha circunstancia, ya que será carga de la prueba de la parte actora (trabajadora) acreditar en el Juicio que realizó esas labores conexas.
Última Reforma publicada Última Reforma DOF 01-05-2019DOF	INTOCADO			Se desaprovecho la oportunidad de reforzar la protección de la clase trabajadora que realiza actividades fuera de las convenidas; incluso agregar la prohibición categórica de realizar esos trabajos complementarios fuera de la jornada y horario pactado.

En dicho contexto, es importante explicar que establecer condiciones laborales para la prestación del servicio personal y subordinado entre trabajador y patrón es un *"hecho jurídico"* que invariablemente produce consecuencias jurídicas; ahora bien, para que se produzcan las consecuencias jurídicas deben existir 2 elementos (uno material y otro formal), el primero de ellos es el hecho realizado por las partes al cual se le conoce como **hecho material o premisa fáctica (elemento material)**; el segundo elemento es lo establecido en la Ley que se le conoce como **premisa normativa o hipótesis (elemento formal)**. Lo ideal, es que nuestros hechos tengan relación con lo establecido en la Ley.

A propósito de la diferencia entre las condiciones pactadas y las condiciones laborales efectivamente realizadas por la parte trabajadora, el Dr. Mario de la Cueva dice que la relación de trabajo reposa esencialmente en la realidad de los hechos que la preceden, y no de lo pactado entre el empleador y el trabajador[5]. Sin olvidar que el artículo 685 de la LFT en concordancia con el artículo 17 de la CPEUM privilegian el principio de la realidad en el derecho procesal del trabajo; es decir, debe prevalecer el fondo sobre la forma.

Los que estudiaron la licenciatura en derecho recordaran que en los primeros años nos indicaron que un *"hecho jurídico"* es el acontecimiento o suceso que entraña el nacimiento, transmisión o extinción de derechos y obligaciones.[6] Hay un principio fundamental en el derecho que dice que el desconocimiento de la Ley no te exime de responsabilidad, bajo ese principio debemos entender que una vez realizado un hecho las consecuencias jurídicas son inherentes.

Por otro lado, el trabajador mientras más conozca sus derechos, seguramente buscara hacerlos exigibles de manera oportuna y conforme a la Ley.

Es por ello que resulta trascendente antes de estipular condiciones laborales en un contrato individual de trabajo o simplemente de establecerlas de forma verbal para la prestación de un trabajo, que ambas partes conozcan y entiendan lo que nos dice tanto la C.P.E.U.M., los Instrumentos internacionales en materia del trabajo y la Ley Federal del Trabajo respecto a las condiciones laborales, cuáles de ellas debemos de estipular para no transgredir los derechos del trabajador, cuál es el fundamento legal, parámetros y supuestos especiales que estipula ley, etcétera.

El objetivo es que al final del primer capítulo de la presente obra, el lector realice contratos individuales de trabajo como trajes a la medida, tomando en consideración las necesidades del centro de trabajo, el servicio que prestará la clase trabajadora; así como los objetivos y posibilidades de la parte Patronal, pero sobre todo lo que nos dice la Ley.

Recordemos que en materia procesal la obligación de cumplir con lo estipulado con la ley respecto a las condiciones laborales estipuladas para la prestación del ser-

---

5 MARIO DE LA CUEVA DICE. Derecho Mexicano del Trabajo. 2ª Ed. Porrúa. México.1943. p. 381.

6 Acosta Romero, Miguel y Martínez Arroyo, Laura A., *Teoría General del Acto Jurídico y Obligaciones*, México, Porrúa, 2002, p. 16.

vicio en un contrato de trabajo le repercute directamente al patrón pues él tiene la obligación de hacer el contrato, conservarlo y presentarlo ante la autoridad en caso de un eventual Juicio; pues como veremos más adelante la regla general establecida en la Ley es que la carga de prueba le corresponde al empleador; pero no nos adelantemos y vamos por partes, conozcamos cuales son los derechos sustantivos fundamentales que debemos plasmar en nuestro contrato individual de trabajo.

4.2 Jornada de trabajo

Para iniciar debemos de conceptualizar lo que debemos entender por "JOR-NADA", al respecto algunos teóricos del derecho laboral afirman que proviene del latín "IURNATA" que significa "**diario**" y se utiliza para designar a la parte del día que se dedica al trabajo; mientras otros como Miguel Bermúdez Cisneros dicen que proviene de la raíz latina "GEONATA", que significa igualmente la parte del día que se dedica al trabajo[7].

Ahora bien, el artículo 58 de la Ley Federal del Trabajo indica que la jornada es el tiempo durante el cual el trabajador está a disposición del patrón para prestar su trabajo, en el concepto utilizado por la Ley es mucho más amplio, no lo limita al referirse que dicho periodo se realiza en el día.

La razón es sencilla, si bien es cierto las raíces latinas coinciden en referirse a la unidad de tiempo universal llamada "DÍA", también lo es que el día equivale a 24 horas; luego entonces la ley amplia el margen del periodo en el que se puede prestar el servicio y es mucho preciso en la conceptualización de la Jornada laboral, al entender-la como la fracción de tiempo en que la parte trabajadora está a disposición del patrón para prestar sus servicios dentro de las 24 horas que perdura el día; ya que entenderlo de forma distinta es omitir a los trabajadores que prestan sus servicios por la noche.

En la mayoría de los casos las jornadas laborales son establecidas entre las 06:00 a las 20 horas; sin embargo, como lo mencionamos en la parte introductoria la forma de relacionarnos ha cambiado con la finalidad de adaptarse a las necesidades de la sociedad.

La mutación que ha tenido la sociedad gracias a la globalización y la utilización de las tecnologías de la información y comunicación en los últimos 40 años sin duda ha repercutido en la vida laboral, quien pensaría hace 40 años que la mayoría de las perso-nas se vería forzado a realizar teletrabajo o la proliferación que existe desde los últimos 20 años de las mini-tiendas de autoservicio con atención al público las 24 horas del día; con la necesidad de contar con personal dispuesto a laborar en diferentes turnos con roles variados de horario y de días laborables necesarios para su funcionamiento.

---

7 Bermúdez Cisneros, M. (2000). Derecho del Trabajo. México: Oxford University. México.2000. p. 121.

Casos especiales como los indicados en el párrafo anterior, son un claro referente donde el sector patronal tiene la obligación de fijar jornadas de trabajo fuera de los límites habituales ha proliferado en las últimas décadas, ya sea porque el centro de trabajo así lo requiere o por la naturaleza del servicio que presta el trabajador o trabajadora que obliga a establecer o pactar entre las partes las jornadas nocturnas.

Pero veamos con más profundidad a que nos referimos, respecto a los centros de trabajo que requieren establecer jornadas nocturnas podemos mencionar además de las mini-tiendas de autoservicio, algunas farmacias, los hoteles, las casas de asistencia, algunos restaurantes, fondas, hospitales, sanatorios, colegios e internados; todos ellos ejemplos de centros de trabajo que prestan sus servicios al público las 24 horas del día; ahora bien, es fundamental indicar que esos establecimientos se rigen por las disposiciones generales de la Ley Federal del Trabajo como lo refiere la fracción I del artículo 332 y por ende deben de fijar sus jornadas laborales de acuerdo a los parámetros establecidos en la Constitución y la Ley Laboral.

Por otro lado, tenemos que la naturaleza propia del servicio que prestan las personas con la categoría o puesto de "*porteros y veladores*" son servicios que regularmente se prestan durante la noche por así requerirlo la parte patronal, ellos también se rigen por las disposiciones de la Ley reglamentaria del artículo 123 respecto a la jornada según lo establece la fracción II del mismo artículo 332 de la Ley Federal del Trabajo.

Lo ideal sería que la jornada de 24 horas de este tipo de servicios se divida en diversas jornadas; sin embargo, en la vida real sabemos que "*porteros y veladores*" prestan sus servicios en jornadas de 24 horas continuas y sin descanso, circunstancia que a todas luces va en contra de lo estipulado por la Ley laboral, pero eso lo analizaremos posteriormente ya que en este momento lo que se intenta es resaltar que existen trabajos que por su propia naturaleza se realizan en una jornada nocturna.

Existen otros supuestos en que los centros de trabajo tienen la necesidad de dividir a sus trabajadores en diferentes jornadas, uno de esos supuestos es elevar la producción y para ello deben de fijar 3 o 4 jornadas distintas para que su producción no se detenga durante las 24 horas del día. Otro ejemplo es el trabajo realizado por personal de limpieza y pulido de pisos, limpieza de ductos de aire acondicionado y servicio de elevadores o escaleras eléctricas, servicios que casi siempre son prestados por la noche porque el flujo de usuarios durante la jornada diurna lo impide.

Ya sea por necesidades del centro de trabajo, del servicio prestado o de otras circunstancias de hecho que hacen que las jornadas de trabajo se establezcan en horarios que nos son los habituales, la jornada de trabajo es una de las condiciones laborales en las cuales el patrón debe de poner mucha atención al momento de estipularlas ya sea de forma verbal o por escrito en un contrato de trabajo; lo ideal, se insiste es realizar un contrato individual de trabajo.

Como lo vamos ir entretejiendo en el presente libro será valioso para ambas partes establecer de manera clara, precisa y sin lugar a dudas sobre todas y cada una de las condiciones laborales y lo más importante de todo, establecer dichas condiciones de acuerdo a lo que establece la Ley.

En materia procesal, es muy común ser testigo de la frustración que viven algunos patrones que con la mejor intención establecen en un contrato jornadas que resultan ser contrarias a las necesidades del centro de trabajo o a la naturaleza del servicio y que debido a ello arrojan condenas a tiempo extraordinario al final de un juicio.

Todos esos matices resaltan la importancia de conocer lo estipulado tanto en el artículo 123 de la Constitución y los artículos 60 a 64 de la Ley Federal del Trabajo respecto a la jornada laboral, para ello se presenta el siguiente cuadro:

	C.P.E.U.M.		LEY FEDERAL DEL TRABAJO				
	123 inciso "A"	59	60	61	63	64	
ARTÍCULO	Fracción I La duración de la jornada máxima será de **ocho** horas	El trabajador y el patrón fijarán la duración de la jornada de trabajo, sin que pueda exceder los máximos legales.	Primer párrafo.- Jornada diurna es la comprendida entre las seis y las veinte horas.	La duración máxima de la jornada será: ocho horas la diurna, siete la nocturna y siete horas y media la mixta	Durante la jornada continua de trabajo se concederá al trabajador un descanso de media hora, por lo menos.	Cuando el trabajador no pueda salir del lugar donde presta sus servicios durante las horas de reposo o de comidas, el tiempo correspondiente le será computado como tiempo efectivo de la jornada de trabajo.	
	Fracciones II La jornada máxima de trabajo **nocturno** será de 7 horas	Los trabajadores y el patrón podrán repartir las horas de trabajo, a fin de permitir a los primeros el reposo del sábado en la tarde o cualquier modalidad equivalente	Segundo párrafo.- Jornada nocturna es la comprendida entre las veinte y las seis horas.				
	Fracciones III Los menores de edad de entre 15 a 16 años jornada máxima de **6** horas		Tercer párrafo.- Jornada Mixta Jornada comprende períodos de tiempo de las jornadas diurna y nocturna, siempre que el período nocturno sea menor de tres horas y media o considerará jornada nocturna				

COMENTARIO	Establece que la fracción de tiempo que prestará el empleado sus servicios en 24 horas (día) es el de 8 horas como máximo al día o 48 semanales; y, en el caso de trabajo nocturno el máximo de 7 horas diarias o 42 semanales.		La Ley secundaria entiende que en los Centros de trabajo y de acuerdo al servicio que prestan y sus necesidades, pueden establecer jornadas laborales dentro del periodo de las 24 horas; es por ellos que nos regala una clasificación más amplia de la jornada al dividirla en Diurna, Nocturna y Mixta	Acorde a la CPEUM establece los máximos de jornada Diurna, Nocturna y Mixta	Se establece que el trabajador tiene derecho a 'interrumpir' su jornada por media hora por lo menos, pudiendo descansar y reponer sus energías, o también tomar sus alimentos; circunstancia que le permite proteger su vida y su salud. En este caso, que salga o no el trabajador del lugar de trabajo no importa pues la media hora le será computado como parte de su jornada de trabajo.

Del cuadro anterior, se resalta la clasificación de la jornada laboral que nos regala la legislación laboral en México.

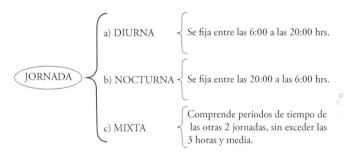

JORNADA
- a) DIURNA — Se fija entre las 6:00 a las 20:00 hrs.
- b) NOCTURNA — Se fija entre las 20:00 a las 6:00 hrs.
- c) MIXTA — Comprende períodos de tiempo de las otras 2 jornadas, sin exceder las 3 horas y media.

DINÁMICA

Instrucciones: Pepe es un empresario en pequeño que tiene 2 cafeterías, cada una de ellas tiene diferentes horarios de atención y por ende diversas necesidades; la cafetería N° 1 presta servicio al público de las 06:00 a las 22:00 horas de lunes a sábado; la cafetería N° 2 presta servicios al público las 24 del día en un hospital de lunes a viernes.

Te solicita apoyo para saber cuánto personal necesita y como dividirá sus jornadas laborales, toma como punto de partida las 06:00 de la mañana, llena el siguiente recuadro de programación de jornadas laborales y al terminar contesta las preguntas.

	1er. TURNO	2° TURNO	3er.TURNO	4° TURNO	5°TURNO
Cafetería N° 1	De las 06:00 a ____ Descanso de ____ a ____	De las ____ a ____ Descanso de ____ a ____	De las ____ a ____ Descanso de ____ a ____	De las ____ a ____ Descanso de ____ a ____	De las ____ a ____ Descanso de ____ a ____
Cafetería N° 2	De las 06:00 a ____ Descanso de ____ a ____	De las ____ a ____ Descanso de ____ a ____	De las ____ a ____ Descanso de ____ a ____	De las ____ a ____ Descanso de ____ a ____	De las ____ a ____ Descanso de ____ a ____

¿Cuántas personas resultan necesarias para el servicio en ambas cafeterías?

R: _____

¿Es el mismo número de personal que se necesita en la cafetería 1, que en la cafetería 2?

R: _____

¿En cuántos turnos dividiste el servicio de la cafetería 1?

R: _____

¿En cuántos turnos dividiste el servicio de la cafetería 2?

R: _____

¿Otorgaste algún descanso a los trabajadores?

R: _____

En caso que la respuesta anterior sea afirmativa
¿Cuánto tiempo fue el que otorgaste de descanso y especifica si fue ese descanso lo tomará el trabajador dentro o fuera de la fuente laboral?

R: _____

Seguramente las respuestas a los cuestionamientos anteriores dependieron del carácter o experiencia que hayas tenido como trabajador, empresario, abogado de parte con ideología obrera o con ideología patronal. Lo cierto es que en materia del trabajo estamos acostumbrados a realizar actos contrarios a lo establecido en la Ley ya sea por desconocimiento o conveniencia; para el caso de las jornadas laborales no es la excepción y casi siempre los patrones imponen jornadas fuera de los márgenes legales con el objetivo de contratar menos personal y contener los gastos que generan.

CONSEJOS PRÁCTICOS dirigidos al sector PATRONAL de la pequeña y mediana empresa, así como a sus trabajadores para establecer conforme a la Ley la jornada laboral en los contratos individuales de trabajo

CONSEJO N° 1.- Siempre, siempre, siempre lleva controles de asistencia y entradas y salidas de tus trabajadores, no importa que sea los más arcaico tu sistema un cuaderno, una libreta, tarjetas de checado, etcétera, lo que sea sirve para hacerlo, recuerda que la Ley no estipula formulismos para llevar dicho control; así que no hay excusa ¡REGISTRA!

Te recomiendo que en dicho registro se observe de manera clara y precisa el nombre de la empresa o persona física a la que le presta el servicio el o los trabajadores; la fecha, la hora de entrada y salida; el nombre completo del trabajador y su firma, muy importante la firma del trabajador en cada movimiento para poder acreditar su consentimiento y voluntad de cada uno de ellos.

CONSEJO N° 2.- Nunca, nunca, nunca roles entre los trabajadores las jornadas, lo que se conoce comúnmente como "rolar los turnos"; en vedad que no sé quién fue el genio al que se le ocurrió tal barbaridad. En la práctica es muy común encontrarse con este tipo de estipulaciones, sin embargo, el trabajador que constantemente cambia de hábitos sufre de cierto grado de estrés, no se necesita ser un experto en el tema para entenderlo y sufrirlo, ya que cada semestre con el cambio de horario de verano el grueso de la población causa les causa problemas al dormir, irritabilidad y enojo.

Por otro lado, para el patrón es sumamente complicado llevar el control de registro de asistencia, entradas y salidas de tus trabajadores, sin duda esa circunstancia representará en un eventual Juicio Laboral complicaciones al momento de acreditar fehacientemente la jornada laboral de tus trabajadores y a consecuencia de ello, una condena por conceptos relacionados con la jornada laboral fuera de la Ley.

CONSEJO N° 3.- Evita a toda costa que tus trabajadores laboren tiempo extra como costumbre y no por una necesidad; el tiempo extra es una figura que si bien esta prevista en la Ley es para establecer la forma en que se pagará; sin embargo, solamente debe utilizarse en casos excepcionales, pero en la vida real ambas partes han cambiado su verdadero sentido, el trabajador para obtener un ingreso mayor a su salario habitual y el patrón para no contratar más personal.

Lamentablemente utilizar el tiempo extra como una costumbre en los centros de trabajo atenta contra la salud, seguridad, familia y bienestar del trabajador; pero además atenta contra el sistema de producción pues es indudable que el desgaste físico y mental del trabajador con el paso del tiempo generará errores, lentitud, desánimo y accidentes en el trabajo.

CONSEJO N°4.- Siempre, siempre, siempre otorga a los trabajadores el descanso de media hora para que descansen, repongan energías o tomen alimentos fuera de la fuente laboral sin estar a disposición del patrón; considerando que en la mayoría de los casos se establece una jornada continua en sus máximos parámetros resulta idóneo considerar ese tiempo dentro de ese margen.

Así las cosas, en el entendido que la jornada diurna es de 8 horas como máximo, debes otorgar la media hora dentro de esas 8 horas; en la nocturna de 7 horas como máximo, de igual forma otorga la media hora en ese horario; e, igual su fuera mixta. Las razones para establecerlo de esa forma, es que la **media hora** viene a formar parte de la jornada de trabajo como un derecho del trabajador y debe ser remunerada como parte de su salario; no como una prerrogativa del patrón para aumentar la jornada laboral del trabajador como lo establece la tesis con número de localización 2018540[8]; criterio que si bien es cierto fue establecido para calificar de buena o mala fe la oferta de trabajo ha servido para interpretar la jornada laboral y entender que se entiende por jornada continua y discontinua como lo hizo la diversa tesis resuelta en contradicción con número de localización 2003673 [9].

Antes de culminar con el apartado referente a la jornada laboral, quiero aprovechar la oportunidad para realizar una propuesta de reforma a la Ley Federal del Trabajo, para establecer en un artículo 65Bis, el supuesto de reducción de la jornada laboral en casos en que las autoridades "competentes" emitan una declaratoria de contingencia sanitaria.

Es urgente esa reforma por los antecedentes que hoy en día tenemos debido a los acontecimientos suscitados por la pandemia ocasionada por el COVID-19 o "coronavirus" que asoló en el mundo incluido nuestro País, quien a finales del mes de marzo del año 2020, por conducto del Gobierno Federal emitió la declaración de la contingencia sanitaria e instauro una serie de acciones para evitar la propagación de la enfermedad. Una de las primeras acciones fue la invitación a evitar tener contacto con otros seres humanos; una segunda acción fue que se invitaba a la suspensión de labores en los centros de trabajo; y, al final cuando los márgenes de contagios eran elevados la determinación fue tajante al prohibir cualquier actividad que no fuera prioritaria.

Las diversas acciones sin duda acarrearon repercusiones en todos los sectores, pero sobre todo al económico, el cierre de las fuentes de trabajo por más de 7 meses ha dejado heridas a patrones y trabajadores, que seguramente tardaran año en sanar; en tratándose de empresarios de la micro, pequeñas o medianas empresa debieron cerrar sus establecimientos; y, por el otro lado los trabajadores perdieron su trabajo y por ende sin la posibilidad de generar ingresos para cubrir sus necesidades básicas tan-

---

8 Tesis 2a./J. 121/2018 Gaceta del Semanario Judicial de la Federación, Décima Época, Segunda Sala, Libro 61, Diciembre de 2018, Tomo I. Pag. 597, Jurisprudencia (Laboral), bajo el rubro: "**OFRECIMIENTO DE TRABAJO. ES DE MALA FE SI EL PATRÓN NO OTORGA AL TRABAJADOR LA POSIBILIDAD DE ELEGIR ENTRE PERMANECER EN LA FUENTE DE TRABAJO O SALIR DE ELLA PARA DISFRUTAR DE LA MEDIA HORA DE DESCANSO PREVISTA EN EL ARTÍCULO 63 DE LA LEY FEDERAL DEL TRABAJO". Disponible en:** https://sjf.scjn.gob.mx/sjfsist/Paginas/tesis.aspx Fecha de consulta 15 de abril de 2020.

9 Tesis 2a./J. 56/2013 Gaceta del Semanario Judicial de la Federación, Décima Época, Segunda Sala, Libro XX, Mayo de 2013, Tomo 1, Pag. 824, Jurisprudencia (Laboral), bajo el rubro: "**OFRECIMIENTO DE TRABAJO. SU CALIFICACIÓN CUANDO SE PROPONE CON UNA JORNADA DISCONTINUA". Disponible en:** https://sjf. scjn.gob.mx/sjfsist/Paginas/tesis.aspx Fecha de consulta 15 de abril de 2020

to de él como de sus familiar. Lo cual es una situación grave para el Estado mismo, el crecimiento económico se vuelve una utopía, ya que éste se detiene y va en retroceso.

Al respecto, a partir del 30 de noviembre del año 2012, la Ley Federal del Trabajo adicionó el artículo 42 Bis, que establece la posibilidad de suspender las labores ante la declaración de una contingencia sanitaria; así como, la obligación del patrón de pagar a manera de indemnización un día de salario mínimo general vigente, por cada día que dure la suspensión, sin que pueda exceder de un mes, de conformidad a lo establecido en la fracción IV del artículo 429 de la misma Ley.

Considero que la disposición es viable para las grandes empresas, la suspensión de las labores por un mes y el pago del salario mínimo, sin duda no trasciende al grado del cierre de la industria; pero lamentablemente al pequeño y mediano empresario le dará un duro golpe ya que no tendrá ingresos, pero tendrá que pagar el salario de sus trabajadores por un mes. Ahora bien, la Ley contempla un mes, pero la contingencia generada por la pandemia COVID -19 se ha extendido por más de 7 meses y es posible que el resto del año 2020, no alcancemos la normalidad que todos deseamos.

Ante tal panorama de suspensión tiene 2 opciones o cumple con lo estipulado por la Ley y les paga un salario mínimo diario a todos sus trabajadores por un mes (lo más seguro es que lo lleve a la quiebra) o definitivamente deja de dar servicio le pone candados al changarro y despide al personal que enfilará nuevamente la larga, larga, larga fila del desempleo; lamentablemente los empresarios adoptan por cuestiones obvias la segunda opción.

Es urgente la reforma laboral para estipular la reducción de la jornada laboral, en estos casos el patrón podrá seguir teniendo ingresos y al reducir a la mitad el número de trabajadores guardaran la debida distancia para evitar contagios. La propuesta es la siguiente:

*"**Artículo 65.-** En los casos en que las autoridades competentes emitan una declaratoria de contingencia sanitaria siniestro o riesgo inminente en que peligre la vida del trabajador, de sus compañeros o del patrón, la jornada de trabajo podrá reducirse a la mitad por el tiempo estrictamente indispensable para evitar esos males, bajo las siguientes condiciones:*

a) La reducción de la jornada será bajo el acuerdo de voluntades de trabajadores y patrones o sindicato y patrones.
b) La reducción de la jornada será equitativa entre los trabajadores.

c) La reducción no podrá prolongarse por más de 2 meses contados a partir de la declaratoria de contingencia.

d) La remuneración se hará de acuerdo a las horas laboradas."

Días de Descanso

Por regla general la Ley Federal del Trabajo en el capítulo III llamado "DÍAS DE DESCANSO", estipula en su articulado (69 a 75) que existen 2 tipos de días de descanso como derechos para los trabajadores: el "***descanso semanal***" y el "***descanso obligatorio***" o establecido por la Ley en el artículo 74; ambos tienen la particularidad de ser un derecho remunerado sin que el trabajador tenga que cumplir con su obligación de prestar el servicio.

Pero hablemos primeramente del "***descanso obligatorio***" establecido por la Ley en su artículo 74, donde en IX fracción nos indica específicamente cuales son los días consideradores como de descanso obligatorios, ahora bien, hay que señalar que esos días tiene como objetivo primordial que la clase trabajadora cumpla con sus deberes cívicos y electorales; así como, otorgar un periodo mayor de descanso para disfrutar las festividades de fin de año de manera tranquila y responsable. El artículo de referencia nos dice que esos días son:

I.   El 1o. de enero;
II. El primer lunes de febrero en conmemoración del 5 de febrero;
III. El tercer lunes de marzo en conmemoración del 21 de marzo;
IV. El 1o. de mayo;
V.   El 16 de septiembre;
VI. El tercer lunes de noviembre en conmemoración del 20 de noviembre;
VII. El 1o. de diciembre de cada seis años, cuando corresponda a la transmisión del Poder Ejecutivo Federal;
VIII. El 25 de diciembre, y
IX. El que determinen las leyes federales y locales electorales, en el caso de elecciones ordinarias, para efectuar la jornada electoral.

Texto que cabe mencionar ha sido reformado en 2 ocasiones solamente, la primera fue el 22 de diciembre de 1987 en la que se adicionó la fracción IX; y, la segunda y última el 17 de enero de 2006, en la que se establece que los días de descanso obligatorio del 5 de febrero al 20 de noviembre se otorgarán el primer lunes de cada mes, con excepción del 1° de mayo. La idea de esta adecuación fue evitar que los trabajadores tomaran esos días de descanso obligatorio junto con otros que no lo fueran y los juntaran con el fin de semana para hacer lo que todos los mexicanos conocemos como "PUENTE".

La generación de los milenials no vivió esto de los "PUENTES" o por lo menos no con la magnitud o intensidad que lo vivíamos antes del año 2006, es por ello que cabe la explicación con el siguiente ejemplo:

El día 5 de febrero del año 2003 cayó en un día miércoles; es el caso que Juan trabajador (burócrata con semana laboral de lunes a viernes) se tomó sin permiso y sin razón los días jueves 6 y viernes 7 como prolongación al descanso obligatorio del 5 de febrero; además, se prolongó aún más con su descanso semanal de sábado y domingo que por derecho le correspondió. Al final Juan gozó de un "PUENTE" de 5 días, se hizo una mala costumbre en México, no solamente para los trabajadores burócratas sino también para los de la iniciativa privada, que se trató de abatir con esa reforma.

¡Respecto a los *"Días de Descanso semanal"* es un tema que se encuentra íntimamente ligado con la jornada ya que por cada 6 días de jornada se debe otorgar un día de descanso semanal al trabajador para que descanse y recupere energías; realice actividades de esparcimiento y/o deportivas; dediquen tiempo de calidad para guiar y apoyar en la educación de los hijos y en general fomentar las relaciones familiares; además, de procurar las relaciones personales.

Antiguamente los días de descanso semanal eran otorgados por cuestiones religiosas el sábado o domingo, según la religión profesada. En el México de los años de 1970, en su mayoría las familias mexicanas profesaban la religión católica y por tradición religiosa se otorgaba en los trabajos el día domingo como descanso semanal; quienes vivieron su niñez en esa época recordaran que la visita a la casa de la abuela era obligada, llegar antes de las 12 del medio día para ver el partido dominical, comer y pasar el día en domingo familiar antes de ir a la iglesia era toda una tradición.

Sin embargo, la forma en que conviven y se relacionan los seres humanos ha ido cambiando con el paso del tiempo, los roles de los integrantes de la familia se han transformado para bien de todos y hoy en día tanto mujeres como hombres forman parte de la población económicamente activa, comparten las labores del hogar y sostenimiento del hogar. Mujeres y hombres por igual gozan del derecho de trabajar, así como crecer personal y profesionalmente; sin embargo, en el siglo XXI, por lo menos en México, los trabajadores al servicio del Estado laboran en una semana laboral de lunes a viernes; los trabajadores de grandes empresas suelen tener semanas de lunes a viernes en jornada completa y los sábados media jornada.

Pero los trabajadores de las micro, pequeñas y medianas empresas suelen tener su día de descanso semanal en días variables entre semana, las labores en estas negociaciones con de lunes a domingo lo cual hace necesario tener a trabajadores fijos para laborar los fines de semana. Papá descansa el lunes y Mamá descansa el miércoles, los hijos en esos días asisten a la escuela, los domingos no se reúnen porque ambos jefes de la familia trabajan, esporádicamente llaman a la abuela para saludarla en su cumpleaños y fines de año; los hermanos y tíos ya no se procuran; y, los primos ni se conocen.

Lamentable la desintegración familiar que vivimos en estos tiempos; pero resulta más lamentable que el *descanso semanal* no cumpla con sus objetivos y la naturaleza de estipularlo en la Ley como un elemento esencial de la relación laboral, pues uno de los principios fundamentales de los derechos humanos laborales es el trabajo digno y decente, pero como puede ser digno y decente si provoca la desintegración familiar.

Es cierto que el artículo 71 de la Ley Federal del Trabajo, indica que se procurará el día domingo como descanso obligatorio, pero el artículo es potestativo y normalmente esa potestad es utilizada por el patrón para imponer a su conveniencia el día de descanso semanal en un claro agravio al derecho del trabajador y su familia; por ello, en mi opinión, debería impulsarse una reforma a la Ley para establecer de manera categórica al DOMINGO como día de descanso semanal; y, solamente en casos excepcionales por necesidades del servicio o la naturaleza del trabajo poder hacerlo entre semana como lo establece el artículo 70 de la misma Ley.

En el siguiente cuadro se muestra que nos dice la LFT respecto del Descanso semanal y un comentario:

	C.P.E.U.M.	LEY FEDERAL DEL TRABAJO				
	123 inciso "A"	69	70	71	72	73
ARTÍCULO	Fracción IV Por cada seis días de trabajo deberá disfrutar el operario de un día de descanso, cuando menos	Por cada seis días de trabajo disfrutará el trabajador de un día de descanso, por lo menos, con goce de salario íntegro	En los trabajos que requieran una labor continua, los trabajadores y el patrón fijarán de común acuerdo los días en que los trabajadores deban disfrutar de los de descanso semanal.	En los reglamentos de esta Ley se procurará que el día de descanso semanal sea el domingo. Los trabajadores que presten servicio en día domingo tendrán derecho a una prima adicional de un veinticinco por ciento, por lo menos, sobre el salario de los días ordinarios de trabajo	Cuando el trabajador no preste sus servicios durante todos los días de trabajo de la semana, o cuando en el mismo día o en la misma semana preste sus servicios a varios patrones, tendrá derecho a que se le pague la parte proporcional del salario de los días de descanso, calculada sobre el salario de los días en que hubiese trabajado o sobre el que hubiese percibido de cada patrón	Los trabajadores no están obligados a prestar servicios en sus días de descanso. Si se quebranta esta disposición, el patrón pagará al trabajador, independientemente del salario que le corresponda por el descanso, un salario doble por el servicio prestado
COMENTARIO	Extrañamente no establece que el día de descanso semanal se page integro el salario. CONTRARIO A LO ESTABLECIDO EN EL APARTADO "B" FRACCIÓN II DEL PROPIO ARTÍCULO 123 QUE SÍ ESTABLECE QUE SE PAGARÁ INTEGRO EL SALARIO EN LOS DÍAS DE DESCANSO SEMANAL.	La Ley Secundaria si establece el pago del salario íntegro en el día de descanso semanal, lo que conocemos como el pago del "séptimo día"	Muchas veces se confunde el pago del día de descanso semanal o "séptimo día" con el pago de la prima dominical; el primero le corresponde al trabajador por haber laborado toda la semana; el otro es una cuarta parte del salario diario normal por haber laborado el día domingo, independientemente de que sea su descanso semanal o no lo sea.		Considero que no merece ningún comentario por ser letra muerta. En mi experiencia profesional nunca he visto un caso de estos.	A diferencia del descanso obligatorio el trabajador no está obligado a laborarlo; sin embargo, en caso de hacerlo se le pagará un 200% adicional a su salario normal Al igual que el tiempo extraordinario el trabajar el día de descanso semanal debería de ser una regla excepcional y no como una costumbre utilizada por los factores de la producción para cumplir con sus objetivos.

CONSEJOS PRÁCTICOS dirigidos al sector PATRONAL de la pequeña y mediana empresa, así como a sus trabajadores para establecer conforme a la Ley los días de descanso en los contratos individuales de trabajo.

CONSEJO N° 1. Al igual que el consejo 1 y 2 relativo a la jornada, siempre lleva controles de asistencia y nunca roles el día de descanso entre tus trabajadores, en mi particular punto de vista ningún beneficio le representa ni al trabajador ni a la empresa y por el contrario tiene implicaciones en lo procesal para la patronal al intentar probar.

CONSEJO N° 2. Evita confundir entre el pago del descanso semanal con el pago de la prima dominical. En la práctica muchos empleadores tienen la idea errónea de que, si el trabajador tiene su descanso semanal entre semana y labora el domingo, se debe de omitir el pago de su prima dominical; y, por la misma confusión el trabajador no exige su pago. En materia procesal suele reclamarse el pago de prima dominical sin haber laborado ese día o reclamar el pago de "séptimo día" con fundamento en el artículo 71.

Por último, respecto al pago de los días de descanso semanal o de descanso obligatorio, la Ley prevé que se paguen adicional al salario normal, con el doble del salario; es decir, si el trabajador gana $100.00 por un día normal de trabajo, en caso de laborar el día de descanso el patrón deberá pagarle $300.00 por haber laborado ese día; en caso de que sea domingo, el pago asciende a $325.00 por la prima dominical que se debe pagar al 25% del salario diario.

DINÁMICA

Instrucciones: Luz es una trabajadora con un salario de $100.00 su jornada está distribuida de lunes a sábado de cada semana y descanso semanal en domingo como se aprecia en la gráfica que a continuación se muestra:

	JORNADA SEMANAL DE TRABAJO						DESCANSO SEMANAL	
	LUNES 20 DE ABRIL DE 2020	MARTES 21 DE ABRIL DE 2020	MIÉR-COLES 22 DE ABRIL DE 2020	JUEVES 23 DE ABRIL DE 2020	VIERNES 24 DE ABRIL DE 2020	SÁBADO 25 DE ABRIL DE 2020	DOMIN-GO 26 DE ABRIL DE 2020	PAGO SEMA-NAL
LUZ	LABORÓ	LABORÓ	LABORÓ	LABORÓ	LABORÓ	LABORÓ	DESCANSÓ	
SALARIO DIARIO	$100.00	$100.00	$100.00	$100.00	$100.00	$100.00	$100.00	$700.00

La semana posterior, Luz laboró toda la semana incluido un día de descanso obligatorio y su día de descanso semanal; completa la siguiente gráfica:

	JORNADA DE TRABAJO			DESCANSO	JORNADA	DESCANSO	
	LUNES 27 DE ABRIL DE 2020	MARTES 28 DE ABRIL DE 2020	MIÉRCO- LES 29 DE ABRIL DE 2020	JUEVES 30 DE ABRIL DE 2020	VIERNES 1° DE MAYO DE 2020	SÁBADO 2 DE MAYO DE 2020	DOMIN- GO 3 DE MAYO DE 2020	PAGO SEMANAL
LUZ	LABORÓ	LABORÓ	LABORÓ	LABORÓ	LABORÓ	LABORÓ	LABORÓ	
SALARIO DIARIO	$100.00	$100.00	$100.00	$100.00	$	$100.00	$	

Contesta las siguientes preguntas:

¿El día 1° de mayo es un día de descanso?

R.- _____

¿Qué salario percibió Luz por haber laborado el día 1° de mayo?

R.- _____

¿Qué salario percibió Luz por haber laborado el día 2 de mayo?

R.- _____

¿Qué salario percibió Luz por haber laborado el día 3 de mayo?

R.- _____

¿Qué salario semanal percibió Luz en el periodo del 27 de abril al 3 de mayo del año 2020 y bajo que conceptos?

R.- _____

Te recomiendo que al ejercicio le hagas variantes con diferente distribución de la jornada laboral, día de descanso semanal u obligatorio y salario; pregunta a familiares y amigos para ir perfeccionando tu técnica para cuantificar.

4.3 Vacaciones

Es la condición laboral que después del salario resulta ser la favorita de los trabajado-res; en contraste es una de las condiciones que los patrones odian otorgar a sus trabajadores.

Odiaría hacerles perder su tiempo de lectura con numerosas citas de los teóricos del derecho laboral sobre el concepto de vacaciones y su historia; con análisis de derecho comparado y los convenios internacionales 52 y 132 de la OIT respecto al tema de las vacaciones, sinceramente sería muy ilustrador pero poco útil para lograr los objetivos planteados en el presente manual, que sostengo tiene la intención de compartir las experiencias y conocimientos que le sean útiles a los empresarios de la micro, pequeña y mediana empresa para aplicarlos en su centro de trabajo; y que mejor forma de hacerlo que en forma práctica y sin tantos tecnicismos que suelen aburrir y desalentar al lector.

Por lo anterior, te compartiré en un lenguaje muy digerible y accesible, que las vacaciones es un derecho que los trabajadores adquieren por el sólo transcurso del tiempo de la prestación del servicio; es decir, desde el momento mismo que inicia la relación laboral, ya tienes el derecho a vacaciones y durante el transcurso del tiempo en que perdure la relación de trabajo se va robusteciendo, hasta que después de un año de servicios puedes hacer exigible tú trabajador o trabajadora, el derecho a gozarlo.

La esencia del derecho a gozar de periodos vacacionales es que después de haber laborado arduamente durante todo un año, el trabajador tenga algunos días en que pueda descansar de todo el estrés que constituye prestar un servicio; es decir, el hecho de gozar de las vacaciones tiene como finalidad que la parte obrera descanse de forma continua durante un periodo largo de tiempo, en correspondencia al trabajo realizado durante todo 1 año de ardua labor.

Este derecho tiene algunas particularidades especiales, entre ellas y la más importante es que durante el goce del periodo vacacional se suspende la obligación de la trabajadora o trabajador de prestar el servicio durante los días determinados para su disfrute según la L.F.T., de acuerdo a los años de prestación del servicio; particularidad que no suspende la obligación del patrón para continuar pagando el salario del trabajador durante el tiempo o días que goce su periodo vacacional; es decir, el derecho que tiene el trabajador para gozar de salario íntegro durante sus vacaciones en ningún momento debe ser suspendido, disminuido o extinguido.

De igual forma el resto de las condiciones laborales pactadas prosiguen en su vigencia durante el goce del periodo vacacional; se computa ese periodo para la antigüedad del trabajador, sus derechos de seguridad social deben seguir vigentes, tendrá derechos a su descanso semanal y gozar de los días de descansos obligatorios en caso de coincidir con el periodo vacacional y en general todos y cada uno de los derechos que tenga el trabajador estarán vigentes durante el periodo vacacional, como si la trabajadora o trabajador estuvieran laborando normalmente.

Pero esas y otras particularidades las puedes observar en el siguiente cuadro de dialogo para su mejor comprensión:

	VACACIONES						
CARACTERISTICAS	IRRENUNCIABLE artículo 79	INTRANSFERIBLE artículo 76	PROPORCIONAL artículo 76	PROGRESIVO artículo 76	SUSPENDE LA OBLIGACIÓN DE PRESTAR EL SERVICIO	PERIODOS	PRESCRIPTIBLE artículo 81 en relación con el 516
COMENTARIOS	No podrán compensarse con remuneración, la Ley es categórica al indicar que NO PODRÁ compensarse con dinero el goce del periodo vacacional	Nace con el inicio de la relación individual de trabajo de cada trabajador y le pertenece sólo a él gozar del periodo vacacional concerniente al vínculo laboral.	Por cada año laborado le corresponde un periodo vacacional.	El primer año, el trabajador se hará acreedor a cuando menos **seis** días laborables y aumentará en dos días laborables, hasta llegar a doce, por cada año subsecuente de servicios, es decir, al segundo año serán **ocho**, al tercero **diez**; y, al cuarto **doce**. Después del cuarto año, el periodo de vacaciones se aumentará en **dos días por cada cinco** de servicios	Pero no la obligación de pagar el salario y de igual forma prosigue la vigencia de derechos y obligaciones pactadas dentro de la relación laboral; ejemplo de ello es que el periodo vacacional forma parte de la antigüedad del trabajador, el derecho a la seguridad social sigue vigente, al reparto de las utilidades generadas en ese periodo de descanso le corresponde al trabajador, etc...	Las vacaciones se contabilizan por **periodos**, que correrán desde el inicio de la relación contractual y aumentan día con día junto con su antigüedad de forma acumulativa, mientras el vínculo esté vigente.	Por regla general, después de haberse cumplido el año de servicio es exigible el derecho al primer periodo vacacional, para hacer uso de ese derecho se tienen 6 meses; sin embargo, ese derecho no prescribe sino hasta después de un año posterior que haya transcurrido esos 6 meses. A los periodos posteriores les corresponde la misma regla general.

En contexto de lo mencionado al iniciar el presente apartado correspondiente a las vacaciones y en relación el cuadro que antecede, resultará provechoso para el lector, compartir algunas experiencias a manera de Mitos y Realidades que pueden considerarse como errores comunes al momento de conceder o hacer exigibles el derecho a las vacaciones:

"PAGO DE VACACIONES"

Uno de los más comunes en la práctica es atribuible de forma corresponsable a ambas partes, cuando deciden *"pagar las vacaciones"*, expresión utilizada para definir el hecho de que él trabajador continuará prestando el servicio durante el periodo que supuestamente gozará de su periodo vacacional; hecho que además de ser contrario a lo estipulado en el artículo 76 de la L.F.T.[10], va en contra de la propia esencia o naturaleza de las vacaciones.

"Las vacaciones se gozan, no se pagan"

Sin embargo, *"las vacaciones"* como muchas otras figuras del derecho laboral han desnaturalizado su verdadero objetivo o finalidad, en el caso de las vacaciones se han tergiversado debido a este *"pago de vacaciones"* donde la parte trabajadora prefiere continuar trabajando e intercambiar su periodo vacacional por la remuneración o cantidad de dinero que equivale ese periodo; es decir, el trabajador recibe al trabajar en su periodo vacacional el doble de sueldo, ya que debe recibir su pago aunque no trabajara, pero como si lo hace, recibe otro sueldo en compensación.

En estos casos, el patrón prefiere *"pagar las vacaciones"* a la trabajadora en lugar de que goce su periodo vacacional, le sirve al empleador para dar continuidad a la producción o al servicio que presta con el personal que habitual lo hace; el patrón suele decirle al trabajador: *"… aguántame con tus vacaciones, no tengo quien te supla…" "trabaja en tus vacaciones y recibirás el doble del salario"*. Díganme sino es la forma más grosera de pisotear el principio fundamental del derecho del trabajo que dice: ***"el trabajo no es artículo de comercio"*** y tanto peca el que mata la vaca como el que le agarra la pata, ambas partes tienen la culpa de hacer cumplir este derecho fundamental del trabajador.

Cualquiera que sea la intención de "pagar las vacaciones", resulta ser una muy mala idea a largo plazo para ambos factores de la producción, ya que si bien es cierto las partes obtienen el beneficio que buscan de manera inmediata; es indudable que a mediano y largo plazo el hecho de no gozar las vacaciones por dinero, repercutirá en la salud del trabajador que seguramente presentará síntomas de cansancio, estrés, aletargamiento y en general la prestación del servicio será deficiente, que de rebote le perjudicará a la empresa.

Toda regla tiene una excepción y para el caso del "pago de las vacaciones" la Ley Federal del Trabajo contempla un único supuesto en el cual se puede pagar a la parte obrera el goce de su periodo vacacional; la cuestión es que en ocasiones un trabajador

---

10 Artículo 76 de la L.F.T., disponible en la sitio oficial de la Cámara de Diputados: <http://www.diputados .gob.mx/ LeyesBiblio/index.htm>. fecha de consulta: 02 de mayo de 2020.

no ha cumplido el año de servicio y por alguna u otra razón el vínculo laboral ya no continua. En ese caso se contempla en el artículo 79 de la L.F.T., lo siguiente:[11]

Artículo 79.- Las vacaciones no podrán compensarse con una remuneración.

Si la relación de trabajo termina antes de que se cumpla el año de servicios, el trabajador tendrá derecho a una remuneración proporcionada al tiempo de servicios prestados.

Es decir, la regla general es que las vacaciones sean gozadas por el trabajador para que descanse durante un periodo largo en el que reponga energías y despeje su mente del estrés laboral; sin embargo, la excepción a la regla se observa en el segundo párrafo del mismo artículo en que claramente indica que se permite pagar en efectivo al trabajador las vacaciones en su parte proporcional por el tiempo laborado, sólo en el caso de que el empleado no cumpla el primer año de servicios.

Esta regla también es utilizada comúnmente en el pago de vacaciones condenadas en un laudo

Como has podido observar en el desarrollo de la presente obra la Ley Laboral establece a favor del trabajador márgenes máximos y mínimos en relación a las condiciones laborales, para el caso de las vacaciones la Ley establece *"un mínimo"* de 6 días que serán otorgados a la parte trabajadora para gozar su periodo vacacional; esto se puede observar en el artículo 76 al indicar que por un año de servicios se le otorgará al trabajador un periodo de vacaciones que no podrá ser inferior 6 días laborables y el artículo 78 indica que se deben disfrutar de forma continua, como se muestra en la siguiente tabla:

1° PERIODO	6 días correspondientes
2° PERIODO	8 días correspondientes
3° PERIODO	10 días correspondientes
4° PERIODO	12 días correspondientes
5° PERIODO	12 días correspondientes
6° PERIODO	12 días correspondientes
7° PERIODO	12 días correspondientes
8° PERIODO	12 días correspondientes
9° PERIODO	14 días correspondientes
10° PERIODO	14 días correspondientes
11° PERIODO	14 días correspondientes

11 Ibídem Artículo 79. fecha de consulta: 02 de mayo de 2020

12° PERIODO	14 días correspondientes
13° PERIODO	14 días correspondientes
14° PERIODO	16 días correspondientes
15° PERIODO	16 días correspondientes
16° PERIODO	16 días correspondientes
17° PERIODO	16 días correspondientes
18° PERIODO	16 días correspondientes
19° PERIODO	18 días correspondientes
20° PERIODO	18 días correspondientes
21° PERIODO	18 días correspondientes
22° PERIODO	18 días correspondientes
23° PERIODO	18 días correspondientes
24° PERIODO	20 días correspondientes
25° PERIODO	20 días correspondientes
26° PERIODO	20 días correspondientes
27° PERIODO	20 días correspondientes
28° PERIODO	20 días correspondientes
29° PERIODO	22 días correspondientes
30° PERIODO	22 días correspondientes
31° PERIODO	22 días correspondientes
32° PERIODO	22 días correspondientes
33° PERIODO	22 días correspondientes
34° PERIODO	24 días correspondientes
35° PERIODO	24 días correspondientes

"ACUMULACIÓN DE VACACIONES"

Nada recomendable para el trabajador, intentar acumular sus vacaciones por años para después intentar gozarlas. Parece increíble, pero es cierto, sucede ya sea porque el patrón no las otorgue o porque piense que gozará de un largo periodo vacacional; la realidad es que es incorrecto, ilegal, inhumano y sobre todo atenta contra la salud y el bienestar del trabajador.

En la práctica me he encontrado trabajadores que durante 4 o 5 años no han tomado vacaciones, piensan que tendrán derecho de acumular los periodos y algún día tomarlos todos juntos para tener un largo periodo vacacional acumulado.

Incontables son las historias donde los trabajadores por alguno u otra razón omiten tomar en el momento que legalmente les correspondía sus periodos vacacionales; ese tipo de hechos sin lugar a dudas y como se ha indicado líneas anteriores, causan principalmente perjuicios a la salud, la dignidad y la vida del trabajador, recordemos que no hay bien jurídico tutelado más importante que la vida de las personas.

"REGISTRO DE VACACIONES"

Tan importante es que la patronal otorgue los periodos vacacionales a sus trabajadores, como importante también es el registro y la conservación de la documentación que avale el hecho de que la parte trabajadora hizo uso de ese derecho, en la práctica del litigio laboral te encuentras regularmente con patrones que no llevan el registro de vacaciones de sus trabajadores o no los conservan que para el caso es lo mismo.

Esa mala práctica invita a que la parte obrera en un eventual litigio reclame el pago de los periodos vacacionales por todo el tiempo de la prestación del servicio, para evitarlo la recomendación es llevar ese registro y aunque la Ley no hay formulismos para este tipo documentación les comparto el siguiente ejemplo para que lo apliquen en su centro de trabajo.

NOMBRE DEL PATRÓN		
SOLICITUD Y AUTORIZACIÓN DE VACACIONES **FOLIO**_____		
NOMBRE DEL TRABAJADOR O TRABAJADORA SOLICITANTE:		
PUESTO o CATEGORÍA	**PERIODO VACACIONAL NÚMERO:** FECHA DE SOLICITUD:_____	
INICIO DE LA RELACIÓN LABORAL DÍA _____ **MES** _____ **AÑO**_____		
ANTIGÜEDAD:_____**AÑO (s)**_____**MESES** _____**DÍAS**		
OBSERVACIONES:		
No. De Tarjeta o Lista:	**JORNADA**	**HORARIO**
SOLICITANTE	AUTORIZO JEFE INMEDIATO	Vo. Bo.
Nombre completo y firma TRABAJADOR o TRABA-JADORA	Nombre completo y firma JEFE DEL DEPARTA-MENTO	Nombre completo y firma ÁREA ADMINIS-TRACIÓN Y RE-CURSOS HUMA-NOS
PERIODO VACACIONAL		
FECHA DE INICIO	FECHA DE TÉRMINO	FECHA DE INCORPORACIÓN
dd/mm/año	dd/mm/año	dd/mm/año

Sirva el cuadro anterior como el mejor consejo para realizar una "SOLICITUD Y AUTORIZACIÓN DE VACACIONES", todos los datos que observan son primordiales para tener un documento claro y preciso, con los datos fundamentales de la parte trabajadora, la patronal y sus representantes con facultades de administración y dirección, datos relativos al vínculo laboral y sobre todo del otorgamiento y goce de los periodos vacacionales.

El registro, control y salvaguarda de esta información tiene en primera instancia un objetivo primordialmente informativo y de control para llevar una administración responsable y sana dentro del centro laboral, será muy útil tanto para la parte obrera como para la parte patronal durante el tiempo que perdure la relación de trabajo, incluso si el trabajador es sindicalizado le servirá una copia de ellas a la organización obrera que representa y defiende los intereses de sus agremiados.

Ahora bien, visto desde la perspectiva del litigio laboral la documentación respectiva al goce y disfrute de los periodos vacacionales, repercutieran como armas indispensables para proveer a los abogados especialistas en el derecho del trabajo de toda la información y documentación necesaria para consolidar una **ESTRATEGIA LABORAL LITIGIOSA PREVENTIVA** (E.L.L.P.) útil para cualquiera de las dos partes que eventualmente deban afrontar un conflicto o controversia laboral. Sabemos que es un hecho futuro de realización incierta, pero si la intención es que el nuevo modelo de justicia laboral rinda los frutos que se esperan primero se debe apostar a que los empresarios o patrones en general manejen un sistema preventivo basado en el cumplimiento de todas y cada una de sus obligaciones obrero patronales.

"PARTE PROPORCIONAL"

La Ley Federal del Trabajo estipula claramente que los trabajadores que tengan más de un año de prestar sus servicios tienen derecho al disfrute de vacaciones, esto quiere decir que las vacaciones se computan por periodos, estos periodos inician precisamente en la fecha que inicia el vínculo de trabajo; la regla general es que al cumplir el año se tiene derecho a exigir el disfrute de su primer periodo vacacional, y así sucesivamente conforme el trabajador cumpla con el siguiente año de servicio.

Pero, qué sucede cuando las partes por voluntad propia rompen el vínculo de trabajo antes de ajustar el tiempo necesario para un periodo más; es decir, antes de cumplir un año más de la prestación de sus servicios se termina la relación, lo ideal sería que antes de terminar la relación laboral, el trabajador disfrute sus vacaciones, en la realidad eso no sucede.

Regularmente la patronal al momento de cuantificar el finiquito del trabajador, incorpora el concepto vacaciones y entrega la cantidad correspondiente y proporcional de dicho concepto al trabajador, esto con apoyo en la interpretación correcta del artículo 79 de la Ley Laboral, que refiere de manera textual: "*Si la relación de trabajo termina antes de que se cumpla el año de servicios, el trabajador tendrá derecho a una remuneración proporcionada al tiempo de servicios prestados*", aplicable el precepto para los supuestos en que la relación se quiebre independientemente de que sea el primer año o los subsecuentes.

En ese sentido, estamos de acuerdo que resulta correcta la media de pagar o remunerar al trabajador el periodo vacacional en los casos en que no disfrutará descaso por haberse roto el vínculo laboral; sin embargo, se suele cometerse errores al momento de contabilizar la proporcionalidad de las vacaciones correspondientes y proporcionales al tiempo laborado, pues de forma errónea se hace en consideración del año calendario y no del año corriente desde que inició la relación laboral.

Ahora bien, ya sea para gozar del periodo vacacional o pagar al trabajador las vacaciones correspondientes y proporcionales al tiempo laborado, se debe de cuantificar. Y la pregunta del millón ¿Cómo se cuantifica?

Siento desilusionar al estudiante en derecho que escogió la carrera basado en la idea de esquivar las clases de aritmética; sin embargo, la respuesta esta recordando las clases de matemáticas del 4° de año de primaria, con una simple regla de 3 obtendremos el resultado. Evocando esos años recuerdo que para esa regla hay 2 números conocidos relacionados entre sí, ejemplo:

365 DÍAS

CORRESPONDIENTES A UN
AÑO DE SERVICIOS
LABORALES PRESTADOS.

8 DÍAS

CORRESPONDIENTES AL 2°
PERIODO VACACIONAL.

La relación entre los 365 días del año de servicios y los 8 días de vacaciones (2° periodo) es indudable, entonces divides **8 ÷ 365 = 0.0219** ← el resultado es la proporción de vacaciones por un día de trabajo.

DÍAS DE VACACIONES	OPERACIÓN MATEMÁTICA	DÍAS DEL AÑO	PROPORCIÓN POR DÍA
8	÷	365=	0.021917808
10	÷	365=	0.02739726
12	÷	365=	0.032876712
14	÷	365=	0.038356164
16	÷	365=	0.043835616
18	÷	365=	0.049315068
20	÷	365=	0.054794521
22	÷	365=	0.060273973

El resto es fácil, la proporción diaria la multiplicas por los días laborados por el trabajador en ese periodo y obtendrás los días de vacaciones que le corresponden al trabajador.

Ejemplo: Para un trabajador que laboró 100 días del 4° periodo, multiplicas 100 (días laborados) x 0.038356164 (proporción diaria) = **3.83** días de vacaciones correspondientes y proporcionales al tiempo laborado en el cuarto periodo. Te recomiendo hacer este ejercicio varias veces, en la medida que arrastres el lápiz haciendo las operaciones aritméticas podrás lograr una mejor comprensión del ejercicio.

DINÁMICA

Instrucciones: De acuerdo a lo estipulado en el artículo 76 de la Ley Federal del Trabajo

> *"Los trabajadores que tengan más de un año de servicios disfrutarán de un período anual de vacaciones pagadas, que en ningún caso podrá ser inferior a seis días laborables, y que aumentará en dos días laborables, hasta llegar a doce, por cada año subsecuente de servicios.*
>
> *Después del cuarto año, el período de vacaciones aumentará en dos días por cada cinco de servicios."*

Si al primero periodo le corresponden 6 días de vacaciones, resuelve ¿Cuántos días le corresponderá por el segundo? Y así sucesivamente, completa el siguiente cuadro:

PERIODOS (años de servicio)	DÍAS DE VACACIONES
1	6
2	
	10
4	12
9 al 14	16
	18
	20
	22
30 al 34	
35 al 39	
40 al 44	

Las vacaciones es una más de las condiciones laborales fundamentales que hay que establecer en el contrato individual de trabajo para salvaguardar el bienestar de los trabajadores, estipularla de manera puntal conforme lo establece la Ley Federal del Trabajo, es el deber ser. Sin embargo, no existe prohibición para establecer el goce de vacaciones en márgenes superiores a las de la LFT; así como, tampoco existe limitantes para establecer un porcentaje mayor al del 25% en el contrato de trabajo; lo puedes establecer de la siguiente forma:

"Cláusula número 10.- El Trabajador tendrá derecho a disfrutar hasta 10 días naturales de vacaciones al año y que cada año se vea aumentado su goce por 2 días; así mismo, se estipula que el trabajador deberá recibir una prima vacacional equivalente al 30% sobre la cantidad correspondiente a los días de vacaciones gozados en el periodo correspondiente."

4.4 Salario y Aguinaldo

Ya hemos abordado el tema del salario como elemento esencial de la relación laboral, su sola existencia presume la existencia del vínculo jurídico incluso sin la existencia de la subordinación y/o la prestación del servicio personal y subordinado.

Pero en este apartado hablaremos del salario como una condición laboral fundamental que debe establecerse obligatoriamente en el contrato individual de trabajo; al respecto es importante mencionar que históricamente *"el salario"* representa el mayor logro conseguido por la clase trabajadora, su protección y garantía en el derecho positivo mexicano es una de las obligaciones del Estado que durante los últimos 100 años se ha intentado proteger.

Independientemente de la importancia de los postulados protectores del salario como los que rezan *"salario igual a trabajo igual"* o *"salario inembargable"* o *"salario irrenunciable*"; la verdad es que en el fondo el salario es la gasolina con la que se mueve un país; sin duda el poder adquisitivo del salario percibido por los trabajadores es uno de los pilares de la economía.

Por otro lado, para la clase trabajadora el salario es el dulce que saborea cada semana, quincena o mes. EL SALARIO ES como el sexo, lo esperas con desesperación a que llegue cada semana; lo gozas durante un instante fugaz; nunca es suficiente para satisfacer tus necesidades; siempre quieres más y tienes que salir de casa para encontrarlo. Pese a la analogía anterior, durante los últimos 90 años en México se ha vivido una paz social, aparentemente estable, los acontecimientos que se vivieron en el segundo trimestre del año 2020 con la pandemia derivada por el COVID-19 o coronavirus, lamentablemente me da la razón en decir que mientras el trabajador reciba su salario se mantendrá la paz social.

La crisis que estamos viviendo a precarizado el salario desde el momento en que se decretó la pandemia y las medidas de seguridad que la acompañaron, no es necesario ser economista para darse cuenta de ello, se siente el miedo de la clase más desprotegida por la inestabilidad y pobreza que ha generado y que seguirá generando en los años venideros, la pandemia dejará a miles de seres humanos contagiados en el mundo, pero dejará millones de personas en la pobreza. Costará años sino es que décadas volver a recuperar la aparente estabilidad del salario y la aparente paz social que se vivía en México.

Después de estos comentarios sobre el salario y la situación económica que se vive en el mundo en el año 2020, retomemos la intensión de la presente obra, que es compartir con el lector las mejores prácticas para establecer los contratos individuales de trabajo.

Para lograr el objetivo sin duda hay que conocer lo que establece la CPEUM y la Ley Federal del Trabajo respecto al salario, en ese sentido en primer lugar por una jerarquía lógica te comentare que el texto vigente de la Constitución en la fracción XXVII del artículo 123 hace referencia de manera puntual de lo que NO debes de establecer en un contrato laboral o relación de trabajo, so-pena de que el acto jurídico mediante el cual se estableció este viciado de NULIDAD, lo siguiente:

"*XXVII…*

> d) *Las que señalen un lugar de recreo, fonda, café, taberna, cantina o tienda para efectuar el pago del salario, cuando no se trate de empleados en esos establecimientos.*

…

> f) *Las que permitan retener el salario en concepto de multa…*"

Por su parte los artículos 116 y 107 de la L.F.T., regulan las fracciones antes transcritas; sin embargo, en mi opinión son bastante claros y no merecen ninguna explicación; más bien, cabe la recomendación de nunca, nunca, nunca fijar dentro de las condiciones laborales dichas prohibiciones.

Por otro lado, el inciso b) de la fracción XXXVII del artículo 123, dice que será nula la condición que establezca un salario que no sea "remunerador", al decir: *"… b) Las que fijen un salario que no sea remunerador a juicio de los tribunales laborales…"*

Pero que debemos entender por "REMUNERADOR", al respecto no encontramos respuesta en la Constitución Federal que únicamente menciona el concepto en dicha fracción y por cuanto hace a la L.F.T., los artículos 2°, 5 fracción VI, 57, 83 y 347, solamente son enunciativos del concepto; mientras tanto el artículo 85 de la Ley, estipula que el salario debe ser remunerador y nunca menor al fijado como mínimo. Luego entonces, al interpretar este último artículo podemos decir que un salario remunerador es todo aquel que se pacte igual al salario mínimo o en margen superior; es decir, si en el contrato individual de trabajo las partes pactan el pago de salario igual al mínimo, se estará cumpliendo con la Ley.

Recapitulando el salario remunerador es o puede ser equiparado con el salario mínimo, pero ahí donde surge la disyuntiva entre uno y otro, puesto que por salario mínimo entendemos que es la cantidad menor que debe o puede recibir el trabajador por los servicios subordinados prestados en una jornada de trabajo; es decir, el trabajador no puede ni debe recibir una cantidad menor ese salario mínimo, hasta ahí estamos claros. Pero entonces cómo puede un salario mínimo considerarse remunerador, ya que según la interpretación sistemática de los criterios internacionales y la Ley Laboral de nuestro país el salario remunerador debe ser suficiente para satisfacer las necesidades normales de un jefe de familia en el orden material, social y cultural, y para proveer a la educación obligatoria de los hijos.

Así lo sostiene la tesis aislada con número de localización 2019143[12]; criterio orientador sobre el concepto de salario remunerador tomando en consideración el bloque constitucional ya que tomó en consideración lo preceptuado por los artículos 1°, 4, 25, 27, 31 fracción IV y 123 de la CPEUM y del artículo 7 del Protocolo Adicional a la Convención Americana sobre Derechos Humanos en Materia de Derechos Económicos, Sociales y Culturales "Protocolo de San Salvador"; y, 23 de la Declaración Universal de los Derechos del Hombre.

---

12 Tesis XXVII.3o.37 L (10a.) Gaceta del Semanario Judicial de la Federación, Décima Época, Tribunales Colegiados de Circuito, Libro 62, Enero de 2019, Tomo IV. Pag. 2637, Tesis Aislada (Laboral), bajo el rubro: "**SALARIO INVEROSÍMIL. INDICADORES QUE DEBE CONSIDERAR LA JUNTA PARA DISMINUIRLO CUANDO LA DEMANDA SE TIENE POR CONTESTADA EN SENTIDO AFIRMATIVO ANTE LA INCOMPARECENCIA DEL PATRÓN".** Disponible en: https://sjf.scjn.gob.mx/sjfsist/Paginas/tesis.aspx Fecha de consulta 15 de abril de 2020.

En México se fijan los salarios mínimos mediante una Comisión que sigue manejando el sistema tripartito de representación; es decir, cada uno de los sectores de la producción tiene representantes dentro de la Comisión que por cierto se denomina Comisión Nacional de los Salarios Mínimos (CNSM) que es integrada por representantes de los trabajadores, de los patrones y del gobierno, además puede auxiliarse de las comisiones especiales de carácter consultivo que considere indispensables.

Hay un salario general por áreas geográficas y aparte por profesiones, en la reforma del 1° de mayo de 2019 se adicionó el artículo 280 Bis, que indica que la CNSM fijará los salarios mínimos profesionales de las y los trabajadores del campo debiendo tomar en consideración: La naturaleza, cantidad y calidad de los trabajos; el desgate físico ocasionado por las condiciones del trabajo; y, los salarios y prestaciones percibidas por los trabajadores de establecimientos y empresas dedicadas a la producción de productos agrícolas.

Continuando con la temática de la presente obra, me gustaría compartir contigo mi opinión respecto a lo ambiguo y subjetivo hablar de "salario remunerador" frente a un salario mínimo que tiene todo de mínimo y nada de remunerador; por un lado, la Ley me dice que mientras fije el salario de los trabajadores igual o superior al mínimo es "remunerador"; pero por otro lado la interpretación nos dice que debe de satisfacer las necesidades de un trabajador para conseguir una vida digna.

He ahí lo confuso de hablar de una vida digna con un salario mínimo de $185.56 (*DOF 01-01-2020);* o de $ 1,298.92 pagado semanalmente; o de $2,783.4 pagado de forma quincenal; o de $5,566.8 mensualmente retribuido; en mi opinión nada de remunerador tiene el salario mínimo en México. Aun así, pese a que el salario contribuye muy poco en el bienestar de las familias, millones de mexicanos subsisten en esas condiciones sin tener una vida digna, si deseas información respecto a las estadísticas económicas y de ocupación te sugiero visites el dominio:

https://www.gob.mx/cms/uploads/attachment/file/339987/XSalariosMinimos-junio2018.pdf .

Hablar de "**salario remunerador**" es un tema que se encuentra dentro del mundo de lo subjetivo, cada cabeza es un mundo y cada persona tiene sus propias necesidades dependiendo del tiempo, modo y lugar en el que se desarrolle. Como ejemplo de esa subjetividad, piensa en una trabajadora que percibe $12,000.00 pesos mensuales y tiene como únicas necesidades pagar su comida, ropa y zapatos; ella considera que su salario es remunerador.

En ese contexto, en el siguiente cuadro encontraras que nos dice la Ley Federal del Trabajo, respecto del salario y su protección:

LEY FEDERAL DEL TRABAJO					
ARTÍCULOS 82 A 89			ARTÍCULOS 90 A 97		ARTÍCULOS 98 A 116
CAPÍTULO V			CAPÍTULO VI		Normas protectoras y privilegios del salario
	Salario		Salario mínimo		Normas protectoras y privilegios del salario
ART. 82	CONCEPTO COMO RETRIBUCIÓN	ART. 90	DEBE SER SUFICIENTE PARA SATISFACER NECESIDADES	ART. 98	LOS TRABAJADORES DISPONDRÁN DE SU SALARIO LIBREMENTE
ART. 83	SE FIJA POR UNIDAD DE OBRA, TIEMPO, COMISIÓN o PRECIO ALZADO	ART. 91	SE PUEDEN ESTABLECER GENERALES PARA UNA O VARIAS ÁREAS GEOGRÁFICAS o PROFESIONALES PARA DETERMINADAS ACTIVIDADES ECONÓMICAS, PROFESIONES, OFICIOS O TRABAJOS ESPECIALES	ART. 99	ES IRRENUNCIABLE, cualquier manifestación del trabajador respecto a renunciar al salario es NULA
ART. 84	SE INTEGRAN POR TODOS LOS PAGOS EN EFECTIVO	ART. 92		ART. 100 y 101	PAGO PERSONAL/ EFECTIVO EN MONEDA DE CURSO LEGAL
ART. 85	DEBE SER REMUNERADOR; es decir que cubra las necesidades básicas	ART. 94		ART. 104 Y 105	NULA LA SESIÓN DEL SALARIO/ NO SERÁ OBJETO DE COMPENSACIÓN ALGUNA
ART. 86	SALARIO IGUAL A TRABAJO IGUAL	ART. 95	LA COMISIÓN DE SALARIOS MÍNIMOS y Comisiones Consultivas serán tripartitas y determinaran las Áreas geográficas	ART. 106	NO SE SUSPENDE LA OBLIGACIÓN DEL PATRÓN DE PAGAR EL SALARIO
ART. 87	15 DÍAS DE SALARIO POR CONCEPTO DE AGUINALDO ANUAL	ART. 96		ART. 107	SE PROHIBE LA IMPOSICIÓN DE MULTAS

ART. 88	PLAZOS PARA SU PAGO SEMANAL O QUINCENAL	ART. 97	No podrán ser objeto de compensación, descuento o reducción, Salvo algunas excepciones como el pago de pensión alimenticia, rentas, créditos de INFONAVIT o para adquisición de bienes de consumo o servicios de acuerdo a las reglas establecidas en las IV fracciones del artículo	ART. 108 y 109	PAGO EN LA FUENTE LABORAL/ EN DÍAS LABORABLES Y EN HORARIO DE TRABAJO
ART. 89	EL SALARIO INTEGRADO PARA CONCEPTOS DE INDEMNIZACIÓN por regla general se integra por todos los pagos en efectivo y las prestaciones en forma proporcional			ART. 110	Se prohíben los descuentos, salvo algunas excepciones como el pago de pensión alimenticia, rentas, créditos de INFONAVIT o para adquisición de bienes de consumo o servicios de acuerdo a las reglas establecidas en las VII fracciones del artículo
				ART. 111	Las deudas no devengan intereses a favor del patrón
				ART. 112	El salario es inembargable
				ART. 113	Beneficiarios tiene derecho a recibir
				ART. 114	Embargo y remate para pago de salario e indemnización
				ART. 115	Beneficiarios tiene derecho a recibir indemnizaciones del cujus
				ART. 116	Prohibición de establecimientos de venta de bebidas embriagantes ni casas de juego de azar en la fuente laboral

En contraste, tenemos a la misma trabajadora, pero 3 años después; su salario ha mejorado substancialmente y ahora percibe la cantidad de $15,000.00 pesos mensuales; sin embargo, sus circunstancias cambiaron pues ella es el sostén de su hogar y tiene que cubrir los gastos de alimentación, vestido, educación, renta de vivienda, etc... para ella y sus 2 hijos, por supuesto que su perspectiva sobre su salario ha mutado, nunca será remunerador salario bajo las nuevas circunstancias en la que esta viviendo actualmente; y, mucho menos podrá tener una vida digna para ella y para su familia.

Un sin número de circunstancias pueden conjugarse para considerar que un salario es remunerador o que no lo es. Establecer un salario dentro de los márgenes de la justicia social, la igualdad, la equidad y la dignidad será casi imposible; pero podemos establecer en los contratos individuales de trabajo un cambio de paradigma respecto al salario de acuerdo a los conceptos, principios protectores, limitantes y parámetros que estable la Ley.

CONSEJOS PRÁCTICOS para establecer conforme a la Ley el salario en los contratos individuales de trabajo.

CONSEJO Nº 1.- Establecer el salario en moneda de curso legal, ya sea en efectivo o por medio de alguna de las herramientas propias de las instituciones bancarias; como lo establece la L.F.T. y la Tesis con número de localización 2006606[13].

CONSEJO Nº 2.- Establecer de manera clara y precisa el periodo de pago del salario (semanal o quincenal) los días laborados en cada periodo y su día descanso; así mismo, indicar que dentro del periodo de pago se encuentra contemplado el pago del día descanso semanal (séptimo día); este consejo es importante porque al momento de realizar nuestra (E.L.L.P.) será el documento base junto con los recibos de pago para acreditar su pago; como lo establece la L.F.T. y la Tesis con número de localización 2014582[14].

CONSEJO Nº 3.- Establecer que a cambio del pago del salario el trabajador debe firmar el recibo de pago correspondiente en el cual conste que recibe el pago de conformidad.

CONSEJO Nº 4.- Dejar muy en claro en el texto del contrato que en caso de que el trabajador laboré tiempo extraordinario será detallado en el recibo de pago correspondiente al periodo de pago en que se laboró, pues de igual forma es obligación de la parte patronal acreditar en el juicio el pago de dicho tiempo extraordinario.

Dentro del Capítulo V de la LFT a propósito del "SALARIO", nos encontramos con uno de los derechos que más añora y espera recibir el trabajador con singular alegría, me refiero al Aguinaldo.

---

13 Tesis 2a./J. 50/2014 (10a.) Gaceta del Semanario Judicial de la Federación, Décima Época, Segunda Sala, Libro 7, Junio de 2014, Tomo I. Pag. 534, Jurisprudencia (Constitucional, Laboral), bajo el rubro: "**SALARIO. EL ARTÍCULO 101, PÁRRAFO SEGUNDO, DE LA LEY FEDERAL DEL TRABAJO, AL PREVER LA POSIBILIDAD DE QUE SU PAGO SE EFECTÚE MEDIANTE DEPÓSITO EN CUENTA BANCARIA, TARJETA DE DÉBITO, TRANSFERENCIAS O CUALQUIER OTRO MEDIO ELECTRÓNICO, NO TRANSGREDE EL NUMERAL 123, APARTADO A, FRACCIÓN X, DE LA CONSTITUCIÓN POLÍTICA DE LOS ESTADOS UNIDOS MEXICANOS (LEGISLACIÓN VIGENTE A PARTIR DEL 1o. DE DICIEMBRE DE 2012)".** Disponible en: **https://sjf.scjn.gob.mx/sjfsist/Paginas/tesis.aspx Fecha de consulta 27 de abril de 2020.**

14 2a./J. 63/2017 (10a.) Gaceta del Semanario Judicial de la Federación, Décima Época, Segunda Sala, Libro 43, Junio de 2017, Tomo II. Pag. 951, Jurisprudencia (Constitucional, Laboral), bajo el rubro: "**DÍAS DE DESCANSO SEMANAL Y DE DESCANSO OBLIGATORIO. CARGA DE LA PRUEBA TRATÁNDOSE DE RECLAMACIONES POR AQUEL CONCEPTO".** Disponible en: **https://sjf.scjn.gob.mx/sjfsist/Paginas/tesis.aspx Fecha de consulta 27 de abril de 2020.**

AGUINALDO. – Es la retribución o pago anual que entrega el patrón al trabajador a cambio de la prestación del servicio por todo un año de servicios. Según el artículo 87 el margen mínimo que se debe de pagar al trabajador que laboró un año completo es el equivalente a 15 días de salario, cuota que debe pagarse antes del 20 de diciembre; aunque en los últimos 10 años en algunos sectores se les ha adelantado desde la segunda quincena de noviembre derivado de la estrategia comercial denominada " EL BUEN FIN".

En dicho contexto, el aguinaldo contribuye a que la clase trabajadora pueda gozar de las festividades del mes de diciembre con mayor satisfacción, pues el salario diario percibido es útil para cubrir las necesidades diarias; sin embargo, en las festividades decembrina el gasto aumenta.

Ahora bien, la regla general es que el trabajador que cumpla un año de servicio, reciba 15 días de salario; sin embargo, los trabajadores o trabajadoras que no hayan cumplido el año de servicios tendrán derecho a que se les pague el aguinaldo en forma proporcional al tiempo trabajado.

4.5 Participación de los Trabajadores en las Utilidades

También conocido por las siglas PTU, el reparto de utilidades es uno de los temas más controversiales y pervertidos que hay respecto a los derechos del trabajador, la naturaleza jurídica de este derecho tiene su raíz en el artículo 123 fracción IX de la CPEUM, que si bien es cierto estaba contemplado desde su promulgación en el año de 1917, no fue hasta el año de 1962 (véase cuadro 1) que se reguló la forma en que debía de participar el trabajador en la repartición de las utilidades la fracción IX y el Capítulo VIII de la L.F.T.

¿Pero que es el PTU?

En palabras sencillas, podemos explicar que el reparto de utilidades se obtiene de una parte de las ganancias obtenidas por la empresa o parte patronal, la cual debe ser entregada al trabajador a finales del primer semestre de cada año. El derecho que tiene la parte obrera de recibir el PTU, tiene como fin principal equilibrar a los factores de la producción; así mismo, incentivar a la parte obrera a ser más productivo, responsable, cuidadoso y comprometido con los objetivos de la empresa, ya que resulta elemental que los trabajadores participen de las ganancias que genera anualmente la empresa para incentivar a los trabajadores a ser puntuales, cuidar la maquinaria y sus herramientas de trabajo, prestar un servicio con estándares de calidad alto y sobre todo producir más y mejor los productos que la empresa se dedica a manufacturar.

La esencia del PTU se encuentra basada en que mientras la empresa produzca más y mejores productos o preste sus servicios a más clientes debido al buen servicio que prestan sus empleados; y, se conjugue con un menor gasto de las empresas en reparaciones de la maquinaria o compra de nuevas herramientas de trabajo, beneficiará a ambos sectores para obtener mejores dividendos para repartir.

Por otro lado, el PTU intenta fortalecer el vínculo entre la parte trabajadora y la empresa, ya que la estabilidad en el empleo y bienestar de la primera depende directamente de la estabilidad de la empresa.

La cantidad recibida por el trabajador por concepto de PTU será determinada de acuerdo a 2 factores, el primero de ellos es el porcentaje % que determine la Comisión Nacional para la Participación de los Trabajadores en las Utilidades de las Empresas (CNPTU) como lo indica el artículo 117 de la L.F.T.

El porcentaje resuelto por las distintas Comisiones conformadas ha variado con el paso del tiempo, en un principio la primera resolución de la Comisión emitida en diciembre de 1963 fijó el porcentaje en una 20%[15]; ya para el mes de octubre del año de 1974 la Segunda Comisión resolvió establecer como porcentaje el 8%; y, en el mes de marzo de 1985 la tercera Comisión resolvió fijar un porcentaje del 10%[16] de las utilidades de las empresas que presten sus servicios.

El porcentaje del 10% fue confirmado por la Cuarta Comisión en resolución de 10 de diciembre de 1996 y por la Quinta Comisión que emitió resolución el 3 de febrero del año 2009; y es el porcentaje que hasta el año 2020 sigue vigente.

El segundo factor para determinar el porcentaje, es la declaración de impuestos que presente la empresa de producción o la empresa que otorga bienes y servicios al Servicio de Administración Tributaria SAT; por regla general las empresas tiene 3 meses para presentar su declaración fiscal siguientes al cierre fiscal, conforme lo estipulado por el artículo 76 fracción V de la Ley del Impuesto sobre la Renta; es decir, de enero a marzo de cada año y a partir del cumplimiento anual de declaración de impuestos ante el SAT, la empresa tiene 60 días como plazo para entregar a sus trabajadores el PTU.

Aparentemente es complejo el entendimiento de los periodos en que el sector patronal debe de cumplir con la obligación de pagar el PTU; sin embargo, no lo es

15 Revistas Bancomext: "**RESOLUCIÓN DE LA COMISIÓN NACIONAL PARA LA PARTICIPACIÓN DE LOS TRABAJADORES EN LAS UTILIDADES DE LAS EMPRESAS**". Disponible en: http://revistas.bancomext.gob.mx/rce/magazines/678/3/RCE_3.pdf Fecha de consulta 29 de abril de 2020.

16 Diario oficial de la Federación "**RESOLUCIÓN DE LA TERCERA COMISIÓN NACIONAL PARA LA PARTICIPACIÓN DE LOS TRABAJADORES EN LAS UTILIDADES DE LAS EMPRESAS**". Disponible en: http://dof.gob.mx/nota_detalle.php?codigo=4722009&fecha=04/03/1985 Fecha de consulta 27 de abril de 2020.

tanto ya que el último día del mes de mayo de cada año, es cuando se debe entregar la empresa a sus trabajadores el pago del PTU; lo anterior, se encuentra regulado en el proceso establecido en los artículos 121 y 1222 de la L.F.T.

El deber ser, es que tanto trabajadores y patrones participen mediante una comisión mixta integrada por igual número de representantes de los trabajadores y de la empresa, a fin de formular un proyecto que determine la participación del reparto de utilidades correspondiente a cada trabajador, determinación que debe ser fijada en lugar visible de la empresa para que los trabajadores puedan observarla y en su caso hacer observaciones en los 15 días posteriores, observaciones que aclarará la misma comisión mixta y en caso de no estar de acuerdo los trabajadores resolverá la autoridad laboral.

Ahora bien, la realidad es otra, regularmente las empresas buscan la forma de evadir la responsabilidad de entregar a sus trabajadores el PTU, en estos casos la simulación vuelve a aparecer para no cumplir con ese derecho laboral; se simula que la relación entre trabajador y patrón es distinta a la laboral para no repartir utilidades; se simula que el trabajador tiene relación con otra empresa para no repartir utilidades (out-sourcing); se simula que la relación laboral es con una empresa de nueva creación; se simula la integración equitativa de la comisión mixta de reparto de utilidades; se simula poner a la vista de los trabajadores el proyecto de reparto de utilidades; se simula que la empresa no obtuvo ganancias; se simula ser una asociación sin fines de lucro; algunas otras y las que vayan surgiendo en el camino.

CONSEJOS PRÁCTICOS para establecer conforme a la Ley el cumplimiento PTU en los contratos individuales de trabajo.

CONSEJO N° 1.- Trabajadora o trabajador antes de reclamar el pago de PTU, toma en consideración el artículo 126 para ver si la empresa o institución en la que prestas tus servicios no encuadra dentro de las exceptuadas de repartir utilidades.

CONSEJO N° 2.- Trabajadora o trabajador antes de reclamar el pago de PTU o tu inconformidad sobre el monto del porcentaje otorgado, toma en consideración el artículo 127 para ver si tu categoría o contrato tiene relación con la omisión de otorgarte el derecho a PTU; o, si el monto porcentual que te fue otorgado tiene relación con el salario que percibes ordinariamente.

CONSEJO N° 3.- Patrones, es importante establecer en los Contratos Colectivos de trabajo el compromiso de entregar los primeros días del mes de abril de cada año, copia de la carátula de su declaración anual del Impuesto Sobre la Renta.

CONSEJO N° 4.- Patrones, puedes establecer en el reglamento interno que la Comisión Mixta para la Participación de los Trabajadores en las Utilidades de la

Empresa será ocasional una vez que la Empresa haya presentado su declaración del Impuesto Sobre la Renta anual; sólo en caso de que se determine la existencia de una renta gravable y será temporal mientras cumple con sus obligaciones.

CONSEJO N° 5.- Evitar utilizar formatos bajados de internet o de dudosa procedencia, utiliza siempre el consejo de un experto para establecer en los contratos individuales de trabajo una cláusula relativa al PTU, en caso de ser aplicable.

Luego del panorama general que se ha desarrollado sobre las condiciones laborales fundamentales que se deben respetar en las relaciones individuales de trabajo, en el siguiente punto compartiré las mejores prácticas para establecerlas en el contrato individual de trabajo.

5. Contrato Individual de trabajo

Hemos venido hablando durante el desarrollo de la presente obra que no basta con tener un nuevo modelo de justicia laboral, se trata de cambiar la manera de pensar y actuar de los verdaderos protagonistas en las relaciones de trabajo; se trata de también, que trabajadores y patrones incorporen mejores prácticas en sus vínculos jurídicos con el objetivo de trascender en el respeto y cumplimiento de los derechos y obligaciones que a cada uno de los sectores la Ley atribuye.

En la práctica de litigación laboral es muy común que las partes no cuenten con el documento idóneo para acreditar el cómo, el cuándo y el dónde se desarrolló el vínculo jurídico entre quien se dice trabajador y a quien se le atribuye el carácter de patrón; omisión que sin duda repercute al momento de resolver la controversia laboral.

En mi opinión un sistema preventivo para contener posibles conflictos laborales inicia desde el momento mismo en que se pactan las condiciones laborales y que mejor manera de pactarlas que por medio del instrumento jurídico apto para estas circunstancias llamado "CONTRATO INDIVIDUAL DE TRABAJO", por regla general el contrato es el documento mediante el cual las partes (patrón y trabajador) manifiestan su voluntad de contraer derechos y obligaciones.

Por lo tanto, al tratarse de un acto contractual, un elemento primordial que debe contener dicho documento es la libre manifestación de la voluntad de las partes para contratarse; sin embargo, en la vida real en tratándose de contratos individuales de trabajo, la voluntad de la parte trabajadora no es tomada en cuenta al momento de establecer las condiciones laborales en que se prestará el servicio, normalmente el patrón ya las tiene establecidas según sus necesidades y posibilidades.

Lo mínimo que se le pudiera exigir al sector patronal al momento de elaborar los contratos individuales de trabajo es el respeto irrestricto a los derechos sustantivos de la clase trabajadora cuidando no quebrantar los parámetros o márgenes mínimos de las condiciones laborales fundamentales contempladas en la L.F.T. y el artículo 123 de la Constitución, en contra del sector desprotegido.

Es en este punto se resalta la importancia de conocer los derechos sustantivos que emanan del artículo 123 y su Ley secundaria, para poder aplicarlos con atingencia en la medida de las necesidades de cada centro de trabajo y/o características de cada trabajador y/o la naturaleza del trabajo que va a desempeñar la parte obrera y las necesidades de la parte empleadora; considero que en la medida que el derecho laboral sea más cercano y entendible para cualquier ciudadano estaremos cada vez más cerca de una Justicia Laboral moderna y eficaz.

La justicia laboral debe ser accesible para toda las personas, como se ha enfatizado a lo largo del desarrollo del presente Manual Práctico Sobre la Nueva Justicia Laboral, la Reforma Constitucional al derecho del trabajo y el nuevo modelo de justicia laboral debe ser conocido por todos los involucrados; resulta que por su importancia y trascendencia dentro de lo social, económico y cultural, mucho más importante y trascedente la reforma laboral, que la reforma al sistema de justicia penal del año 2008.

Pero el acceso a los derechos y obligaciones de empleados y empleadores no es nuevo, ha sido uno de los problemas que por décadas ha permeado en las relaciones de trabajo, es lamentable pero cierto que verdaderamente involucrados en las relaciones obrero patronales, tienen poco o nulos conocimientos sobre la forma de llevar el vínculo que los liga.

Aunque en mi opinión en la práctica cotidiana en la mayoría de los casos las partes no tienen ni la menor idea de cómo iniciar una relación de trabajo, mucho menos como desarrollarla e inclusive terminar la relación de forma responsable y conforme a derecho; lo más preocupante es que utilizan consejos de personas o abogados sin escrúpulos que resultan ser inexpertas en la materia del derecho del trabajo, que como he mencionado antes, técnicamente es complicado y extenso respecto a su estudio, comprensión y aplicación; en otros supuestos los empleadores se atreven a usar formatos de internet o recurren a experiencias compartidas por amigos y familiares.

El ahorrarse unos pesos con asesoría barata o bajo esquemas poco confiables es una constante para los empleadores de las micro, pequeñas y medianas empresas; el aplicar en sus centros de trabajo, escritos que son ineficaces para cubrir las necesidades de la empresa y que aparentemente soluciona problemáticas en el corto plazo; pero que, a largo plazo les genera otros mucho más complicados y costosos.

Dentro del semáforo de problemáticas de las relaciones individuales del trabajo, sitúo a esta circunstancia en el color rojo o alerta máxima; en mi opinión, es necesario para conseguir llevar a buen puerto la implementación del nuevo Modelo de Justicia Laboral, que los factores de la producción cambien de forma de pensar y actuar, un modelo laboral preventivo debe comenzar con la elaboración de Contratos Individuales de Trabajo basado en mejores prácticas.

El consejo y la asesoría de un experto es la clave para aplicar mejores prácticas en el devenir laboral de toda empresa, ya sea pequeña, mediana o gran empresa; pero como complemento al consejo deben asegurarse que la asesoría provenga de un verdadero experto que acredite ser especialista en el tema, ético y profesional; que no utilice el "MACHOTISMO" como forma de trabajar todos sus asuntos.

El "machotismo" o utilizar formatos, es una vieja y mala costumbre que pone en tela de juicio toda práctica profesional, pero en la práctica jurídica suele tener resultados desastrosos, no sólo en materia laboral que se pone en riesgo por esa mala praxis las fuentes laborales o el trabajo de una persona; pero en otras materias como la penal se pone en juego la libertad o seguridad de las personas; en materia familiar el bienestar de sus integrantes; etcétera.

Utilizar "machotes" o "formatos", claro que facilita el trabajo pues quien lo utiliza solamente tiene que cambiar nombres de las partes y fechas para obtener un nuevo documento; en otros casos utilizan espacios para agregar datos, estimado empleador, en caso de estar frente a una representación legal que te presente un contrato con esas características, aléjate y cuéntaselo a quien más confianza le tengas.

Lo ideal para recibir una correcta asesoría jurídica en materia de contratos individuales de trabajo es que tu representante legal haga una evaluación de los puestos o categorías, funciones a desempeñar, salarios, jornadas y horarios; así como, las necesidades de la fuente de trabajo para que cada uno de tus trabajadores tenga un contrato de trabajo con las obligaciones y derechos inherentes y atribuibles solamente a quien lo firma y manifiesta la voluntad para contratarse.

En el tema que nos ocupa la mala praxis de utilizar formatos, permea en todo lo concerniente a las relaciones laborales; lo que mal inicia, mal termina. Por eso vemos "machotes" para todo, desde contratos de trabajo, terminaciones voluntarias entre las partes de la relación laboral, finiquitos, renuncias, demandas, contestaciones, acuerdos, laudos, etcétera; en muchas de las ocasiones lo que menos importar es enterarse si se ajustan o no al caso concreto.

Debemos cambiar de pensamiento y acción, hagamos <u>contratos individuales de trabajo</u> como si fueran trajes a la medida de las necesidades del centro de trabajo, de las características del trabajador o la naturaleza del servicio, pero siempre con apego a la Ley. Estoy convencido que en la medida que existan patrones responsables y cumplidos con los derechos del trabajador, bien asesorados habrá menos conflictos laborales que generen controversias en el ámbito judicial.

Para poder hacer un buen contrato individual de trabajo debemos conocer temas esenciales como los sujetos que intervienen en las relaciones individuales de trabajo; las características de la relación y las condiciones fundamentales que debemos indicar puntualmente como el salario, aguinaldo, jornada laboral, días de descanso, vacaciones, prima vacacional y participación de los trabajadores en las utilidades de las empresas; tal y como lo hemos abordado en los primeros 4 apartados del presente capítulo.

Lamentablemente el derecho laboral se ha visto empañado por estrategias jurídicas basadas en la simulación, el engaño, el error y diversas tácticas utilizadas por ambos sectores de la producción con el único afán de ganar esta disputa de clases en la que la clase trabajadora busca nivelar la superioridad de la patronal y la patronal frenar el proteccionismo de la Ley, evadir responsabilidades obrero patronales, fiscales o de seguridad social.

No cabe duda que todos los sectores de la producción han contribuido para crear fórmulas que rozan los límites de la legalidad, tergiversando algunas figuras que en esencia tienen buenas intenciones y que algunas mentes brillantes pervierten para evitar a toda costa respetar los derechos fundamentales de la clase trabajadora; lo cierto es que han logrado dañar la imagen de quienes se dedican honestamente a la práctica del derecho del trabajo.

Uno de los compromisos que debemos asumir los Científicos del Derecho Laboral es recuperar la confianza del Ciudadano, debemos sacudir esos estigmas que ensucian una labor tan noble como la es el asesorar a los factores de la producción para tener un mejor derecho laboral que contribuya a la Paz social en nuestro País. Debemos erradicar todo expresión de mala praxis en nuestra labor profesional, solo así lograremos enaltecer la imagen que se encuentra lastimada.

Para contribuir en la medida de lo posible con la recuperación de la confianza del Ciudadano deseo compartir con Ustedes a manera de mitos y realidades, algunos estereotipos negativos creados en el marco de los contratos individuales de trabajo; la idea es que patrones y trabajadores se percaten de algunos errores o ideas equivocadas respecto a dicho tópico para evitar cometerlos en el futuro.

5.1 Mitos y realidades

Mito: SIN CONTRATO INDIVIDUAL DE TRABAJO, NO SE PUEDEN EXIGIR LOS DERECHOS INHERENTES A LA RELACIÓN LABORAL.

Suelen pensar ambas partes que la omisión de firmar un contrato individual de trabajo representa la no existencia de la relación laboral.

En estos supuestos el trabajador que se dice despedido, piensa que no puede demandar ante la autoridad laboral el respeto a sus derechos por no contar con el instrumento jurídico que avale el vínculo de trabajo; por otro lado, el patrón bajo una creencia equivocada, especula que no será demandado porque no existe un documento que demuestre que se obligó a cumplir con los derechos del trabajador.

En cuantas historias contadas por los trabajadores no habré escuchado el mismo disparate: *"mi patrón me despidió después de 10 años de trabajar para él, me dijo que no importa que lo demande porque su abogado le dijo que mientras no haya firmado un contrato de trabajo, nada podré conseguir si demando"*

Realidad: La sola prestación del servicio, cualquier acto de subordinación que se dé entre patrón y trabajador o la entrega de dinero que insinúe el pago de un salario, hace presumir la existencia de un Contrato Individual de Trabajo.

Recuerdan que cuando hablé de los elementos esenciales o característicos de las relaciones laborales, hice referencia que el hecho de que no exista un contrato individual de trabajo u ocultemos el ejemplar correspondiente a la parte trabajadora no significa que no tendrá como acreditar que la relación laboral existió como un hecho real. Es bien difícil que después de años de servicio el patrón no haya entregado una carta laboral, una carta de recomendación; o le hayan realizado alguna transferencia o depósito bancario a una tarjeta de débito; o le hayan mandado un mensaje de texto o WhatsApp en donde le dan una orden de trabajo.

Estos casos hipotéticos se repiten constantemente en las micro, pequeñas y medianas empresas, lamentablemente tienen repercusiones contraproducentes no solamente al momento de enfrentar una conciliación laboral o un procedimiento jurisdiccional por no tener la documentación idónea para enfrentar con bases esas etapas; sino que de manera fatal a la hora de ser condenadas en un hipotético laudo las consecuencias son desastrosas, pero ya iremos desarrollando las complicaciones en el transcurso de este apartado.

Y aunque las grandes empresas también han caído en la tentación de ocupar la mala costumbre de no realizar contratos individuales de trabajo, las consecuencias no son tan negativas para los centros de trabajo, pues un laudo condenatorio no trasciende en el cierre de la fuente laboral.

Mito: OMITIR ENTREGAR EL EJEMPLAR O COPIA DEL CONTRATO INDIVIDUAL DE TRABAJO AL TRABAJADOR, EVITARÁ DEMANDAS LABORALES.

Esta creencia esta se sustentada en la falsa idea del patrón de que es una excelente forma de su defensa en caso de una eventual demanda por parte del trabajador o trabajadora; suele alardear el empleador al despedir al trabajador, diciendo que no podrá demandarlo por no tener el documento que demuestre la relación laboral.

Es muy cierto que la parte trabajadora se siente inhibida para ejercer su derecho subjetivo de demandar ante las Autoridades laborales el cumplimiento de sus derechos, por el hecho de no contar con la copia del Contrato Individual de Trabajo; en la práctica litigiosa laboral, es muy común encontrarse con ese tipo de supuestos en el que el trabajador considera que no tiene sustento para sus reclamos al carecer de documento alguno para acreditar la relación laboral; lamentablemente en muchos de esos casos el trabajador busca o encuentra asesoramiento después de que su derecho a demandar prescribió.

Realidad: En el derecho laboral la omisión de realizar y conservar el contrato individual de trabajo, así como toda la documentación relativa al vínculo laboral, resulta ser un error único y exclusivo de la parte patronal, pues la forma de establecer los derechos sustantivos de la parte trabajadora, es mediante el instrumento jurídico idóneo para ello y la falta de esa formalidad no es excusa para que dichos derechos no sean respetados; y, así lo prevé el artículo 26 de la L.F.T.:[17]

*"**Artículo 26.-** La falta del escrito a que se refieren los artículos 24 y 25 no priva al trabajador de los derechos que deriven de las normas de trabajo y de los servicios prestados, pues se imputará el patrón la falta de esa formalidad."*

En este caso, el verbo "imputará" es el singular del futuro del verbo imputar que según el diccionario de la lengua española es atribuir la responsabilidad de un hecho probable a una persona; en el caso que nos ocupa la responsabilidad de no haber realizado un contrato individual del trabajo, es atribuible únicamente a la parte patronal.

Por lo tanto, la interpretación del artículo antes citado, obliga al patrón a cumplir con la formalidad de elaborar el Contrato Individual de Trabajo, so pena de las consecuencias jurídicas que conlleva dicha omisión.

---

17 Artículo 26 de la L.F.T., disponible en la sitio oficial de la Cámara de Diputados: <http://www.diputados .gob.mx/ LeyesBiblio/index.htm>. fecha de consulta: 02 de mayo de 2020

Es importante que los empleadores de las micro, pequeñas y medianas empresas tomen en consideración que tienen la obligación de contar con tantos contratos individuales de trabajo como trabajadores tengan, deben prevenir antes de lamentar y les aseguro que esa medida contribuirá de manera sobresaliente a evitar conflictos en los centros de trabajo durante el desarrollo de la relación; pues en caso de que se suscite un mal entendido respecto a las condiciones pactadas, puede aclararse muy fácilmente con el documento que firmaron ambas partes y en donde se estipularon las condiciones laborales.

Hay que recordar que el artículo 123 y la L.F.T., prevén un procedimiento conciliatorio antes de iniciar un Juicio laboral y como lo veremos en el siguiente capítulo contar con la documentación relativa a la relación laboral, será una herramienta para alcanzar mejores acuerdos.

A propósito de la Conciliación laboral, es oportuno mencionar que es uno de los pilares de la reforma al artículo 123 Constitucional de febrero de 2017, la idea principal es que al órgano jurisdiccional o juzgado lleguen el menor número de casos, pues ya sabemos que el patrón sufre las consecuencias más seberas en los casos de controversia de índole jurisdiccional al ser condenadas a laudos impagables, pues como lo veremos posteriormente le corresponde a la patronal la obligación de acreditar su dicho en un juicio laboral; y, si no cuenta con la documentación para hacerlo, es una carga imposible de solventar.

Mito: COMO NO TENGO EL CONTRATO INDIVIDUAL DE TRABAJO, NO TENGO LA OBLIGACIÓN DE PRESENTARLO ANTE LA AUTORIDAD LABORAL; MI ABOGADO ME INDICÓ QUE NADIE ESTA OBLIGADO A LO IMPOSIBLE.

Muy ligado con el anterior mito es la interpretación equivocada del artículo 784 fracción VII de la L.F.T., ya que a pesar de que el artículo es claro en indicar que es obligación de la patronal conservar dicho documento, en la práctica se excepcionan diciendo que no lo tienen y que por ese hecho no los pueden obligar a presentarlo.

Realidad: En parte es cierto, no se les puede obligar a la parte demandada a presentar un documento que no existe, pero eso no lo exime de la responsabilidad de no haber cumplido con su obligación como patrón.

Hay que diferenciar entre las obligaciones obrero-patronales y las obligaciones procesales.

En el caso de las demandas laborales, el NO contar con el documento que demuestre los parámetros mediante los cuales las partes hayan pactado las condiciones laborales; es decir, el Contrato Individual de Trabajo, suele provocar que las micro, pequeñas y medianas empresas sean condenadas a laudos cuantiosos que a la postre resultan impagables, la consecuencia en la mayoría de esos casos constituye el cierre de los establecimientos.

Resulta contradictorio pensar en tener empleos estables, sin lograr que las empresas lo sean; es indudable que el cierre de las empresas representa la pérdida de los empleos de otros trabajadores afectando a todos los factores de la producción. En conclusión, a nadie conviene que las empresas cierren, es un:

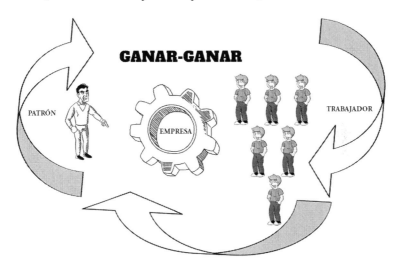

Es por ello que se recomienda que siempre, siempre, siempre que necesites elaborar Contratos individuales de Trabajo para tu fuente laboral, lo hagas bajo el asesoramiento de un profesional; además, que lo firmen ambas partes desde el momento mismo que inicie el vínculo jurídico de trabajo, esto te volverá un patrón responsable y evitará sin dudas que tengas consecuencias jurídicas. Ya veremos en el capítulo de Conciliación Laboral, como las partes llegan a acuerdos satisfactorios de forma más fácil cuando el patrón respeta los derechos laborales desde el principio del vínculo laboral.

Mito: LA PROTECCIÓN EXCESIVA AL SECTOR OBRERO AL MOMENTO DE REALIZAR EL CONTRATO INDIVIDUAL DE TRABAJO ENTRE LOS PATRONES DE LAS MICRO, PEQUEÑAS Y MEDIANAS EMPRESAS, ES INJUSTA E INNECESARIA YA QUE ES UN ACUERDO DE VOLUNTADES.

Los patrones de las empresas consideradas como micro, pequeñas y medianas consideran que el proteccionismo al trabajador de la legislación laboral es injusta y excesiva; piensan que el derecho del trabajo debiera mutar y adaptarse a esta nueva realidad donde la mayoría de las empresas la conforman los empresarios de las PYME y que deben de tomar en cuenta el hecho de que ellos no tienen el poder económico con el que cuentan las grandes empresas para contar con la recomendación legal para realizar contratos individuales de trabajo coherentes al centro de trabajo.

Realidad: ¡En estos casos el tamaño NO IMPORTA! El trabajador siempre, siempre, siempre estará bajo la subordinación o facultad de mandato del patrón.

En la práctica el contrato individual de trabajo significa el primer gesto de subordinación que el patrón ejerce sobre el trabajador, ya que con asesoramiento legal o sin él, la parte patronal es la que impone sus necesidades y las de su empresa sobre las necesidades del trabajador, regularmente el Patrón ya tiene establecidas las condiciones laborales a su beneficio, las cuales el trabajador por la necesidad que tiene de trabajar y de obtener un ingreso que le permita solventar sus necesidades más básicas.

Es ahí donde en la vida real se justifica la protección a la parte más débil, que además encuentra sustento en la propia naturaleza jurídica del derecho del trabajo; esta es una de las características que encuadran al Derecho del Trabajo en la rama del Derecho Social al proteger al que se encuentra en el plano más débil.

Mito: NOMBRAR DE FORMA DISTINTA AL CONTRATO INDIVIDUAL DE TRABAJO, LIBERA DE TODA RESPONSABILIDAD AL PATRÓN.

En las últimas 3 décadas ha proliferado la brillante idea de disfrazar o disimular una verdadera relación laboral con otro nombre. Frecuentemente los trabajadores mencionan que si bien es cierto prestaban un servicio para el patrón al momento de firmar su contrato, decía en la parte superior:

"CONTRATO DE PRESTACIÓN DE SERVICIOS PROFESIONALES" o
"CONTRATO DE COMISIÓN MERCANTIL" o
"CONTRATO DE SOCIEDAD" o
"CONTRATO POR HONORARIOS"

Realidad: La verdad es que no importa el nombre o denominación que le hagan al contrato, en caso de prestarse un servicio personal y subordinado a cambio de un salario, sin duda es un Contrato Individual de Trabajo, como estipula el segundo párrafo del artículo 20 de la L.F.T.[18], que dice:

---

18 Ibídem, Artículo 20. fecha de consulta: 03 de mayo de 2020

"… Contrato individual de trabajo, cualquiera que sea su forma o denominación, es aquel por virtud del cual una persona se obliga a prestar a otra un trabajo personal subordinado, mediante el pago de un salario…"

Como lo decíamos anteriormente, el sector patronal ha venido utilizando en las últimas décadas estrategias de simulaciones perversas para elaborar los contratos que los ligan con sus trabajadores, el objetivo es claro: esconder o disfrazar el vínculo jurídico real que tiene el empleador frente a sus trabajadores.

La necesidad del trabajador por obtener un trabajo de percibir un salario que le ayude a solventar sus necesidades y las de su familia, es la razón por la que el sector obrero acepta firmar en esas condiciones.

Esa debilidad de quien desea trabajar es aprovechada de forma perversa por el empleador; con esas tácticas el empleador elude sus responsabilidades durante el transcurso de la relación de trabajo, pues al firmar contratos de naturaleza civil o mercantil, se eluden obligaciones para el trabajador como la estabilidad en el empleo, seguridad social y reparto de utilidades por mencionar algunos.

Por otro lado, la estrategia de nombrar al contrato de forma distinta al de su verdadera naturaleza (laboral) es utilizada también por los abogados patronales al momento de que su representado (patrón) es demandado, hoy en día frente a las Juntas de Conciliación y Arbitraje; pues al momento de contestar la demanda admite la existencia de una relación jurídica con el actor, pero afirmó que tenía una cualidad distinta a la laboral.

La estrategia ha sido utilizada por la parte patronal en una aplicación incorrecta de la jurisprudencia con número de localización 203924[19], la cual estableció que en caso de que la demandada niegue lisa y llanamente la relación laboral es obligación del actor acreditar el vínculo laboral; sin embargo, después de varias interpretaciones la jurisprudencia con número de localización 194005[20], emitida al resolver la contradicción de tesis 107/98, estableció lo siguiente:

"RELACIÓN LABORAL. CARGA DE LA PRUEBA. CORRESPONDE AL PATRÓN CUANDO SE EXCEPCIONA AFIRMANDO QUE LA RELACIÓN ES DE OTRO TIPO. Cuando el demandado niega la existencia

---

[19] Tesis V.2o. J/13. Gaceta del Semanario Judicial de la Federación, Novena Época, Tribunales Colegiados de Circuito, Tomo II, noviembre de 1995, Pag. 434, Jurisprudencia (Laboral), bajo el rubro: **"RELACION LABORAL. DEBE ACREDITARLA EL TRABAJADOR CUANDO LA NIEGA EL PATRON." Disponible en: https://sjf.scjn.gob.mx/ sjfsist/Paginas/tesis.aspx Fecha de consulta 03 de mayo de 2020**

[20] Tesis 2a./J. 40/99. Gaceta del Semanario Judicial de la Federación, Novena Época, Segunda Sala, Tomo IX, Mayo de 1999, Pag. 480, Jurisprudencia (Laboral), bajo el rubro: **"RELACIÓN LABORAL. CARGA DE LA PRUEBA. CORRESPONDE AL PATRÓN CUANDO SE EXCEPCIONA AFIRMANDO QUE LA RELACIÓN ES DE OTRO TIPO." Disponible en: https://sjf.scjn.gob.mx/sjfsist/Paginas/tesis.aspx Fecha de consulta 26 de marzo de 2020**

*de una **relación** de trabajo y afirma que **es** de **otro tipo**, en principio, está reconociendo la existencia de un hecho, a saber, la **relación** jurídica que lo vincula al actor, esa negativa también lleva implícita una afirmación, consistente en que dicha **relación** jurídica **es** de naturaleza distinta a la que le atribuye su contrario; por consiguiente, debe probar cuál **es** el género de la **relación** jurídica que lo une con el actor, verbigracia, un contrato de prestación de servicios profesionales, una comisión mercantil, un contrato de sociedad o cualquier otra, porque en todos esos casos su respuesta forzosamente encierra una afirmación."*

Contradicción que fue resuelta en el año de 1999; sin embargo, los abogados patronales siguen ocupando la misma estrategia perversa, que además de lacerar los derechos fundamentales del trabajador no le representa ningún beneficio para los patrones ya que en la mayoría de los Juicio son condenados al no acreditar sus excepciones y defensas.

Al final, el empresario se envuelve en un círculo vicioso, que le representa una erogación mayor entre lo que le tiene que pagar a la mala representación jurídica durante los años que perdure el juicio y el pago del laudo; sin duda, le salía más barato haberle respetado sus derechos al trabajador. Pero bueno, cada quien se gana el dinero como quiere y como puede, lo lamentable es que por ese tipo de mañas es que el derecho laboral esta tan desprestigiado.

Lo peor del caso y que evidencia una mala práctica jurídica es que los supuestos contratos de prestación de servicios profesionales, de comisión mercantil, de contrato de sociedad o de cualquier otra forma que le denominen, son presentados como prueba, según para acreditar sus excepciones y defensas; sin embargo, los documentos no son idóneos para acreditar lo que pretenden ya que en su propio contexto contienen cláusulas que acreditan la prestación del servicio personal, la subordinación, jornada laboral o el pago del salario, entre otras cláusulas reveladoras de la existencia de una relación laboral.

En los 6 años que tuve la oportunidad de prestar mis servicios como dictaminador (proyectista) en la Junta Local de Conciliación y Arbitraje de la Ciudad de México, tuve la oportunidad de analizar y resolver juicios donde la parte demandada se excepcionaba con la negativa de la relación laboral y la afirmación de tener una relación distinta a la laboral mediante contratos denominados de diversas formas tales como: Contrato de Asociado Industrial, Contrato Matriz de Comisión Mercantil, Contrato Prestación de Servicios Profesionales, Contrato de Socio Comisionista, Contrato de Sociedad, Contrato por Honorarios, etcétera.

En la mayoría de los juicios donde la demandada utilizó ese tipo de estrategias fue condenada al pago o cumplimiento de la acción principal, salarios caídos como prestación accesoria y demás prestaciones reclamadas; lo anterior, con fundamento de la L.F.T. y los criterios jurisprudenciales antes indicados

Un aspecto adicional en el que debe considerar la parte patronal es que en estos casos las condenas suelen ser exageradas, debido a que la representación legal de la parte trabajadora al interponer su escrito inicial de demanda infla los parámetros en que fueron desarrolladas las condiciones laborales como el salario, parámetros de vacaciones, prima vacacional y aguinaldo pactados, tiempo extra, prestaciones extra-legales, etcétera; lamentablemente la cultura de la simulación es utilizada por ambas partes y en este caso la parte actora utiliza a su favor los errores cometidos por la demandada.

El consejo que puedo compartir con el lector, parece simple, pero es iniciar un sistema preventivo para evitar contingencias de índole laboral con el respeto a los derechos fundamentales del trabajador, hacer contratos individuales de trabajo, cuando verdaderamente exista ese tipo vínculo jurídico.

Mito: LOS CONTRATOS POR "*TIEMPO DETERMINADO*" ESTAN PERMITIDOS POR LA LEY; POR LO TANTO, SU ABUSO ESTA JUSTIFICADO.

En la práctica es frecuente encontrarse con trabajadores que han laborado durante décadas con el mismo patrón mediante contratos consecutivos de 3, 6, 9 o 12 meses llamados de forma perversa contratos individuales de trabajo por tiempo determinado; lo más retorcido es que en muchos de los casos el área de recursos humanos hace firmar al trabajador una renuncia al contrato que por el tiempo fijado ya no está vigente y hacen que firme un nuevo contrato bajo el mismo esquema de contratación.

Realidad: La verdad es que esa práctica de simulación es otro error de los empleadores, si tienen como objetivo precarizar el trabajo evitando el derecho fundamental de estabilidad en el empleo e impidiendo la acumulación de la antigüedad; lamento decirles que los derechos del trabajador están protegidos por el sólo hecho de prestar su servicio durante todo el tiempo que perdure el vínculo entre las partes.

A diferencia de la simulación consistente en intentar encuadrar al contrato con una naturaleza distinta, en estos casos el empleador sí reconoce el vínculo laboral mediante el Contrato Individual de Trabajo; sin embargo, intentan simular la duración de la relación laboral, ocupando alguno de los supuestos previstos por la fracción II del artículo 25[21] de la L.F.T., que dice:

---

21 Artículo 2 de la L.F.T., disponible en la sitio oficial de la Cámara de Diputados: <http://www.diputados .gob.mx/ LeyesBiblio/index.htm>. fecha de consulta: 04 de mayo de 2020

*"**Artículo 25.-** El escrito en que consten las condiciones de trabajo deberá contener:*

I…

*II. **Si la relación de trabajo es para obra o tiempo determinado, por temporada, de capacitación inicial o por tiempo indeterminado y, en su caso, si está sujeta a un periodo de prueba;***

…"

La reforma del 30 de noviembre de año 2012, intentó flexibilizar las relaciones de trabajo incorporando en la Legislación Laboral nuevas formas de contratación como la contratación por temporada, capacitación inicial y periodo de prueba, reguladas en los artículos del 35 a 39-F de la misma Ley; sin embargo, esas formas de contratación han sido poco utilizadas por los empleadores.

Regularmente la patronal intenta restringir los derechos del trabajador a través del Contrato Individual de Trabajo por "Tiempo Determinado", desafortunadamente el artículo 37 de la L.F.T:[22].F.T., establece condiciones limitantes para utilizar esta forma de contratación al decir:

"**Artículo 37.-** *El señalamiento de un tiempo determinado puede únicamente estipularse en los caso siguientes:*

I. *Cuando lo exija la naturaleza del trabajo que se va a prestar;*

II. *Cuando tenga por objeto substituir temporalmente a otro trabajador; y*

III. *En los demás casos previstos por esta Ley.*"

Para dejar bien claro este artículo, ejemplificaré a manera de preguntas y respuestas, por cada una de las fracciones del artículo antes mencionado:

1. ¿Se justifica hacer un "¿Contrato Individual de Trabajo por Tiempo Determinado", por el periodo de 3 meses contados del 1° de enero al 31 de marzo del año 2020, para realizar una auditoria en la empresa?

Respuesta: Sí, en este supuesto está más que justificado contratar a los empleados especializados por un tiempo determinado; en primer lugar, porque en la empresa no cuentas con el personal capacitado en el tema de auditorías; por otro lado, sería un gasto excesivo contratar al personal todo el año, sí su trabajo solamente lo harán en 3 meses.

2. Se justifica hacer un ¿Contrato Individual de Trabajo por Tiempo Determinado", por el periodo de 4 meses para cubrir el periodo de descanso de seis semanas anteriores y seis posteriores al parto de las madres trabajadoras?

---

22 Ibídem Artículo 37. fecha de consulta: 04 de mayo de 2020

Respuesta: Sí, en este caso se encuentra justificada la contratación por el tiempo determinado para salvaguardar la vida y salud tanto de la trabajadora como de su producto.

3. Se justifica hacer un ¿Contrato Individual de Trabajo por <u>Tiempo Determinado</u>", por el periodo de un año para 1 año para un Médico residente?

Respuesta: Sí, en este caso se encuentra fundamentación legal en el Titulo Sexto denominado "Trabajos Especiales" en su Capítulo XVI dedicado a los Trabajos de Médicos Residentes en Período de Adiestramiento en una Especialidad de la L.F.T. en, que contempla en su artículo 353-F[23] lo siguiente:

> "**Artículo 353-F.-** La relación de trabajo será por tiempo determinado, no menor de un año ni mayor del período de duración de la residencia necesaria para obtener el Certificado de Especialización correspondiente, tomándose en cuenta a este último respecto las causas de rescisión señaladas en el artículo 353. G."

A propósito de los trabajos especiales considerados por el mismo Título Sexto de la L.F.T., en la tabla que a continuación se presenta podrás apreciar que se permite la Contratación por <u>Tiempo Determinado</u> para algunos Trabajos especiales; en tabla verás cuales son esos trabajos especiales, así mismo se puede ver el capítulo correspondiente, el artículo en el cual se encuentra previsto y el texto del precepto legal, es una guía para estos casos especiales le resultará muy útil para cuando necesites aplicarlos en tus contratos individuales de trabajo:

	TÍTULO SEXTO DE LA L.F.T.				
TRABAJOS ESPECIALES	Trabajadores de los buques	Trabajadores del campo	Deportistas profesionales	Trabajadores actores y músicos	Médicos Residentes en Período de Adiestramiento en una Especialidad
CAPÍTULO	III	VIII	X	XI	XVI
ARTÍCULO	Fracción IV, del artículo 195 Bis	279. Bis	293	305	353-F

23 Ibídem Artículo 353-F. fecha de consulta: 04 de mayo de 2020

TEXTO	El escrito a que se refiere el artículo anterior contendrá: ... IV. Si se celebra por tiempo determinado, por tiempo indeterminado o por viaje o viajes	Trabajador eventual del campo es aquél que, sin ser permanente ni estacional, desempeña actividades ocasionales en el medio rural, que pueden ser por obra y tiempo determinado, de acuerdo a lo establecido en la presente Ley.	Las relaciones de trabajo pueden ser por tiempo determinado, por tiempo indeterminado, para una o varias temporadas o para la celebración de uno o varios eventos o funciones. A falta de estipulaciones expresas, la relación será por tiempo indeterminado.	Las relaciones de trabajo pueden ser por tiempo determinado o por tiempo indeterminado, para varias temporadas o para la celebración de una o varias funciones, representaciones o actuaciones. No es aplicable la disposición contenida en el artículo 39.	La relación de trabajo será por tiempo determinado, no menor de un año ni mayor del período de duración de la residencia necesaria para obtener el Certificado de Especialización correspondiente, tomándose en cuenta a este último respecto las causas de rescisión señaladas en el artículo 353. G. En relación con este Capítulo, no regirá lo dispuesto por el artículo 39 de esta ley.

Consejo: usar y no abusar de los contratos individuales de trabajo por tiempo determinado o cualquiera de las otras formas de contratación laboral que tienen como objetivo principal flexibilizar las relaciones laborales y proveer a los factores de la producción de mejores herramientas para que las relaciones en la que sea necesario desempeñar actividades ocasionales sean más justas y equitativas.

Ya sea como trabajador, empleador o asesor jurídico, es importante iniciar el sistema preventivo de contingencias laborales con un buen contrato individual de trabajo, tomando en consideración las realidades antes explicadas; así mismo, hay que recordar que pactar condiciones fuera de los parámetros o márgenes mínimos, será causa de nulidad del contrato.

Para explicarlo de forma sencilla, en caso de estipular en el contrato que el trabajador laborará en una jornada de lunes a domingo, sin descanso, de 06:00 am a 18:00 p.m., y con un salario diario menor al mínimo; independientemente de que las partes hayan manifestado su voluntad y aceptado las cláusulas que estipulan dichas condiciones, incluso estampando su huella y firma, el contrato será considerado NULO.

La reforma a la L.F.T. del 30 de noviembre del año 2012, intentó flexibilizar las relaciones laborales con la reglamentación de la sub contratación, las concernientes a nuevas formas de contratación considerando su duración conforme el ya comentado artículo 25 de la Ley y el tele-trabajo o trabajo a domicilio que el trabajador realiza con el uso de las TIC´s, regulado en el segundo párrafo del artículo 311[24] que dice:

"*Art. 311…*

Será considerado como trabajo a domicilio el que se realiza a distancia utilizando tecnologías de la información y la comunicación."

Para contribuir de manera práctica en la realización de contratos individuales de trabajo que se ajusten a las necesidades de cada centro laboral y respete los derechos humanos de la parte trabajadora, te compartiré la técnica para hacerlo de la manera correcta:

Después del análisis de riesgos del centro de trabajo, el primer paso que deben realizar es definir el título o denominación del contrato, recuerda que de la denominación que le otorgues al contrato individual de trabajo dependerán las condiciones en particular que deberás cumplir al momento de elaborar tu contrato y cumplir durante todo el desarrollo del vínculo de laboral.

Pongamos como ejemplo que en tu centro de trabajo tienes la necesidad de contratar al nuevo director de recursos financieros, el curricular y documentos que presenta el candidato son excelentes; sin embargo, no tiene antecedentes de experiencia laboral y eso hace dudar sobre sus conocimientos y habilidades inherentes al puesto de trabajo que aspira cubrir el puesto.

5.2 Denominación del Contrato

Dentro del siguiente catálogo escoge la denominación del contrato individual de trabajo de acuerdo a las necesidades del centro de trabajo y la naturaleza de la categoría o puesto a desempeñar.

FORMA O DENOMINACIÓN DEL CONTRATO INDIVIDUAL DE TRABAJO	POR TIEMPO DETERMINADO
	POR OBRA DETERMINADA
	POR TIEMPO INDETERMINADO
	POR CAPACITACIÓN INICIAL
	SUJETO A PERIODO DE PRUEBA

---

24 Ibídem Artículo 311-F. fecha de consulta: 07 de mayo de 2020.

CONTRATO INDIVIDUAL DE TRABAJO SUJETO A
PERIODO DE PRUEBA

5.3 Sujetos de derecho que intervienen

Resulta primordial saber ¿Quiénes celebran el contrato?, es la parte en la cual las partes se presentan con sus nombres completos o en caso de personas morales con su nombre completo y el de su representante.

	TEXTO SUGERIDO
ENTRE PERSONAS FÍSICAS	CELEBRADO ENTRE EL C. MARCO HARCON QUIEN EN LO SUCESIVO ES LA "PARTE EMPLEADORA" Y LA C. MARTINA GALLARDO QUIEN EN LO SUCESIVO ES LA "PARTE EMPLEADA", BAJO LAS SIGUIENTES DECLARACIONES Y CLÁUSULAS:
ENTRE PERSONA MORAL Y FÍSICA	QUE CELEBRAN, HARCON S. DE R.L. DE C.V., REPRESENTADA POR SU ADMINISTRADOR ÚNICO C. MARCO HARCON, QUIEN EN LO SUCESIVO SE LE DENOMINARÁ LA "PARTE EMPLEADORA"; Y, POR LA OTRA, LA C. MARTINA GALLARDO, POR SU PROPIO DERECHO, QUIEN EN LO SUCESIVO SE LE DENOMIARÁ LA "PARTE EMPLEADA", AL TENOR DE LAS SIGUIENTES DECLARACIONES Y CLAUSULAS:

5.4 Declaraciones (datos generales, documentación y capacidad)

Tanto empleador como empleado deben hacerse declaraciones mutuas respecto al nombre que quedó escrito en el preámbulo, su carácter como sujetos intervinientes, domicilio y documentación que soporta su identificación; así como, por qué tienen la necesidad de realizar el contrato y por último, pero no menos importante, la declaración de tener la capacidad de solventar las obligaciones inherentes al contrato.

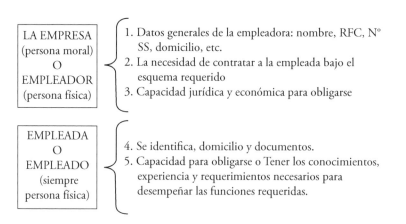

LA EMPRESA (persona moral) O EMPLEADOR (persona física)

1. Datos generales de la empleadora: nombre, RFC, N° SS, domicilio, etc.
2. La necesidad de contratar a la empleada bajo el esquema requerido
3. Capacidad jurídica y económica para obligarse

EMPLEADA O EMPLEADO (siempre persona física)

4. Se identifica, domicilio y documentos.
5. Capacidad para obligarse o Tener los conocimientos, experiencia y requerimientos necesarios para desempeñar las funciones requeridas.

Se sugiere iniciar cada una de las declaraciones con el carácter de quien realiza la declaración, por ejemplo:

La "PARTE EMPLEADA" declara…

TEXTOS SUGERIDO
1.- La "PARTE EMPLEADORA" declara por sus generales, ser una sociedad mexicana constituida como HARCON S DE RL DE CV, con registro federal de contribuyentes HARCON721120I1 y registro patronal No. C00 00 1111 10 2 con domicilio en: 1°de Mayo 123, colonia Obrera, Toluca de Lerdo, Estado de México C.P. 50000 y tener como objeto social el de: la prestación de servicios legales y contables.
2.- La "PARTE EMPLEADORA" declara tener necesidad de contratar por un periodo de prueba a la "PARTE EMPLEADA" un trabajador con la categoría de director de recursos financieros.
3.- La "PARTE EMPLEADORA" declara que cuenta con la capacidad jurídica suficiente y bastante para celebrar el presente contrato; así como, para cumplir con las obligaciones obrero-patronales que se deriven del presente contrato.
4.- La "PARTE EMPLEADA" declara llamarse Martina Gallardo, con 30 años cumplidos, Sexo femenino, Nacionalidad **Mexicana,** con R.F.C. **MGAL881010; N.S.S.1; quien se identifica con credencial expedida por el INE número HADKKD1111; y,** domicilio ubicado en: Pino # 8, colonia Patrono, Toluca de Lerdo, Estado de México C.P. 30000.
5.- La "PARTE EMPLEADA" declara tener los conocimientos, experiencia y requerimientos necesarios para desempeñar sus funciones como director de recursos financieros.

5.5 Cláusulas

Recomendación previa: ubica en la Ley los artículos aplicables para la contratación necesites, para el caso que nos ocupa, son aplicables los artículos 39-A, 39-B y 39-E de la L.F.T.

Ahora sí, puedes iniciar con el clausulado del contrato, en la primera cláusula debes establecer el tiempo determinado de 30 días por estar **SUJETO A PERIODO DE PRUEBA** y la posibilidad de extenderse hasta por 180 días por ser un puesto de dirección.

TEXTO SUGERIDO

PRIMERA. - Este contrato se celebra por tiempo determinado de **30 días** a partir del 1°
al 30 de enero de 2020; termino en el cual la parte empleada estará en periodo de prueba;
así mismo, las partes convienen la posibilidad de extender el termino del contrato hasta
por 180 días más, contados a partir de la fecha de vencimiento, en virtud de la naturaleza
del puesto o categoría de Director de Recursos Financieros; sin que esto signifique que el
contrato se considere por tiempo indeterminado.

El presente contrato y será modificado, suspendido, rescindido o terminado en los casos
y con los requisitos establecidos en la Ley Federal del Trabajo y el reglamento Interior de
trabajo.

Ahora bien, debemos tomar en consideración la naturaleza misma de la contratación, es por ello, que en el presente caso tenemos que prevenir que la finalidad de
contratar a una persona por un periodo de prueba; es que la Patronal se cerciore de
las capacidades y competencias del aspirante a ocupar el puesto de forma definitiva.

Por tanto, debemos establecer como segunda cláusula, lo que sucederá en el supuesto de que La "PARTE EMPLEADA" no acredite las capacidades y competencias
necesarias para desarrollar la labor encomendada, así:

TEXTO SUGERIDO

SEGUNDA.- En caso de que la "PARTE EMPLEADA" no acredite los requisitos y
conocimientos necesarios para desarrollar las labores inherentes a la categoría de Director
de Recursos Financieros, se dará por terminada la relación de trabajo, sin responsabilidad
para el patrón de conformidad con lo establecido en el segundo párrafo del artículo 39-B y
el reglamento interior.

Ojo, mucho ojo en esta parte, para el caso que nos ocupa será sumamente importante que tu empresa cuente con un Reglamento Interior de Trabajo y en ese
reglamente se debe establecer el procedimiento para conformar una Comisión Mixta
de Productividad, Capacitación y Adiestramiento, integrada por igual número de
representantes de trabajadores y patrones, como lo establece el artículo 153-E:[25] que
en su parte importante dice:

> "Artículo 153-E. En las empresas que tengan más de 50 trabajadores
> se constituirán Comisiones Mixtas de Capacitación, Adiestramiento y
> Productividad, integradas por igual número de representantes de los
> trabajadores y de los patrones…"

---

25 Ibídem Artículo 153-E. fecha de consulta: 07 de mayo de 2020

Ahora bien, eso nos servirá para cumplir con lo estipulado por el artículo 39-B de la L.F.T., ya que a dicha Comisión es a la que se debe tomar opinión para dar por terminada la relación laboral cuando el trabajador no cumpla con las competencias y capacidades propias del puesto o categoría.

En las siguientes cláusulas se deben establecer las condiciones fundamentales de salario respecto a su cantidad, forma y lugar de pago; la jornada y horario laboral; establecer el día de descanso semanal y en caso de que se diera el supuesto el día o días de descanso obligatorio; además, los derechos de seguridad social y reparto de utilidades; además de las prestaciones inherentes a la categoría que desempeñará la "PARTE EMPLEADA".

5.6 Otras cláusulas

Instrucciones: De acuerdo a las necesidades del centro de trabajo, concluye la redacción del clausulado con los conceptos señalados a continuación:

CLÁUSULA	CONCEPTOS
TERCERA	Lugar de la prestación del Servicio
CUARTA	Tiempo semanal de trabajo en horas divididas en jornadas, diurnas, mixtas o nocturnas
QUINTA	Salario diario, semanal o quincenal $000.00 M.N.
SEXTA	Días y lugar de pago.
SÉPTIMA	Aguinaldo de conformidad con lo establecido en el artículo 87 de la L.F.T.
OCTAVA	Vacaciones y prima vacacional de conformidad con lo establecido en los artículos 76 y 79 de la LFT
NOVENA	Día de descanso semanal (enumerar días los señalados en el artículo 70 de la L.F.T.)
DÉCIMA	El Trabajador se someterá al sistema de control de asistencia y puntualidad que establezca la empresa
DÉCIMO PRIMERA	Tiempo extra, en términos de los artículos 66, 67 y 68 de la L.F.T.
DÉCIMO SEGUNDA	Las partes firma del contrato de las partes ante 2 testigos; el trabajador recibe una copia del mismo y otra del Reglamento Interior de Trabajo; ambas partes se obligan expresamente a cumplir con las obligaciones establecidas en dichos documentos, así como con las que les impone la L.F.T. y del Seguro Social.

Al final del libro encontraras un apartado especial con las dinámicas resueltas; te recomiendo que lo hagas por tu propia cuenta y después compares para evaluar tanto los conocimientos como la técnica jurídica para realizar los contratos individuales de trabajo.

Como podrás observar en estos casos especiales debes excluir cláusulas que resultan inaplicables para el caso concreto, como sería el caso de la cláusula relativo a los días de descanso obligatorio de conformidad con lo establecido en el artículo 74; es ahí donde radica la importancia de omitir ocupar formatos establecidos y hacer contratos individuales de trabajo acordes a las necesidades del centro de trabajo y la naturaleza del servicio requerido.

Quizá lo aparentemente engorroso de estas formas de contratación ha evitado que los empleadores las utilicen de manera cotidiana, pero las reglas están muy claras; y, en los casos en que te beneficie la aplicación de las nuevas formas de contratación para uno o más trabajadores, lo mejor será que en la medida de tus posibilidades te apoyes en el asesoramiento de un profesional en materia de derecho del trabajo para que la implementación de esas diversas formas de contratar a tus empleados estén ajustadas a Derecho.

Asegúrate que a cambio de la famosa "iguala" mensual que pagas por la prestación de los servicios legales de un profesional en materia del trabajo, sirva para evitar futuras problemáticas de índole laboral derivadas del incumplimiento del Contrato Individual de Trabajo.

Pero como lo habíamos comentado anteriormente lo que bien inicia bien termina; o, por lo menos es la intención de ambas partes tienen cuando deciden iniciar un vínculo de trabajo estando de por medio un contrato Individual de Trabajo; sin embargo, no siempre es así, los contratos de trabajo pueden terminar por diversas causas y por ende teniendo diversas consecuencias.

6. Terminación de la Relación Individual de Trabajo

Analizaremos a la terminación o quebrantamiento del vínculo jurídico del trabajo individual desde la perspectiva de fuente del conflicto laboral; en ese sentido, resulta muy común encontrarnos con dudas y malos entendidos tanto de patrones como del sector obrero, en relación a la responsabilidad patronal en la terminación de las relaciones de trabajo y el alcance de los derechos que haya generado el trabajador durante la prestación del servicio, sea por renuncia, despido o por alguna otra causa.

6.1 Causas y efectos de la terminación de la relación de trabajo

	CAUSAS	EFECTOS
TERMINACIÓN DE LA RELACIÓN DE TRABAJO	MUTUO CONSENTIMIENTO DE LAS PARTES. - En estos casos se puede realizar mediante **CONVENIO** de terminación de la relación laboral celebrado ante la Autoridad Laboral; o, Mediante una **RENUNCIA** voluntaria del trabajador	La patronal debe de pagar los derechos adquiridos y por el trabajador de forma proporcional al tiempo laborado (vacaciones, prima vacacional, aguinaldo, salarios devengados, días de descanso obligatorio, etcétera); ahora bien, si el trabajador tiene una antigüedad mayor a 15 años, adicionalmente la patronal debe cubrir al trabajador la prima de antigüedad consistente en 12 días de salario por cada año de servicios prestados, en los términos contemplados por el artículo 162 de L.F.T.
	MUERTE DEL TRABAJADOR	En este supuesto depende de si la muerte es consecuencia de un riesgo de trabajo, además del pago de los derechos adquiridos y la prima de antigüedad por parte del patrón; el Instituto Mexicano del Seguro Social (IMSS) deberá pagar a sus beneficiarios la pensión correspondiente.
	VENCIMIENTO DEL PLAZO CUMPLIMIENTO DE LA OBRA	Conforme al cuadro anterior depende de la modalidad del contrato individual de trabajo.
	INCAPACIDAD FÍSICA O MENTAL O INHABILIDAD MANIFIESTA DEL TRABAJADOR, QUE HAGA IMPOSIBLE LA PRESTACIÓN DEL TRABAJO	Si la incapacidad no proviene de un riesgo profesional de trabajo la patronal debe pagar un mes de sueldo (como indemnización) y prima de antigüedad; si lo desea el trabajador y es posible otro empleo compatible con sus aptitudes, sin perjuicio de establecer las condiciones laborales acordes a ese nuevo puesto. Para el caso que la incapacidad sea derivada de un riesgo de trabajo la indemnización consistirá en una cantidad equivalente al importe de mil noventa y cinco días de salario, sus derechos adquiridos y los de seguridad social por lo que el IMSS.
	* FUERZA MAYOR * INCOSTEABLE LA EXPLOTACIÓN. * AGOTAMIENTO DE LA MATERIA. * ART. 38. * QUIEBRA DECLARADA	La patronal debe pagar a los trabajadores afectados 3 meses de salarios, prima de antigüedad, los derechos adquiridos y salarios vencidos desde la fecha de la separación del trabajador hasta aquélla en que se pague la indemnización.

Ahora bien, así como en la vida cotidiana de las relaciones laborales se presentan diversas razones para que un trabajador deja de prestar sus servicios a un patrón, igualmente existen diferentes consecuencias establecidas en la LFT para aplicarse al caso concreto, por lo que no es posible dar una respuesta única a la pregunta de ¿Cuánto le corresponde a un trabajador al terminar la relación de trabajo?

Sin embargo, en las siguientes líneas, se desarrollará en cada caso las obligaciones patronales ante la terminación de la relación de trabajo.

El mutuo consentimiento de las partes. – La Ley contempla en la fracción I del artículo 53, que las partes pueden dar por terminada la relación de trabajo si están de acuerdo mediante un acto bilateral ante la Autoridad Laboral mediante la firma de un convenio; o, bien simplemente mediante la manifestación libre y voluntaria por escrito o verbal de la parte obrera de RENUNCIAR al vínculo de trabajado o contrato de trabajo como acto unilateral que se supone consiente o acepta la parte patronal.

Lamentablemente la llamada RENUNCIA del trabajador ha sido utilizada como una forma más de simulación en el derecho laboral, pues la práctica de firmar el escrito de renuncia anticipadamente al momento de ser contratado la parte empleada sin fecha (para colocarla después) o la firma de hojas en blanco para después convertirlas en escritos de renuncia se ha vuelto común.

Ahora bien, respecto a las consecuencias de terminar la relación laboral por mutuo acuerdo dependerá directamente de la antigüedad de la prestación del servicio, ya que, si la parte trabajadora tiene menos de 15 años, solamente habrá que pagarle sus derechos adquiridos e irrenunciables del último año laborado; sin embargo, si el trabajador tiene 15 años o más, la patronal debe cubrir adicionalmente a dichas prestaciones generadas en el último año o periodo la prima de antigüedad de acuerdo al artículo 162 de la LFT.

La muerte del trabajador. – Resulta obvio que en el caso de la muerte del sujeto de derecho denominado trabajador el vínculo de trabajo se culmina; así lo estipula la fracción II del mismo artículo 53 de la LFT. Sin embargo, lo relevante en este supuesto de terminación de la relación de trabajo, es que la responsabilidad del patrón frente a los derechos del empleado resulta distinta, pues, si la muerte no es consecuencia de un riesgo de trabajo, deberá pagarse a los beneficiarios del trabajador (declarados por la Autoridad Laboral) sus derechos adquiridos durante el último año o periodo laborado y su prima de antigüedad.

Ahora bien, si la muerte del trabajador deriva de un riesgo de trabajo, además del pago de sus derechos adquiridos durante el último año o periodo laborado y su prima de antigüedad por parte de la parte patronal; el Instituto Mexicano del Seguro Social (IMSS) deberá pagar a sus beneficiarios la pensión correspondiente.

La terminación del contrato de un trabajador eventual o transitorio. – Como ya lo analizamos anteriormente, de acuerdo a la naturaleza del trabajo o las necesidades del servicio un trabajador puede ser contratado por obra o tiempo determinado; ahora bien, para el caso que nos ocupa en el presente apartado según la fracción III del artículo 53, al determinar la vigencia del contrato se termina la relación de trabajo, con la condición de que no subsistan las causas que le dieron origen el vínculo jurídico del trabajo; en estos casos, se terminará sin responsabilidad del patrón, más que el pago de los derechos generados por el trabajador.

La incapacidad total permanente del trabajador. - De acuerdo a la LFT se entiende por incapacidad total permanente la pérdida de facultades o aptitudes de una persona, que la imposibiliten para desempeñar cualquier trabajo por el resto de su vida, sin importar la naturaleza del riesgo que la haya producido.

Luego entonces, para este tipo de supuestos la característica importante de la incapacidad es que haga imposible la prestación del servicio o trabajo, es ahí donde, la incapacidad repercute para la terminación de la relación de trabajo. Ahora bien, hablando de obligaciones patronales, lo importante es la determinación de si la incapacidad proviene o no de un riesgo de trabajo.

Para el caso de que NO provenga de un riesgo de trabajo, el patrón tiene la obligación de pagar a la parte trabajadora un mes de salario y la prima de antigüedad.

Sin embargo, si la incapacidad total permanente proviene de un riesgo de trabajo, de acuerdo a la Ley del Seguro Social, se entregará el total de los depósitos constituidos ante el Fondo Nacional de la Vivienda, a él o sus beneficiarios, con una cantidad adicional igual a dichos depósitos; así como, todos los derechos de seguridad social que debe cumplir el IMSS, como el caso de la pensión del trabajador; y, el pago de la indemnización equivalente al importe de mil noventa y cinco días de salario; así como, la liquidación de sus derechos adquiridos.

Como nota adicional, de ser posible y si el trabajador lo desea, en vez de la liquidación podrá el patrón proporcionarle otro empleo compatible con sus aptitudes.

Los casos a los que se refiere el artículo 434 de la LFT. - La fuerza mayor, el caso fortuito, la incapacidad o muerte del patrón que produzca necesariamente la terminación de los trabajos, la incostiabilidad de la explotación y el concurso o quiebra que provocan el cierre definitivo de la empresa o la reducción definitiva de sus trabajos.

En estos casos la patronal deberá pagar a los trabajadores afectados 3 meses de salarios, la prima de antigüedad y, en su caso, los salarios vencidos desde la fecha de la separación del trabajador hasta aquélla en que se pague la indemnización.

La L.F.T., distingue entre la "**terminación**" y la "**rescisión**" de la Relación Individual del Trabajo; en ese sentido se debe entender por terminación de la relación de trabajo, como el rompimiento la relación laboral por mutuo consentimiento o como consecuencia de un hecho que hace imposible la continuación de la relación independientemente de la voluntad de las partes.

6.2 Terminación justificada de la relación de trabajo.

Lo ideal es que el Contrato Individual de trabajo cumpla con los objetivos y fines que persiguen las partes al vincularse en una relación de trabajo, que tanto la parte empleadora como la parte empleada cumplan con las obligaciones inherentes al vínculo contractual y reciban lo que por derecho les corresponde.

CAUSAS JUSTIFICADAS DE TERMINACIÓN DE ACUERDO A LA DENOMINACIÓN DEL PROPIO CONTRATO INDIVIDUAL DE TRABAJO	
POR TIEMPO DETERMINADO	· SEÑALA LA FECHA DE INICIO Y TERMINO (del 1° de enero al 31 de marzo de 2020) · SEÑALA UN PLAZO EN EL QUE SE PRESTARÁ EL SERVICIO (tres meses)
POR OBRA DETERMINADA	· LA NATURALEZA DEL TRABAJO DE-TERMINA EL INICIO DEL CONTRATO Y SU TÉRMINO (contratas a un Auditor por el tiempo que durará la Auditoria". El contrato subsistirá hasta la materia del trabajo subsista.
POR CAPACITACIÓN INICIAL	· **3 meses o 6 meses** para puestos de dirección, gerenciales y demás personas que ejerzan funciones de dirección o administración en la empresa o establecimiento de carácter general o para desempeñar labores que requieran conocimientos profesionales especializados
SUJETO A PERIODO DE PRUEBA	· **30 días y se puede extender hasta 180 días** para puestos de dirección, gerenciales y demás personas que ejerzan funciones de dirección o administración en la empresa o establecimiento de carácter general o para desempeñar labores técnicas o profesionales especializadas

De acuerdo a las modalidades de contratación que se observan en el cuadro anterior, las partes pueden vincularse en una relación de trabajo por periodos determinados o para la realización de una obra determinada; es por ello que de las propias modalidades de contratación se desprende una de las formas en que se termina con la relación de trabajo en esos casos en específico, se trata de una terminación justificada de la relación de trabajo.

El despido justificado. - Si el trabajador es despedido en forma justificada por haber incurrido en alguna de las causales previstas en el artículo 47 de la LFT, el patrón deberá pagarle a la parte trabajadora sus derechos adquiridos e irrenunciables del último año o periodo laborado y la prima de antigüedad correspondiente y proporcional al tiempo que prestó sus servicios.

La rescisión justificada del trabajador por causas imputables al patrón. -Cuando el trabajador rescinda la relación de trabajo por causas imputables al patrón, tiene derecho al pago de una indemnización constitucional, indemnización de 20 días de salario por cada año de servicios prestado, prima de antigüedad y derechos adquiridos por el último periodo o año laborado.

La sustitución de trabajadores por maquinaria o nuevos procedimientos de trabajo. - En estos casos la patronal tiene la obligación de pagar a la clase trabajadora reajustados 4 meses de salario, 20 días de salario por cada año de servicios prestados y la prima de antigüedad, y, en su caso, los salarios vencidos desde la fecha del reajuste hasta que se pague al trabajador la indemnización.

Es importante destacar que algunos casos exigen la autorización previa o la aprobación posterior del Tribunal Laboral, lo que a su vez supone el desarrollo de distintos procedimientos jurisdiccionales, de acuerdo al artículo 439 de la LFT.

Todos los supuestos aquí contemplados se refieren exclusivamente a las previsiones de la LFT. Es habitual que en los contratos colectivos de trabajo se mejoren las condiciones legales, en cuyo caso hay que atenerse al contenido de los mismos.

Hemos previsto casi la totalidad de los supuestos contemplados en la Ley laboral en relación a este tema. Los que no han sido aquí previstos responden a situaciones verdaderamente excepcionales, por lo que no ameritan su inclusión.

6.3 La rescisión

Por otro lado, la rescisión del contrato o vínculo de trabajo, es la disolución de las relaciones de trabajo, decretada por uno de sus sujetos, cuando el otro incumple gravemente sus obligaciones.

OTRAS CAUSAS POR LAS QUE TERMINAN LAS RELACIONES DE TRABAJO	• RESCISIÓN DE LA RELACIÓN LABORAL POR CAUSAS IMPUTABLES AL TRABAJADOR o DESPIDO JUSTIFICADO ART. 46, 47. • RESCISIÓN DE LA RELACIÓN LABORAL POR CAUSAS IMPUTABLES AL PATRÓN y 51 y 52 de la L.F.T. • RENUNCIA DEL TRABAJADOR

Como puedes apreciar en el anterior cuadro conceptual, la figura de la "RESCISIÓN" de la Relación Laboral puede ser utilizada por cualquiera de las partes que se sienta dolida por el incumplimiento de las condiciones pactadas; para el caso de rescisión por causas imputables a la patronal, la parte trabajadora hace valer la causa de la rescisión mediante una demanda de juicio ordinario, cuando el patrón incurra en alguna de las causas previstas en las diez fracciones del artículo 51, bajo la condición del artículo 52 y las indemnizaciones del artículo 50[26] todos de la L.F.T.

La Ley equipara la "rescisión" con el "despido "justificado"; sin embargo, en la práctica cuando un trabajador nos habla de que ha sido "despedido", es porque considera que dicho despido es injustificado, incluso existiendo una causa real por la que la patronal decide rescindir el vínculo de trabajo y como consecuencia un procedimiento rescisorio, el trabajador sigue insistiendo en que el despido fue injustificado.

El artículo 47[27] de la L.F.T., ofrece un catalogó extenso para que la Patronal elija entre XV fracciones con causas distintas, incluida una XIV Bis.; es decir, hay una gama extensa de causales por las cuales el patrón puede iniciar el procedimiento rescisorio, procedimiento que es oportuno mencionar que técnicamente es complicado, sino se respetan los parámetros y términos para desahogarlo, suelen acarrear al patrón laudo condenables y cuantiosos.

El mismo artículo 47 de la LFT, en su parte final nos indica la forma en la que debemos entregar el aviso de rescisión al trabajador en caso de que incurran en causas que dan origen al quebrantamiento del vínculo de trabajo por causas imputables al trabajador; así mismo, indica que la sanción correspondiente para el caso de no cumplir con entregar el aviso rescisorio al trabajador de forma personal o por conducto de la Junta, por sí sola determinará la separación no justificada y, en consecuencia, la nulidad del despido; es decir, se tendrá por acreditado el despido injustificado.

Por lo anterior, es primordial que la patronal cumpla con las reglas del procedimiento rescisorio tal y como lo indica la parte final del mencionado artículo 47; ahora bien, existen 2 formas de entregar el aviso de rescisión, los cuales analizaremos en el siguiente inciso.

6.4 Procedimiento rescisorio

En el siguiente diagrama de flujo se pueden observar los pasos a seguir para entregar de manera directa al trabajador el aviso rescisorio; en este supuesto, la dificultad para el Patrón, radica en el hecho, de que el trabajador nunca o casi nunca recibe el aviso de rescisión.

---

26 Ibídem Artículos 50, 51 y 52. fecha de consulta: 12 de mayo de 2020
27 Ibídem Artículo 47. Fecha de consulta: 12 de mayo de 2020

Supuesto 1

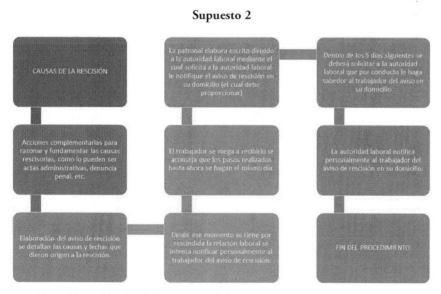

En la práctica cotidiana el trabajador no recibe el aviso de rescisión, ante Como se mencionó anteriormente, solamente en casos excepcionales en que se encuentra infraganti al trabajador realizando un acto que diera origen a la rescisión del contrato de trabajo, es cuando el En el primer supuesto la única complicación es lograr que el trabajador reciba de conformidad el aviso de rescisión; lo cual resulta casi imposible, pues nadie aceptará haber incurrido en causales de rescisión.

Supuesto 2

Ahora bien, el hecho de haber cumplido con entregar el aviso de rescisión al trabajador, no significa que el procedimiento de rescisión se ha realizado correctamente.

En estos casos suele existir confusión entre llevar el procedimiento rescisorio conforme los requisitos formales, términos y plazos establecidos por la Ley; y, la obligación de acreditar la causa de rescisión para que esta sea verdaderamente justificada.

Para decirlo con palabras sencillas, además de solicitar a la Autoridad laboral que por su conducto entregue el aviso rescisorio al trabajador, la demandante patronal debe de exponer las razones y fundamentos en los que sustente su decisión de rescindir el vínculo laboral; así como, tener los medios de prueba necesarios para acreditar la causal que se está utilizando.

Ejemplo:

En el caso hipotético de rescindir la relación laboral con un trabajador, que lleva más de 3 faltas de asistencia al trabajo consecutivas en el periodo de 30 días, para ello debe fundar y motivar tu aviso de rescisión **únicamente** en la fracción X del artículo 47 de la Ley, no necesitas indicar más fracciones; reitero, únicamente la fracción X.

Ahora bien, la pregunta importante es:

¿Qué se necesita para acreditar las faltas de asistencia del trabajador?

Respuesta. – El artículo 784 fracciones III y IV en relación con el artículo 804 fracción III, nos da la respuesta, pues la LFT es muy clara en indicar que corresponde a la patronal la obligación legal de conservar en la empresa los Controles de asistencia; es decir, con las tarjetas de asistencia, libreta de registro, sistema biométrico, etcétera; en estos casos la asistencia del trabajador a la fuente laboral mediante el registro regular y la falta de registro en los días en que omitió asistir a laborar el empleado, es la evidencia que será útil para acreditar en Juicio las causales de rescisión.

Cuando tienes los elementos necesarios y suficientes para acreditar las causas de rescisión en las que sustento el aviso de rescisión, con ese último paso se cerrará el círculo que todo procedimiento rescisorio debe cumplir para ser efectivo.

Incluso frente a una demanda de juicio ordinario donde el trabajador alegue un despido injustificado.

Por ello es necesario que antes de iniciar un procedimiento rescisorio se aseguren sin temor a equivocarse, que podrán demostrar la causal o causales por las cuales rescindes la relación laboral y el contrato laboral de uno o varios trabajadores; máxime que cada caso en concreto es diferente, no sólo por las causas de rescisión, sino que por las características propias del trabajador.

6.5 Caso especial del Procedimiento rescisorio

Recordemos que La Ley Laboral es proteccionista de la clase trabajadora y unos de los derechos consagrados es el de la estabilidad en el empleo, es por ello que para los casos en que se decida rescindir la relación de trabajo de un empleado de más de 20 años de servicios debes considerar lo que estipula el artículo 161[28] de la L.F.T.; pues para ellos solamente puedes rescindir la relación laboral "...*por alguna de las causas señaladas en el artículo 47,* **que sea particularmente _grave_ o que haga _imposible su continuación_...**".

Como puedes observar la complejidad de los procesos rescisorios requiere de una técnica jurídica de alto nivel para aplicar de manera correcta un procedimiento rescisorio es compleja, para el caso anterior la Ley no te dice que se entiende por una causa "*particularmente grave*", en mi opinión, la gravedad de la causa de la rescisión o de la imposibilidad de la continuación del vínculo de trabajo, queda a la interpretación subjetiva de quien sufre el agravio. Los supuestos previstos en las fracciones II, VIII, IX y XIV del artículo 47 sugieren en su contexto la perdida de la confianza, lo cual podría considerarse como una circunstancia "*particularmente grave*"; sin embargo, sigue quedando a la interpretación.

Respecto al resto de las fracciones (III, IV, V, VI, VII, X, XI, XII, XIII y XV) su calificación como causa grave o que imposibilita la continuación del vínculo de trabajo, depende en forma directa de las consecuencias que se desprendan de las conductas realizadas por el trabajador y por ende es aún más subjetiva su aplicación.

Es por ello que se insiste que el mejor consejo para realizar un procedimiento rescisorio es asesorarse por un especialista en el tema; penosamente, en la práctica el procedimiento de rescisión es realizado comúnmente por el personal de las áreas administrativas de las empresas y solamente llaman al abogado cuando se percatan que hicieron el procedimiento fuera del termino o con deficiencias.

---

28 Ibídem Artículo 47. fecha de consulta: fecha de consulta: 18 de mayo de 2020

La evolución del mencionado artículo 47 respecto al procedimiento que se debe seguir para rescindir la relación laboral, ha venido poniendo piedras en el zapato de la patronal ya que en la reforma de 1980 se hizo obligatorio la entrega personal al trabajador del aviso de rescisión; en la reforma del año 2012, además se deben expresar las causas y las fecha de los hechos que motivaron la rescisión y se adicionó que la prescripción no correrá hasta que el trabajador no reciba el aviso; y, en la reciente reforma del 1° de mayo de 2019 se agregó al último párrafo "*salvo prueba en contrario que acredite que el despido fue justificado*", al referirse que "*La falta de aviso al trabajador personalmente o por conducto del Tribunal, por sí sola presumirá la separación no justificada,…*".

Esta última adición al párrafo último del artículo 47 de la L.F.T., sugiere una segunda oportunidad de defensa para la parte empleadora (demandada) para acreditar las causas de rescisión, como excepciones y defensas dentro de un Juicio Ordinario iniciado por la parte trabajadora (actora) que se dice despedido injustificadamente. En mi opinión esto no exime a la parte empleadora de llevar a cabo un procedimiento de rescisión conforme lo estipula la parte final del artículo 47, pero si es un segundo chance para demostrar que existió justificación para rescindir la relación de trabajo.

Sin embargo, para una defensa eficaz basada en la Estrategia Laboral Litigiosa Preventiva se debe contar con los elementos de prueba necesarios y suficientes para acreditar las causas de rescisión aun como prueba en contrario; eso significa que la patronal debe tener una administración sana y responsable frente a sus trabajadores.

Las consecuencias de realizar un procedimiento rescisorio fuera de los parámetros legales, es que presuntivamente exista un despido injustificado y consecuentemente una demanda laboral de juicio ordinario. Pero, porque resolver la consecuencia y no el problema; es decir, la rescisión o el despido injustificado es una consecuencia, NO EL CONFLICTO.

La nueva Justicia Laboral sugiere un cambio en la forma de pensar y actuar, un cambio de 180° mediante un sistema preventivo que ayude tanto a los trabajadores como a los patrones a resolver los conflictos laborales en el momento mismo que surjan dentro de la propia fuente laboral. Despresurizar a las Autoridades del Trabajo del Nuevo Modelo de Justicia Laboral debe hacerse desde la misma fuente de trabajo.

El sólo hecho de tener un Nuevo Modelo de Justicia Laboral, de ninguna manera resolverá las problemáticas que envuelven las relaciones de trabajo; no basta con la obligación de agotar una instancia conciliatoria previa para poder entablar una demanda laboral ante las nuevas autoridades laborales; no basta con tener Tribunales u Órganos Jurisdiccionales en Materia del Trabajo; y, tampoco serán suficientes todos los conciliadores laborales del mundo para resolver la enorme carga de trabajo que hoy en día tienen las Juntas de Conciliación y Arbitraje.

En la medida en que todos los involucrados colaboremos en la transformación hacia un nuevo y mejor modelo de justicia para resolver los conflictos y controversias laborales, los resultados serán óptimos y beneficiosos para todos. La paz social en nuestro País depende no solamente de la creación de empleos, sino de que esos empleos se sostengan y que en la medida de lo posible haya mejores relaciones entre patrones y trabajadores.

Se debe priorizar la participación directa de empleadores y empleados para solucionar los conflictos; sin embargo, la pregunta sería: ¿Estamos preparados para que las partes en conflicto dialoguen, busquen y encuentren la mejor solución a sus problemas? La idea es que esas diferencias o conflictos no se vuelvan controversias jurisdiccionales.

Capítulo II
El Conflicto Laboral

7. Conflicto

El conflicto puedes verlo de forma positiva o de forma negativa, depende desde que perspectiva analices el conflicto, tu ideología y pensamiento; así como, la forma en que abordan los sujetos interesados el evento conflictivo.

Generalmente se piensa que hablar del conflicto necesariamente es hablar de forma negativa; sin embargo, el conflicto no es malo, incluso pensar que el conflicto es natural entre los seres humanos que viven en sociedad, es lo correcto. Lo que no es correcto es pensar que todo conflicto genera problemáticas o violencia.

Negativa	Positiva
Crisis	Cambio
Pelea	Oportunidad
Pugna	Motor de Cambio
Competencia	Innovación
Oposición	Creatividad
Incompatibilidad	Progreso
Lucha	Reasignación de recursos
Contradicción	Pluralidad de ideas
Diferencia	Debate
Enfrentamiento	Atacar el problema
Tensión	Redefinición de relaciones.

7.1 Generalidades del Conflicto

Abordar el tema del conflicto laboral en lo particular resulta complejo pues de una sola situación que surja en el ámbito laboral puede presentarse, manifestarse y desarrollarse de diversas formas; dependerá siempre de las personas que intervienen en la situación, sus posiciones, intereses y necesidades.

Es por ello que, en los últimos diez años, la "Teoría del Conflicto" ha contribuido de manera importante en el estudio y comprensión del Conflicto Laboral pues como se mencionó en el párrafo anterior las eventuales problemáticas que pueden presentarse durante el desarrollo de cualquier relación laboral son diversas y complejas

En ese sentido, la teoría del conflicto en conjunto con la clasificación del Conflicto laboral que se desprende de la propia LFT, ayudará a desarrollar el tema:

Para el caso que nos ocupa, nos interesa el estudio y comprensión de los **conflictos o controversias individuales** de acuerdo a los intereses que afectan, de naturaleza **jurídica,** que se suscitan entre **trabajadores y patrones** de acuerdo a los sujetos que intervienen. Interés que se encuentra justificado, pues otro de los objetivos perseguidos por el presente manual, es aportar al lector herramientas adecuadas que le permitan gestionar las diferencias, conflictos y controversias, sin generar otros conflictos alternos o colaterales.

En el desarrollo del primer capítulo se expuso las diversas formas en que las relaciones de trabajo se presentan en el mundo real, un pasaje breve y conciso sobre los derechos y obligaciones inherentes para el sector patronal y obrero desde el momento mismo en que deciden iniciar un vínculo jurídico en el entorno laboral; derechos y obligaciones que perduran durante el desarrollo del vínculo y hasta por todo el tiempo que subsiste, incluso después de que éste se quebranta por algún motivo; ya que no hay que dejar de soslayar que existen derechos y obligaciones que se crean con la sola ruptura de las relaciones de trabajo, sin importar la causa que la generen.

Un hecho innegable es que las relaciones jurídicas perfeccionadas mediante un contrato crean, modifican o extinguen derechos y obligaciones; lo mismo sucede en el derecho del trabajo, pero recordemos que en el primer capítulo se dejó muy en claro que se presume el contrato de trabajo con la sola prestación del servicio de una persona física a otra moral o física; otra de las formas en que se da de facto una relación de trabajo es la existencia de la subordinación o cualquier manifestación del don de mando que ejerce el patrón sobre el trabajador; así como, el pago de un salario. En conclusión, una relación de facto en el mundo del trabajo puede crear, modificar o extinguir derechos y obligaciones.

Por lo tanto, en todos y cada uno de los momentos de la existencia de la relación laboral, ya sea que se haya dado de hecho o de manera formal mediante un contrato individual de trabajo, es inevitable la trascendencia al mundo de lo jurídico.

Ahora bien, se debe entender que todas las relaciones humanas tienen como denominador común e ingrediente adicional la existencia de un conflicto latente, por ejemplo, cuando las personas deciden vivir en concubinato o contraer matrimonio, el conflicto está latente desde el mismo momento en que deciden hacer vida en común; la diferencia de ideas, objetivos, necesidades, intereses y/o posiciones, puede hacer surgir un conflicto que en caso de no atenderse adecuadamente, seguro que crecerá y hará surgir otros conflictos hasta el quebrantamiento del vínculo de pareja que las partes decidieron adquirir tiempo atrás.

En el derecho del trabajo sucede lo mismo, el conflicto entre empleador y empleado es algo inherente a la propia relación, el romance dura poco entre los factores de producción y como siempre se encuentra basado en intereses personales de cada uno de ellos, el conflicto siempre estará presente a largo de su relación. Es obvio el antagonismo existente de los sectores de la producción, la oposición entre ellos se puede presentar por aspectos que van desde los objetivos planteados y los fines que persiguen cada una de las partes, hasta el Don de mando que el empleador por su propia naturaleza impone sobre su empleado.

Regularmente la parte trabajadora está descontenta con el salario que percibe a cambio de sus servicios y en contraste la parte empleadora se encuentra descontenta con el servicio prestado por parte del trabajador; de ese antagonismo, se desprende la frase coloquial que dice:

> *"...el patrón hace como que le paga al trabajador*
> *y el trabajador hace como que trabaja..."*

En estos casos el conflicto se desprende de la propia relación y condiciones laborales pactadas por las partes en una relación individual de trabajo; sin embargo, esto no quiere decir que siempre o como regla general el conflicto tenga que aparecer en la vida de los sujetos, la escalada del conflicto dependerá de la forma en que se aborde y ataque la problemática por parte de los involucrados, el objetivo es evitar un conflicto o controversia llegue a ser conocida por las Autoridades Laborales.

Incluso, existiendo una diferencia de opinión, creencia o pensamiento entre la parte patronal y la parte empleada, la relación de trabajo suele perdurar con el paso de los años; en estos casos, la tolerancia y prudencia de los sujetos que intervienen resulta primordial para solucionar la situación conflictiva o por lo menos sobre llevar la relación con respeto y cumpliendo cada quien con sus obligaciones.

Otro punto que se debe destacar a propósito de los conflictos laborales, es el hecho que al conflicto no es exclusivo de desarrollarse entre Patrón y Trabajador, pues como todos sabemos en las relaciones individuales de trabajo la interacción y relación también se presenta con representantes del patrón y con los mismos compañeros de trabajo.

Sin duda, el surgimiento del conflicto no siempre se suscita entre el trabajador y el patrón, también puede presentarse conflictividad entre varios trabajadores y el patrón; entre los representantes del patrón (gerentes, administradores, jefes de piso) y los trabajadores; y/o, entre los mismos trabajadores, conflictos que en la mayoría de los casos no tienen relación con las condiciones laborales en que se presta el servicio; en estos casos las cuestiones humanas son el detonante perfecto para que surjan los conflictos laborales.

Un sin número de conflictos laborales que hoy en día conocen, substancian y resuelven las Juntas de Conciliación y Arbitraje; y, que en un futuro lo harán los Tribunales en Materia del Trabajo pertenecientes a los Poderes Judiciales de las entidades federativas y federales, tienen como fuente de nacimiento circunstancias totalmente ajenas a las propias condiciones laborales.

A pesar de la existencia siempre latente del conflicto en las relaciones personales, el ser humano niega, evade o simplemente rechaza la existencia de una situación conflictiva; es hasta que el <u>conflicto</u> estalla y se convierte en una <u>controversia</u> jurisdiccional que las personas aceptan, enfrenta y atienden la problemática.

En ese orden de ideas, es importante destacar que un **conflicto** individual de trabajo que tuvo como lugar de aparición el centro de trabajo, eventualmente si no es abordado de manera atingente, puede generar una **controversia** jurisdiccional de índole laboral.

En este punto la interrogante es: ¿Es lo mismo hablar de <u>conflicto</u> individual de trabajo, que de <u>controversia</u> jurisdiccional derivada de una relación individual de trabajo?

En mi opinión, no es así, y tampoco es un tema de simple semántica al utilizar esos diferentes vocablos para hablar de una misma situación, es algo que debe ser debatido con mayor profundidad; por ello en el inciso siguiente se comparte las razones por lo cual se debe hacer una diferenciación entre un concepto y otro para situaciones diferentes.

7.2 Conflicto y/o Controversia.

Es una añeja discusión que aparentemente se había superado, hablar de conflicto y/o controversia, en mi opinión debe ser puesto nuevamente sobre la mesa de debate para discernir sobre el tema por motivo de la Reforma al sistema de Justicia Laboral qué data del mes de febrero del año 2017.

Ya había puesto el dedo en la llaga el Maestro Baltazar Cavazos Flores en su libro denominado "40 Lecciones de Derecho Laboral", quien en la lección 32 nos habla sobre el tema, al advertir las enormes diferencias entre un concepto y otro; los razonamientos en dicha lección cobran una gran relevancia con motivo de la reforma al artículo 123 de la CPEUM que data del año 2017.

Pese a la anterior afirmación, utilizar como sinónimos la palabra "conflicto" y "controversia" es un error legislativo que data del propio Constituyente, pues desde 1917 el primer párrafo del artículo 123 previó en su momento que "*las diferencias o conflictos entre el capital y el trabajo, se sujetaran a la decisión de una Junta de Conciliación y Arbitraje*".

Es por ello que hablar de "*conflicto laboral*" y de "*controversia laboral*", no solamente es un problema gramatical, va más allá, pues la una enorme diferencia entre uno y otro concepto trasciende en el enfoque con el que abordamos las problemáticas laborales. Por otro lado, no es una polémica novedosa.

La trascendencia de la reforma en comento es mayúscula, pues tiene a bien elevar a rango constitucional el tema de la CONCILIACIÓN LABORAL; y, no solamente eso, sino que por primera ocasión en todo el sistema jurídico mexicano hace obligatoria como requisito de procedibilidad a una instancia conciliatoria; por si fuera poco, propone la creación de nuevas leyes para regular dicha instancia tanto a nivel federal como a nivel estatal; sin omitir mencionar, que ordena la instauración de Nuevas Autoridades Laborales especializadas en el tema conciliatorio.

Se advierte que desde la propia promulgación del artículo 123 en febrero de 1917, no se había realizado una reforma tan trascendente al modelo o sistema de justicia laboral. Todos esos ingredientes ponen el dedo en llaga para realizar nuevas reflexiones, al análisis e incluso a la crítica sobre el nuevo modelo de Justicia Laboral

Por lo anterior, se afirma que la técnica jurídica empleada por el Legislador en la reforma promulgada el 24 de febrero de 2017 a la fracción XX del artículo 123 de la CPEUM y la consecuente reforma del 1° de mayo del 2019 a la L.F.T., relacionados con la instancia conciliadora e incluso del procedimiento jurisdiccional ante los Tribunales Laborales del Poder Judicial.

Hay que reconocer que la reforma fue profunda, estructural y trascendente, pues en ella se **reformaron** 357 artículos; se **adicionaron** 178 artículos; y, se **derogaron** en algunas fracciones o en su totalidad 117 artículos.

Pese a ello, en algunos conceptos trascendentales en la Nueva Legislación Laboral adoleció de una técnica jurídica fina, en mi opinión el artículo 123 de la CPEUM y en general la materia del trabajo, merecía un producto legislativo con nivel de excelencia.

El uso y abuso de los términos "CONFLICTO" y "CONTROVERSIA" en tratándose de las que pueden surgir en relación a las relaciones individuales de trabajo, ha sido indiscriminado, dichos vocablos tienen diferencias notables gramaticalmente hablando; sin embargo, esas diferencias no serán materia de análisis en el presente manual debido a que se tienen objetivos prácticos muy precisos, en ese sentido no quiero perder el esquema y llenar el texto de definiciones etimológicas que fácilmente pueden revisar incluso en la web.

Prefiero centrar el tema sobre la problemática que significa ocupar como sinónimos el vocablo conflicto y/o el vocablo controversia, dándoles el mismo sentido. Para ello debemos abordar de manera muy precisa la teoría de la acción jurisdiccional y la función de la acción jurisdiccional para el derecho procesal del trabajo.

No es un tema novedoso, Carnelutti en el primer tercio del siglo pasado hizo la distinción entre uno y otro concepto, al estudiar el interés tutelado de la acción, donde refiere que existe "controversia de trabajo cuando alguno pretende la tutela de su interés, relativo a la prestación de trabajo o su reglamento, en contraste con el interés de otro, y allí donde éste se oponga mediante la lesión del interés o mediante la contestación de lo pretendido"[29]

El uso del vocablo "*conflicto*" en el derecho procesal del trabajo es un error histórico que solamente encuentra justificación en la atropellada incorporación del artículo 123 en la Constitución de 1917, que tuvo impulso debido gracias a los antecedentes históricos lamentables de los llamados "conflictos" de cananeo y rio blanco. Conflagraciones violentas que han sido emblemáticas para generalizar la existente y eterna lucha antagónica entre la clase obrera y su aparente contraria la clase patronal,

---

29 Cavazos Flores, Baltazar, cita a Carnelutti en "40 Lecciones de Derecho Laboral", Novena Edición, Trillas, México 2007, p. 321

utilizando repetidamente el vocablo "conflicto" en todo momento, convirtiéndose en una falacia por generalización, pues no todo conflicto laboral significa la existencia de una confrontación o hecho violento.

Se debe insistir en que el vínculo de trabajo de carácter individual de trabajo del siglo XXI, es diametralmente distinta a la relación individual del trabajo que imperaba en el siglo anterior, donde los derechos de la clase desprotegida eran nulos. Actualmente 3 de 5 empleos son generados por las micro, pequeñas y medianas empresas y por ende la figura patronal ha mutado hasta adaptarse a esta nueva realidad, donde el marco jurídico y el poder económico han dejado de ser la causa y el motivo para humillar y violentar a la clase trabajadora.

En ese sentido, no hay que confundir el don de mando que tiene por su propia naturaleza la figura del patrón con actos violentos ejercidos de una persona sobre otra. En las relaciones de trabajo la subordinación es un elemento fundamental y natural que debe existir entre la patronal y la obrera; sin embargo, la **subordinación** ejercida por la parte empleadora sobre la parte empleada de facto se debe limitar al don de mando natural que tiene el patrón sobre el trabajador para establecer la forma y las condiciones en la que desarrollará el servicio personal mientras exista el vínculo de trabajo.

De igual forma, es natural que tanto la parte empleadora como parte empleada persigan fines, objetivos e intereses muy distintos cuando se relacionan en un vínculo de trabajo.

Por una parte, el trabajador tiene como finalidad prestar un servicio para desarrollarse como persona, con el objetivo de preservar con el paso del tiempo el modo que tiene para subsistir de manera digna y decente; mediante el interés legítimo de percibir un salario a cambio de su servicio personal y subordinado; en síntesis, el objetivo del trabajador es vivir de manera decorosa cubriendo todas sus necesidades.

En aparente contraste, la parte patronal tiene como finalidad primordial la producción y/o prestación de servicios de acuerdo a la rama de la industria o servicio en la que se desarrolle el empresario, teniendo como objetivo principal la producción de manufactura y/o la prestación de servicios; así mismo, desea la conservación de la fuente de trabajo por el transcurso del tiempo, con el interés de generar riqueza en un mundo capitalista.

Ante esos fines, objetivos e intereses aparentemente divergentes, contrastantes y antagónicos es que el conflicto entre patrones y empleados siempre se encuentra latente; la eterna lucha de clases, de ideologías y convicciones entre un sector y otro hace que cada relación laboral sea una semilla de diferencias, conflictos o controversias.

Ahora bien, las diferencias y los conflictos, no siempre trascienden, en muchas ocasiones se mantiene latente por la simple razón de que, para trabajador y empleador lo principal es cumplir con la finalidad, objetivos e intereses que persigue cada uno de los sectores al obligarse en un vínculo de trabajo. Le importa más la conservación de su trabajo y la fuente laboral.

Actualmente las diferencias y/o conflictos laborales de carácter individual entre patrón y trabajador, son atendidos en primera instancia por las Procuradurías de la defensa del trabajo y Servicios de Conciliación, ya que cuando un trabajador se siente afectado en sus derechos laborales y decide asistir a las Autoridades laborales normalmente es encausado a esas Instancias, que de manera extrajudicial citan a los patrones (en la mayoría de las ocasiones) para intentar solucionar el conflicto laboral antes de llegar a las Juntas de Conciliación.

Incluso el personal de la Junta debe procurar, sin entorpecer el procedimiento hasta antes de que se declare cerrada la instrucción, que las partes lleguen a un acuerdo conciliatorio, de acuerdo a lo estipulado en el artículo 786 fracción de la L.F.T.; incluso, todos sabemos que los Conciliadores en muchas ocasiones intervienen en la etapa de ejecución para que las partes resuelvan el pago del Laudo, discutible la legalidad de este último actuar, sí, pero ya abordaremos este tema posteriormente.

Consecuencia de la reforma a la Ley Federal del Trabajo del 30 de noviembre del año 2012, en la que se adicionó en el artículo 685 de la L.F.T., a la **Conciliación** como principio rector del Proceso del derecho del Trabajo, empezaron a funcionar en algunas entidades federativas oficinas de conciliación o como se llamó en el Distrito Federal hoy Ciudad de México "SERVICIO PÚBLICO DE CONCILIACIÓN".

Bajo el esquema conciliatorio establecido por la L.F.T., y desarrollado ante las Juntas de Conciliación y Arbitraje resulta entendible y hasta justificado que la primera parte de la fracción XX del artículo 123 de la Constitución haya utilizado genéricamente los términos "*diferencia*" y "*conflicto*" para referirse a las acciones interpuestas por alguno de los sujetos de derecho que intervienen en un vínculo de trabajo, al decir:

"*XX. Las diferencias o los conflictos entre el capital y el trabajo, se sujetarán a la decisión de una Junta de Conciliación y Arbitraje…*"

Sin embargo, la evolución de la Conciliación Laboral en los últimos 8 años es evidente y trascendente, a partir del 24 de febrero de 2017, el artículo 123 reconoció y elevó a rango constitucional a la CONCILIACIÓN LABORAL; así mismo, la estableció como un requisito de procedibilidad para ejercer el derecho Humano Laboral a Tutela Jurisdiccional Efectiva.

La reforma al artículo 123 de la CPEUM de febrero de 2017, debiera ser un verdadero parte aguas que marque un antes y un después en todos los aspectos; muy en especial en cuanto resaltar la diferencia entre la instancia conciliatoria que conocerá de las diferencias y conflictos laborales y el procedimiento judicial que servirá para la resolver las controversias de carácter individual en la Justicia Laboral.

La Conciliación Laboral en este nuevo modelo de justicia tiene una trascendencia mayúscula, muestra de ello que es que se ha elevado a nivel constitucional dicha importancias; luego entonces, se debió de marcar diferencia desde el mismo texto constitucional entre la instancia conciliatoria y el proceso Judicial; diferencia que debe ser clara y precisa entre lo que conocerán los Centros de Conciliación y lo que será competencia de los Tribunales del Trabajo.

Pues el texto vigente de la fracción XX del artículo 123[30] en su parte importante dice:

> *"XX. La resolución de las diferencias o los conflictos*
> *entre trabajadores y patrones estará a cargo de los tribunales laborales*
> *del Poder Judicial de la Federación o de las entidades federativas…"*

En mi opinión profesional los órganos jurisdiccionales no están para resolver "*diferencias o conflictos*", como lo indica equivocadamente el primer párrafo de la fracción XX del artículo 123 de la CPEUM; los tribunales laborales del Poder Judicial de la Federación y/o de las entidades federativas están para conocer y resolver "CONTROVERSIAS JURISDICCIONALES", para eso fueron creados.

Para ejemplificar la idea anterior, imagina lo siguiente:

En un centro de trabajo suelen existir "*diferencias o conflictos*" causados por los estilos o formas de trabajar, **los diferentes estilos pueden ser la fuente de esas diferencias y generar conflictos laborales** a la hora de formar equipos y asignar roles de trabajo. Supongamos que en una empresa el Gerente y el resto de los empleados tienen forma distinta de realizar su labor de acuerdo a la personalidad, experiencia, carácter, temperamento y necesidades; suele suceder que el orden del gerente se enfrente en contra del caos de los empleados; otro causa o fuente del conflicto entre ellos puede ser que se suscite debido a la supervisión del gerente en contra de la autonomía que desean los subordinados, etcétera.

Sin embargo, sería irrisorio pensar que ese tipo de "*diferencias y/o conflictos*" sean conocidos por los nuevos tribunales laborales, incluso es impensable que una simple diferencia sea conocida por los Centros de Conciliación.

---

30 Constitución Política de los Estados Unidos Mexicanos, Título Primero, Capítulo I, México 1917, disponible en línea: www.**diputados**.gob.mx/**Leyes**Biblio/index.htm. **Fecha de consulta 11 de junio de 2020.**

Utilizar como sinónimos los vocablos "diferencia", "conflicto" y "controversia" para conceptualizar de manera generalizada en el artículo 123 y la Ley Federal del Trabajo, cualquier problemática que eventualmente pueda surgir dentro de una relación individual de trabajo, es un error no sólo de <u>semántica</u>, sino que trasciende en el cambio de paradigma que pretende la Reforma Laboral.

Cambiar el esquema mental de todos los involucrados resulta primordial para comprender que una **diferencia** laboral puede y debe ser gestionada y resuelta en el mismo centro de trabajo parar que no genere un conflicto.

En el supuesto que la diferencia subsista y genere un conflicto, este puede y debe de ser gestionado primeramente en la fuente laboral y después si la escalada del **conflicto** trasciende deberán utilizar a los Centros de Conciliación Laboral Federal y en las entidades Federativas, solucionar el conflicto y con ello evitar un Juicio Laboral. Y, en caso de que el conflicto estalle a tal grado que no se pueda conciliar y existan incumplimiento a los derechos de una y otra parte, eventualmente la parte que sienta que se han menoscabado sus derechos utilizando su derecho subjetivo a interponer acción jurisdiccional, lo haga frete a los Tribunales Laborales a nivel Federal y en las entidades federativas para que ante ellos se resuelva la **controversia** planteada.

Como lograr un verdadero cambio en el esquema mental de los sujetos involucrados (trabajadores, patrones y abogados) si desde el mismo marco normativo confundimos ese pensamiento con una conceptualización errónea.

Por su parte la fracción XX del artículo 123 de la CPEUM y su reglamentación en los artículos 684-A al 684-U de la LFT, no hacen oposición entre el concepto "conflicto" y el concepto "controversia"; sin embargo, como se observa en el siguiente cuadro de dialogo existen enormes diferencias, como las siguientes:

"CONFLICTO LABORAL"	"CONTROVERSIA LABORAL"
PRESENTAR SOLICITUD	INTERPOSICIÓN DE ACCIÓN
POSICIONES ANTAGÓNICAS	POSICIONES LITIGIOSAS
FRICCIONES QUE SE PRODUCEN CON LA PROPIA RELACIÓN	CONTROVERSIAS JURÍDICAS QUE SE DESPRENDEN DEL INCUMPLIMIENTO DE LAS CONDICIONES PACTADAS EN EL CONTRATO
EXISTEN DIFERENCIAS DE INTERESES Y/O POSICIONES	SE ENCUENTRAN EN PUGNA LOS INTERESES Y LAS POSICIONES
TIENE COMO ANTECEDENTE LA PROPIA RELACIÓN LABORAL	SU ANTECEDENTE ES EL CONFLICTO
NO SIEMPRE TRASCIENDE EN LO JURÍDICO	RELEVANCIA JURÍDICA INTRÍNSECA

SE BUSCA EL ACUERDO DE VOLUNTADES	SE INTENTA PREVALECER EL PROPIO INTERÉS
MÉTODO AUTO-COMPOSITIVO	MÉTODO HETERO-COMPOSITIVO
CENTRO DE CONCILIACIÓN LABORAL	TRIBUNAL LABORAL
CONVENIO	SENTENCIA
PREVENTIVO	RESARCITORIO

El pensamiento crítico del ser humano es una de las herramientas más poderosas para transmitir las ideas y el conocimiento; también el pensamiento crítico debe ayudar a la creación de nuevos esquemas mentales que nos ayuden a entender y poner en uso el nuevo modelo de Conciliación Laboral planteado en la Reforma Constitucional, los parámetros de contención del 60% de las demandas laborales que se supone la Conciliación Laboral evitará, no es una meta fácil de conquistar.

En ese contexto para que la crítica sea objetiva, se acompaña la siguiente propuesta de reforma constitucional al primer párrafo de la fracción XX del artículo 123:

"*XX. La resolución de las controversias jurisdiccionales entre trabajadores y patrones estará a cargo de los tribunales laborales del Poder Judicial de la Federación o de las entidades federativas...*"

Por lo tanto, diferenciar entre conflicto y controversia, no es un tema de menor importancia debido a que la Nueva Justicia Laboral ha planteado en el propio artículo 123, la obligación de las partes de desahogar una instancia Conciliatoria como requisito de procedibilidad en la que se pretende resolver la mayor parte de los conflictos laborales; es decir, la idea es que las partes resuelvan su conflicto antes de que éste se convierta en una controversia laboral que eventualmente tendrá que conocer y resolverse vía tutela del Estado mediante un Procedimiento Jurisdiccional, los Tribunales Laborales como lo ordena el segundo párrafo de la fracción XX del artículo 123 que dice a la letra:

"...

Antes de acudir a los tribunales laborales, los trabajadores y patrones deberán asistir a la instancia conciliatoria correspondiente. En el orden local, la función conciliatoria estará a cargo de los Centros de Conciliación, especializados e imparciales que se instituyan en las entidades federativas. Dichos centros tendrán personalidad jurídica y patrimonio propios. Contarán con plena autonomía técnica, operativa, presupuestaria, de decisión y de gestión. Se regirán por los principios de certeza, independencia, legalidad, imparcialidad, confiabilidad, eficacia, objetividad, profesionalismo, transparencia y publicidad. Su integración y funcionamiento se determinará en las leyes locales.
..."

8. Conflictos en el Centro de Trabajo

Una vez definido lo que debemos entender por "diferencias" y/o "conflictos", debemos central el tema en el lugar que le corresponde, pues una diferencia y/o conflicto en el tema que nos ocupa, nace y se desarrolla en "los Centros de Trabajo" entendiendo a este último concepto como el lugar donde la parte trabajadora presta su servicio personal y subordinado para un patrón a cambio de un salario; según la LFT, la fuente de trabajo es la empresa o establecimiento o las unidades económicas de producción de bienes y servicios.

Ahora bien, en las relaciones de trabajo el conflicto siempre está latente, puede surgir desde los primeros momentos en que inicia el vínculo entre la parte empleada y la parte empleadora, ya sea por algún mal entendido o desacuerdo a la hora de fijar las condiciones laborales o por el incumplimiento de alguna cuestión convenida de forma verbal que no se plasmaron en el contrato por escrito.

Para la nueva Justicia Laboral el planteamiento ideal es que los sujetos involucrados en un conflicto laboral solucionen sus diferencias o conflictos en el mismo Centro de Trabajo, incluso el Estado Mexicano como parte de los factores de la producción se vera beneficiado si los sujetos involucrados en un conflicto laboral lo solucionan fuera de sede judicial; es decir, sin que la problemática mute a controversia jurisdiccional.

En mi opinión, el derecho humano que tienen los Ciudadanos de resolver sus diferencias y/o conflictos mediante métodos en donde ellos mismos decidan la solución, es la máxima expresión de ejercer la Tutela Jurisdiccional Efectiva mediante el uso de la Autonomía de la Voluntad.

La Nueva Justicia Laboral obliga a todos los sujetos involucrados en diferencias y/o conflictos relacionados con una relación laboral, a cambiar los esquemas mentales frente al Conflicto, regularmente **el conflicto** es ignorado o desconocido en los Centros de Trabajo, no es sino hasta que esta escala niveles más altos que es atendido; sin embargo, en algunas ocasiones cuando alguna de las partes desea atenderlo, el manejo inadecuado de las emociones imposibilita su solución.

Como se mencionó anteriormente, la consecuencia lógica del manejo inadecuado de las diferencias y/o conflictos laborales es la terminación de la relación de trabajo. Y no es malo que las relaciones laborales lleguen a su fin, incluso la Ley prevé dicha circunstancia, lo lamentable es terminar los vínculos de trabajo por situaciones conflictivas, sumándole más conflictos como los que representan un procedimiento jurisdiccional.

La intención del legislador en la Reforma del 24 de febrero de 2017 al artículo 123, al crear una instancia prejudicial en los Centros de Conciliación fue y sigue siendo la de despresurizar la enorme carga de trabajo que históricamente han tenido las Juntas de Conciliación y que posiblemente se traslade a los nuevos Tribunales Laborales. El objetivo es que esas autoridades conciliadoras contengan entre el 30 a 40% del número total de posibles demandas laborales.

En mi opinión, el éxito de la Conciliación Laboral en el nuevo esquema planteado por la Justicia Laboral, radica principalmente en que las partes involucradas en las diferencias o conflictos los gestionen en el propio centro de trabajo y que se presenten al Centro de Conciliación Laboral únicamente para realizar el convenio ante dicha Autoridad de acuerdo a lo establecido en el artículo 684-E fracción VI, publicada el día 1° de marzo del año 2019 [31], que a la letra dice:

"**Artículo 684-E.-** *El procedimiento de conciliación se tramitará conforme a las reglas siguientes:*

…

VI. *Si la solicitud de conciliación se presenta personalmente por ambas partes, la autoridad conciliadora les notificará de inmediato, fecha y hora de la audiencia de conciliación, misma que deberá celebrarse dentro de plazo máximo de cinco días a partir de la fecha de presentación de la solicitud, sin menoscabo de que ésta pueda celebrarse en ese momento;*

…"

31 LEY Federal del Trabajo, **Nueva Ley publicada en el Diario Oficial de la Federación el 1° de abril de 1970, texto vigente, última reforma publicada 02-07-2019,** disponible en línea: http://www.diputados.gob.mx/LeyesBiblio/ref/lft. htm. **Fecha de consulta 20 de julio de 2020.**

Para conseguir el objetivo y quizá superarlo, resulta primordial que tanto la parte empleadora como la parte empleada aprendan a identificar el surgimiento del conflicto, sus etapas, su evolución dinámica, complejidad y el riesgo que representa.

8.1 Semaforización del Conflicto Laboral. Una visión preventiva.

La semaforización del conflicto laboral es un estándar que permite entre otras cosas que los involucrados en una situación conflictiva logren identificar fácilmente la evolución del conflicto; así como el riesgo que significa de acuerdo a la relación que existe entre el color verde, amarillo y rojo con la eventual evolución y fase del conflicto; así mismo, marca la complejidad y costo beneficio que significa solucionarlo en una etapa temprana.

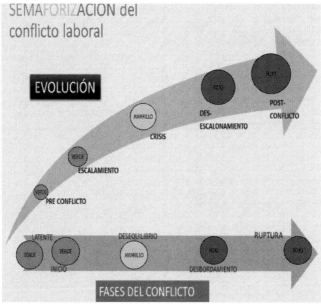

El semáforo se realizó retomando los estudios realizados por Jay Folberg y Alison Taylor que hicieron respecto a las fases del conflicto en general en su libro "Resolución de conflictos sin litigio"[32]; en dicha obra los autores destacan la importancia de conocer las fases del conflicto para poder resolverlo en una fase temprana sin generar controversias jurisdiccionales, que muchas ocasiones conllevan otros conflictos colaterales que nada tienen que ver con el conflicto original.

Reconocer, aceptar y enfrentar las diferencias o conflictos que existen entre la clase obrera y patronal ayudara en gran medida para aplicar un sistema de prevención que coadyuve en evitar que esas diferencias y/o conflictos generen problemas mayores en las organizaciones empresariales y para la clase obrera.

---

32 FOLBERG, Jay y TAYLOR, Alison, Mediación, Resolución de conflictos sin litigio, Ed. Limusa, S.A. México, 1996.

Por otro lado, en caso de existir diferencias o conflictos ya existentes en el centro de trabajo, el semáforo sin duda permitirá detectarlas en una etapa temprana, hay una corresponsabilidad lógica entre el momento en que se pretende solucionar y la gravedad de las consecuencias para ambos factores de la producción.

En los litigios que hoy en día conocen, desarrollan y resuelven ante las Juntas de Conciliación y Arbitraje comúnmente es más factible Conciliarlo en la Audiencia inicial de Conciliación, 'Demanda y excepciones; incluso, antes de la Audiencia de ofrecimiento de prueba los ánimos conciliatorios se encuentran en buena intención debido a que la balanza de la justicia se encuentra en un 50/50 de posibilidades para ambas partes. Conciliar en una etapa donde algunas pruebas ya fueron desahogadas resulta más complicado y posiblemente más costoso para ambas partes.

El semáforo del conflicto laboral también nos permite identificar la fase por la que está pasando la problemática, pues una diferencia siempre estará en color verde; un conflicto en color amarillo; y, una controversia en color rojo.

SEMAFORIZACIÓN DEL CONFLICTO LABORAL			
EVOLUCIÓN	FORMAS DE MANIFESTARSE	FASES	RIESGO
PRECONFLICTO	El conflicto es interno, las partes no exteriorizan sus inconformidades derivadas de las diferencias pensamiento, opinión, cultura, raza, origen, creencias o actuar.	**LATENTE:** La existencia de **DIFERENCIAS** en los intereses y objetivos se encuentran presentes en la relación laboral; circunstancia natural por encontrarse en una relación de subordinación. esta fase puede perdurar por mucho tiempo, incluso por todo el tiempo que perdure el vínculo. no existe comunicación entre las partes respecto a las diferencias.	**MUY BAJO** Se puede resolver en el Centro Laboral
ESCALONAMIENTO	**LA PARTE PATRONAL.-** Llama la atención del trabajador por la omisión de alguna acción o realizada de forma diferente a la ordenada. **LA PARTE TRABAJADORA.-** Manifiesta su inconformidad de forma moderada a sus compañeros de trabajo.	**INICIO DEL CONFLICTO:** No existe discusión entre los sujetos, pero la tensión sigue creciendo debido a las **DIFERENCIAS**. La mala comunicación se disfraza con malos tratos en la propia relación de trabajo.	**BAJO** Se puede resolver en el Centro Laboral

CRISIS	**LA PARTE PATRONAL.-** Descalifica el servicio prestado, cambia los horarios de entrada y salida, detiene o retarda el pago de salario o cambia cualquier otra condición laboral. **LA PARTE TRABAJADORA.-** Llega tarde al trabajo, solicita innumerables permisos, se vuelve improductivo, hace campaña en contra del patrón frente a los otros trabajadores, etcétera.	**DESEQUILIBRIO:** La comunicación se manifiesta con enfrentamientos directos entre los sujetos involucrados, en este momento las disputas son constantes y acaloradas; malos tratos, gritos, palabras altisonantes, etcétera pueden acompañar esta primera etapa o fase	**MEDIO** Se puede resolver en el Centro Laboral
ESCALONAMIENTO	**LA PARTE PATRONAL.-** acusa al trabajador de no cumplir con sus obligaciones en el trabajo (horarios, producción, respeto, etcétera) provoca amenazas como: "TE VOY A DESPEDIR". **LA PARTE TRABAJADORA.-** Acusa al empleador de no cumplir con sus obligaciones patronales (de pago, seguridad social, respeto, etcétera) provoca amenazas como: "TE VOY A DEMANDAR"	**DESBORDAMIENTO:** El **CONFLICTO** presenta sus primeras manifestaciones adversariales. Ejemplo: acusaciones directas de incumplir las obligaciones y amenazas entre los sujetos involucrados. Hasta que las amenazas se cumplen y termina la relación de trabajo	**RIESGOSO** Se puede resolver en el Centro de Conciliación Laboral
POS-CONFLICTO	**LA PARTE PATRONAL.-** Ejercita acción de rescisión del contrato de trabajo y/o vínculo laboral por las causales enumeradas en la parte final del artículo 47 de la LFT, sin responsabilidad para el empleador; o, excepciones y defensas e incluso podrá reconvenir al contestar la demanda. **LA PARTE TRABAJADORA.-** Interpone acción de indemnización o reinstalación por un despido injustificado; o rescisión del contrato de trabajo o vínculo laboral sin responsabilidad para el trabajador de acuerdo a los supuestos establecidos en el artículo 51 de la LFT.	**RUPTURA:** En esta etapa aparece la **CONTROVERSIA O LITIGIO** Cualquiera de las partes o ambas deciden quebrantar la relación laboral utilizando el derecho subjetivo de interponer acción judicial en contra del otro sujeto por incumplimiento de las condiciones pactadas en el contrato laboral	**ALTO RIESGO** Se puede resolver en el Tribunal Laboral, ya sea mediante la Conciliación Laboral o la Sentencia emitida por el Juez

8.1 Causas del Conflicto Laboral

Otro elemento importante para elaborar una buena estrategia de prevención del Conflicto Laboral en la fuente laboral, sin duda es conocer las causas que originan las diferencias y conflictos.

Generalmente en el Mundo del Trabajo patrones y trabajadores son el claro ejemplo de la lucha de clases, la subordinación de una persona sobre la otra aparentemente hace que sus metas y objetivos parezcan antagónicos; pero no es así, el punto de encuentro entre las metas y objetivos de los factores de la producción, incluido el Estado, es la apertura y sostenimiento de las fuentes de empleo. ¡Con empleo todos ganamos!

Las diferencias económicas, jerárquicas, de mando, estructurales, de valores e intereses entre patrón y empleado (s) son connaturales a la relación de subordinación que se presentan entre los factores de la producción. Sin duda influyen en el desarrollo normal y responsable de la propia relación laboral; por lo que resulta primordial aplicar estrategias y medidas para eliminar esas barreras entre la clase patronal y la clase trabajadora para evitar conflictos en la fuente laboral.

Lo mismo sucede entre empleados que se encuentran jerarquizados en diferentes niveles; pues los de niveles superiores en la mayoría de las ocasiones abusan del poder otorgado, marcan diferencias estructurales que eventualmente mutan a conflictos laborales.

En la nueva Justicia Laboral se deben de observar las causas del conflicto, tratar de eliminarlas sería muy complejo; sin embargo, conocer y detectar las diferencias en una etapa temprana resultará útil para solucionarlos vía Conciliación Laboral dentro del Centro de Trabajo.

En el siguiente cuadro se muestran las causas más comunes que generan diferencias y/o conflictos en las relaciones laborales.

CAUSAS DEL CONFLICTO EN GENERAL	INTERESES			COMUNICACIÓN			
CAUSAS DEL CONFLICTO EN PARTICULAR	Conflicto laboral por valores	Conflicto laboral de roles estructurales	Conflicto laboral por metas	Conflicto laboral de percepciones	Conflicto laboral de estilos	Conflicto laboral de recursos	Conflicto laboral por presión
FORMAS EN QUE SE PRESENTA	Relacionados con los sistemas de valores y creencias de los sujetos de derecho que intervienen en la Relación Laboral genera diferencias o conflictos. Creencias básicas de las personas, dilemas éticos, diferencias culturales, religiosas o morales, de tradiciones o de identidad personal, valoraciones	La subordinación del Patrón sobre sus empleados y/o Entre los representantes de la patronal (gerentes, directores, administradores, etcétera) y el resto de los empleados genera DESIGUALDAD. Vinculados con la desigualdad de poder	La META del sector patronal es la generación de beneficios económicos al producir manufacturar o prestar servicios. El sector obrero su META es contar con un empleo que le genere que le genere un salario para satisfacer sus necesidades. Pareciera que las metas son antagónicas generando diferencias y conflictos.	La falta de información o su diferente interpretación de los sujetos de derecho que intervienen en la Relación Laboral genera problemáticas. Percepción o recepción de una información incompleta, manipulada o inconveniente.	El uso de las TIC´s, diversas generaciones, cultura, ideología, pensamiento y de actuar son circunstancias que cuando se presentan en un centro de trabajo hace marcadas diferencias en los estilos de trabajo que pueden causar conflictos e incluso controversias jurisdiccionales.	Es muy común que las empresas con problemas económicos o de nueva creación tengan problemas de recursos materiales, humanos y financieros. Circunstancia que puede generar diferencias y conflictos en los equipos de trabajo. Vinculados con la falta de recursos en una organización	Al Igual que la causa anterior, es muy común ver este tipo de eventos en empresas nuevas que tienen una deficiente organización y la presión que genera el cumplimiento o incumplimiento de metas y proyectos puede generar diferencias y conflictos en el equipo de trabajo.

8.2 Ejemplos y ejercicios para abordar el conflicto laboral desde sus causas

A continuación, se presentan algunos ejemplos desarrollados con similitud (no iguales) a hechos narrados en expedientes laborales resueltos a lo largo de mi carrera como dictaminador de la Junta Local de Conciliación y Arbitraje de la Ciudad de México; por lo que cualquier similitud con la realidad es mera coincidencia.

EJEMPLO DE CONFLICTO LABORAL POR VALORES

Cada empleado dispone de sus propios valores personales respecto a su ética profesional y/o creencias personales; sin embargo, en ocasiones se contraponen a las metas de la empresa.

El Agente de ventas de Carlos tiene la meta mensual de realizar 3 ventas como mínimo, bajo contrato firmado en el cual se estipuló lo siguiente: "NO CUMPLIR LA META MENSUAL DE VENTAS, SERÁ CAUSA DE RESCISIÓN.".

Un cliente está interesado en realizar una compra bajo la condición de otorgar una dadiva del 10% de la venta a favor del interesado.

Carlos se niega, aunque le haga falta 1 venta para cumplir su meta.

Su jefe directo (gerente de ventas) amenaza con despedir a Carlos en caso de no cerrar esa venta.

El Gerente General interviene para solucionar el conflicto. ¿Será que una buena comunicación y el respeto pueden ayudar a gestionar estas diferencias?

EJEMPLO DE CONFLICTO LABORAL POR ESTILOS

Cada uno de nosotros tenemos una forma distinta de trabajar que viene marcada por nuestra personalidad y necesidades. Orden vs caos, supervisión vs autonomía… **los diferentes estilos pueden generar conflictos laborales** si no se tienen en cuenta los estilos a la hora de formar equipos y asignar roles de trabajo.

El control de gestión es necesario en toda organización, desde el mes de enero del año 2019 en el despacho jurídico, es obligación de todo el personal registrar los movimientos de los expedientes que tienen bajo su responsabilidad y seguimiento en la plataforma digital; sin embargo, un año después nadie lo hace.

Los motivos son diferentes para cada uno de los 5 integrantes del despacho.

1. Los abogados Pedro y Ana, dicen no saben nada de tecnología y que se les complica meterse a la plataforma digital.
2. El abogado Luis, dice que tiene mucho trabajo jurídico; que no le invierte tiempo a algo que no le deja dinero.
3. Por su parte la abogada Karina, dice que no lo hace porque nadie lo hace.
4. Y, el abogado Juan manifiesta que el hace lo que digan en cuanto le enseñen a cómo hacerlo.

En este supuesto uno de los participantes deberá asumir el rol del nuevo director (a) general del despacho, en este caso debe de convencer, persuadir u obligar a cumplir con lo establecido.

¿Cómo resolverías la diferencia de opinión?

¿Lo resolverías en conjunto con los involucrados?

¿Lo resolverías por separado?

Objetivo de la dinámica: Percibir qué en un supuesto en específico pueden aparecer posiciones distintas en los involucrados; por lo que él líder conciliador del centro de trabajo deberá asumir una postura diferente para cada caso en concreto.

EJEMPLO DE CONFLICTO LABORAL POR PERCEPCIONES

Los puntos de vista, como ocurre en la propia vida, pueden ser muy dispares en cada situación, en el trabajo, las **confrontaciones sobre puntos de vista diferentes**

pueden llevar a conflictos en el trabajo que pueden verse agravados por los "chismes" y "guerras territoriales" entre grupos de cada corriente.

En una oficina el horario de ingreso es a las 08:00 a.m., mientras que el horario de atención al público inicia a las 08:30 a.m., por flexibilidad los trabajadores toman su desayuno en el área laboral de las 08:00 a las 08:30, es el caso que la Contralora General observa esa situación y levanta actas administrativas a los servidores públicos por tomar alimentos en horas laborales. Cada trabajador tiene un punto de vista diferente de acuerdo con sus circunstancias de vida:

1. Enriqueta, se encuentra enojada porque no le proporcionan un lugar para tomar su desayuno.
2. Laura, se encuentra preocupada porque piensa que la van a despedir por lo sucedido.
3. Beto, está de acuerdo con que despidan a quien desayunan en el lugar de trabajo a hora de trabajo.
4. Luisa, manifiesta que seguirá desayunando debido a que no tiene tiempo para hacerlo en casa; pues la empresa no le ha otorgado el beneficio de guardería para su hijo, por lo que tiene que invertir más de 1 hora de viaje para encargarlo con su mamá. Esa circunstancia le impide desayunar en casa y dice que es culpa de la empresa.

Objetivo de la dinámica: Tratar de conciliar la vida de los trabajadores con las obligaciones laborales.

En este caso el jefe directo de los empleados sancionados intenta mediar en la problemática entre contraloría y los 5 trabajadores involucrados.

Una comunicación abierta y aportar argumentos sólidos para cada percepción es en la mayoría de los casos es la mejor solución para evitar conflictos en la empresa por diferencia de percepciones.

EJEMPLO DE CONFLICTO LABORAL POR PRESIÓN

En este caso, nos enfrentamos a **conflictos en el trabajo por urgencias** que promueven la presión sobre los trabajadores. Se pueden dar casos en el que no es posible avanzar en el trabajo porque dependemos de otros departamentos que tienen otras urgencias, pero se tiene fijada una fecha límite de entrega y esto repercute en nuestra presión que puede llevar a conflictos.

En el presente caso el departamento de protección civil debe entregar el informe de estancias infantiles que han entregado su programa interno de protección civil; es una información que debe ser alimentada día con día; sin embargo, hay colaboradores que han omitido hacerlo.

1. Leslie tiene su informe actualizado al 100%

2. Miguel tiene un 50% de la información.
3. Juan tiene tan sólo 10% de la información.

La directora establece que nadie se va hasta que el equipo completo termine el informe requerido. Pero María pretende irse a casa a la hora de su salida, ante tal hecho, su jefa amenaza con despedirla por no apoyar al equipo, a pesar de tener su informe al corriente; por otro lado, Miguel propone que María ayude a Juan para terminar el informe; y, Juan se mantiene pasivo ante la situación.

¿Cuál será la solución?

Flexibilizar el plazo de entrega, establecer prioridades, trabajar en equipo

Objetivo de la dinámica: Fomentar el trabajo en equipo.

Los anteriores ejemplos puedes ser utilizados por los equipos de trabajo como ejercicios para poder solucionar las diferencias o conflictos que puedan presentarse eventualmente en la fuente laboral. Para ello, sugiero al lector que reparta entre su equipo de trabajo los roles mencionados en cada ejemplo y cada uno de ellos asuma el personaje para hacerlo real. Es importante trabajar en grupo este tipo de ejercicios para identificar el comportamiento de cada uno de los empleados ante situaciones problemáticas.

8.3 Dinámicas en el Centro Laboral para fomentar el trabajo en equipo.

Actividades para fomentar el trabajo en equipo y la cohesión entre los trabajadores.

Instrucciones:

Debes formar un grupo impar, se sugiera que sea mayor a 11 personas, cualquier número de personas, pero siempre deberá ser impar; las personas deberán tomarse de la mano y formar un círculo, cada participante deberá mirar hacia el centro.

La dinámica consiste en que las personas que forman el circulo debe terminar con la mirada hacia fuera, siempre y cuando lo hagan bajo las siguientes reglas del juego:

1. Los participantes no se deben de soltar de las manos, en ningún momento.
2. Pueden realizar los movimientos que consideren convenientes para lograr el objetivo.
3. Tienen 2 minutos para lograrlo.
4. El resto del grupo deberá observar y hacer anotaciones respecto al comportamiento del grupo dentro del ejercicio; así mismo, deberá identificar al líder o líderes del grupo; al miembro o miembros cooperadores; al pasivo o pasivos; quienes evaden la responsabilidad; quien armoniza las ideas; quien se muestra objetivo; etcétera.

OBJETIVO: Identificar el comportamiento de los individuos ante una problemática dentro de las organizaciones.

En caso de no encontrar solución del grupo que se encuentra sentado, se formará otro grupo participante que pasará al frente a realizar la dinámica; mientras que el primer grupo hará las observaciones.

8.4 La comunicación y la escucha activa

La comunicación y la escucha activa son 2 herramientas efectivas para crear ambientes propicios que permitan trabajar el conflicto laboral dentro del Entorno de Trabajo.

Una vez que se haya fomentado el trabajo en equipo y la cohesión entre los trabajadores es momento de aportarles 2 herramientas indispensables para no crear problemáticas entre los trabajadores y patrones o entre los propios trabajadores; solucionar, en caso de que existan diferencias y/o conflictos en el propio centro de trabajo; y, por supuesto, crear un ambiente propicio de comunicación para solucionar conflictos o controversias presentados ante las nuevas Autoridades Laborales.

Por lo tanto, debemos visualizar a la comunicación desde 3 puntos de vista:

El primero como una herramienta que generar un ambiente de comunicación efectiva entre los miembros de las organizaciones, representa múltiples beneficios para las empresas, desde la buena convivencia; compromiso (se ponen la camiseta de la empresa), estándares altos de servicio y atención al cliente; así como, elevar considerablemente la producción.

El segundo como una herramienta que evite una mala Comunicación, puesto que una comunicación nociva puede generar problemáticas en cualquier entorno, máxime si pensamos que pasamos más de 8 horas diarias en el centro de trabajo manteniendo relación interpersonal con patrones, jefes y compañeros. Por lo tanto, es indispensable en toda empresa generar un ambiente de comunicación efectiva como medio preventivo de problemáticas, diferencias y conflictos.

- La comunicación deficiente suele ser un factor en la raíz de los conflictos.
- Si una persona malinterpreta lo que otro dice, reacciona conforme a esto de manera ofensiva, con lo que puede ir avanzando lentamente hacia el conflicto.

La comunicación es:

- Una herramienta para entendernos y comprender los problemas.
- Una vez que se han entendido puedan trabajar juntos.
- Ayuda a entender las diferencias culturales de valores, intereses, de información etcétera.

Respecto a la Comunicación podemos establecer que existe La VERBAL y la NO VERBAL, como se observa en el siguiente cuadro:

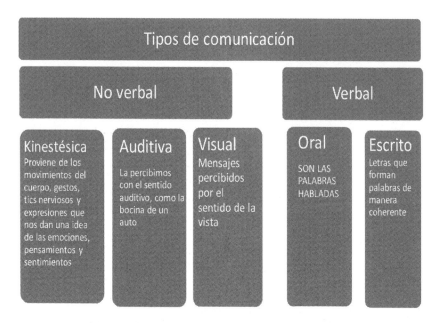

Lo que se debe de evitar en las relaciones laborales son errores de comunicación, como los que se muestran a continuación:

El tema de la comunicación en las empresas es un tema que hay que tomarlo con seriedad debido a las consecuencias que tiene llevar una comunicación nociva, según la Organización Internacional del Trabajo (OIT) en el estudio denominado: "*Proyecto de repertorio de recomendaciones prácticas sobre la violencia y el estrés en el sector de los servicios: una amenaza para la productividad y el trabajo decente*"[33], publicado en Ginebra, Suiza en el mes de octubre del año 2003, indicaba tácitamente en su contexto que una **comunicación nociva** puede generar algunos tipos de violencia en el lugar de trabajo, al decir en el punto 1.3.5., lo siguiente:

---

33 Proyecto de repertorio de recomendaciones prácticas sobre la violencia y el estrés en el sector de los servicios: una amenaza para la productividad y el trabajo decente, 8-15 **de octubre de 2003,** disponible en línea: https://www.ilo.org/public/libdoc/ilo/2003/103B09_102_span.pdf. **Fecha de consulta 18 de agosto de 2020.**

"1.3.5. Tipos de violencia en el lugar de trabajo
Todo comportamiento que se aparte de una conducta razonable y
que incluya, entre otros elementos:
* *Un comportamiento deliberado, destinado a lesionar o agredir*
físicamente a una persona, que desemboque en daños físicos o psicológicos;
* *el abuso verbal, incluidas las palabrotas, los insultos o las expresiones*
irrespetuosas;
* *un lenguaje corporal agresivo que exprese intimidación, desprecio o*
desdén; el acoso, incluidos el mobbing, (o acoso moral), el bullying (o
novatadas e intimidación) y el acoso racial o sexual;
* *la expresión de una intención de causar daño, incluidos el*
comportamiento amenazador y las amenazas verbales y escritas.

En los sectores de los servicios, la violencia en el lugar de trabajo
puede ser interna (producirse dentro de la propia empresa, entre
cargos directivos, supervisores y trabajadores), o externa (surgir entre
trabajadores y terceros, o entre el personal y los clientes, pacientes,
alumnos, proveedores y la población en general)."

El fenómeno de la violencia en los centros de trabajo es una realidad que desafortunadamente ha ido en aumento en las últimas décadas, o por lo menos, existen más denuncias al respecto. La violencia destruye, daña, lastima, vulnera y denigra a la clase trabajadora; pero esa es otra historia, los temas relacionados con el burnout, mobbing, bullying, acoso, discriminación en cualquiera de sus formas dentro del entorno laboral es un tema amplio que seguramente dará mucho que decir y que escribir respecto a sus consecuencias jurídicas; sin embargo, en el presente manual nos interesa LA COMUNICACIÓN ASERTIVA.

Por lo tanto, a continuación, abordaremos la herramienta que se compagina perfectamente para cerrar el círculo de la comunicación efectiva es **la ESCUCHA ACTIVA**.

En muchas ocasiones pensamos en que escuchamos todo lo que nos dicen, sin embargo, eso no es cierto; la verdad es que escuchamos lo que queremos escuchar, recibimos los mensajes como queremos recibirlos y los interpretamos como queremos interpretarlos. Cuantas veces no hemos escuchado reproches de nuestros interlocutores, como: *"escuchas lo que te conviene"*, *"ponme atención"*, *"¿me oyes o me escuchas?"*

La realidad es que el ser humano ocupa 3 tipos de escucha al comunicarse con otras personas, esos tipos de escucha son: la escucha pasiva, la escucha selectiva y la escucha activa.

La escucha pasiva y selectiva, son dos formas de recibir mensajes de nuestro interlocutor que generalmente vician o afectan la buena comunicación, pues en la primera de ellas parece que escuchamos, pero en realidad no lo hacemos debido a pequeños distractores que evitan que la información llegue de manera eficaz y sea entendida de la manera en la que nuestro interlocutor intenta que llegue a nosotros; en la segunda de ellas, seleccionamos lo que deseamos escuchar de quien viene el mensaje.

En la práctica de la conciliación la escucha pasiva y/o selectiva es un vicio o mala práctica común que los participantes en una conciliación suelen realizar, pues el uso y abuso de los dispositivos de la Tecnología de la Información y Comunicación, como lo son las Tabletas, computadoras, IPad y/o teléfonos celulares, suelen distraer a los participantes.

El hacer que se escucha a alguien y no poner atención
Atender llamadas telefónicas
Atender y/o contestar mensajes que llegan a nuestros dispositivos
Ignorar a nuestro interlocutor observando nuestros dispositivos móviles.

Ahora bien, la escucha que nos interesa abordar y desarrollar es LA ESCUCHA ACTIVA. - La cual es una herramienta que distingue lo que se oye dentro de una comunicación, y también lo que **NO SE OYE**; se trata de captar la intención oculta tras la comunicación verbal y no verbal, lo sobrentendido debajo de lo evidente, el silencio más allá de las palabras; la escucha activa se resume en mantener los canales de comunicación abiertos.

CARACTERÍSTICAS DE LA ESCUCHA ACTIVA

1. Hace sentir escuchada a la persona que habla.
2. Estimula a la persona para que siga narrando la historia.
3. Hace sentir comprendido a la persona que está siendo escuchada.
4. Se logran identificar necesidades intereses y posiciones.

En conclusión, se puede afirmar que una **COMUNICACIÓN efectiva en conjunto con la ESCUCHA ACTIVA** son herramientas que tienen una trascendencia mayúscula a la hora de implementar estrategias preventivas para mejorar el ambiente laboral, mejores resultados al momento de llevar algún procedimiento Conciliatorio y sobre todo sentar raíces bien fundadas para solucionar cualquier diferencia, conflicto o controversia que se suscite entre los integrantes de la empresa.

Una **mala** comunicación entre las personas que forman parte de una empresa genera comúnmente las mayores problemáticas en las organizaciones; incluso los patrones y sus representantes a veces tienen problemas para comunicarse asertivamente con su equipo de trabajo.

Una comunicación **equivocada** tiene consecuencias reales para las empresas, patrones y empleados, puede ser algo tan sencillo como ocasionar una diferencia entre trabajadores, o algo tan serio, como la pérdida del empleo para un trabajador. Ahora bien, algo que no se ha mencionado al sector patronal durante el periodo en que se ha venido implementado el Nuevo Sistema de Justicia Laboral, es que es posible enseñar a los miembros de sus organizaciones a comunicarse de mejor forma, con el objetivo de prevenir diferencias o conflictos entre sus miembros.

A continuación, 3 ejercicios o dinámicas que se pueden realizar entre los trabajadores para generar una comunicación asertiva y eficaz; así como, aprender a aplicar la escucha activa para que en conjunto evitar o solucionar diferencias, conflictos y/o controversias entre los integrantes de las empresas u organizaciones:

8.5 Dinámicas para fomentar la comunicación y escucha activa.

1. ROMPECABEZAS

Instrucciones:

1. Forma 3 equipos de 3 o 4 integrantes.
2. Cada equipo recibirá un sobre con un rompecabezas
3. Los equipos tienen 2 minutos para armar el rompecabezas.
4. El objetivo es armar el rompecabezas.
5. Después de esos 2 minutos se darán cuenta que conseguir el objetivo es imposible; pues el equipo 1 tiene piezas del rompecabezas del equipo 2 y 3; el equipo 2 tiene piezas del rompecabezas del equipo 1 y 3; y, el equipo 3 tiene piezas del rompecabezas del equipo 2 y 1.
6. Después de darse cuenta del problema, tienen 1 minuto para negociar e intercambiar con el fin de completar su rompecabezas. El equipo que tenga completo su rompecabezas antes que los demás GANA.

OBJETIVO: Se desarrolla la tolerancia a la frustración y las habilidades de comunicación, negociación y empatía, la clave es la comunicación efectiva para negociar (ganar-ganar). No todos se comunica igual, ganará él que sea capaz de adaptarse y entender el estilo de comunicación de los demás.

2. MIRO POR TI

Instrucciones:

1. Forma equipos de 3 integrantes.
2. Cada equipo recibirá un sobre con 10 imágenes de objetos comunes, pero diferentes.
3. 2 integrantes del equipo se sientan uno frente al otro; mientras que el 3° se coloca detrás de uno de ellos y frente al otro.

4. El objetivo es mostrar las tarjetas (una por vez) al integrante que se tiene de frente para que con señas le diga al otro lo que está mirando.

5. El integrante que no está mirando las imágenes deberá interpretar lo que le dice su compañero con señas y decir el nombre del objeto; por ejemplo: una casa, un barco, una paleta, etcétera.

6. Tienen un minuto para interpretar el mayor número de imágenes.

7. El equipo que tenga más aciertos GANA.

OBJETIVO: Desarrolla la confianza, las habilidades de comunicación no verbal y el trabajo en equipo bajo presión, la clave es la comunicación efectiva. No todos trabajan igual bajo presión, sin duda, eso dificulta la comunicación efectiva.

3. EL OCTAVO PASAJERO

Instrucciones:

1. Pasa una persona al frente y lee en voz alta el siguiente texto:
"Imagina que conduces un autobús. Inicialmente el autobús va vacío. En la primera parada suben cinco personas. En la siguiente parada tres personas se bajan del autobús y dos suben. En la tercera parada bajan cinco pasajeros y suben 10. En la parada que continúa bajan 8 y suben 2. Más adelante, suben diez personas y bajan cuatro. Finalmente, en la última parada bajan otros cinco pasajeros. La pregunta es: ¿Qué número de calzado utiliza el conductor del autobús?"
Forma equipos de 3 integrantes.

2. En caso de que no tenga la respuesta pasará otro participante; y, así sucesivamente hasta que logren encontrar la respuesta que se encuentra en el propio texto.

3. ¿Será que hay un octavo pasajero?

OBJETIVO: Desarrollar acciones que estimulan la Escucha Activa, tales como:

1. Una mente receptiva.
2. Centrar la atención en la persona que narra.
3. Tratar de entender todo lo que dice.
4. Crear un clima de confianza.
5. Escuchar con atención.
6. Exponer de manera neutral.
7. Tener contacto visual.
8. Mantener el silencio

Los juegos de comunicación como los que se han mostrado anteriormente son excelentes para trabajar las habilidades que se requieren para una comunicación efectiva dentro de las empresas. Por lo tanto, la comunicación debe ser una parte continua en el desarrollo personal, profesional y organizacional.

En mi opinión la herramienta más importante para llevar a cabo CONCILIACIONES exitosas dentro del entorno laboral y fuera de él, es la COMUNICACIÓN.

Capítulo III
La Conciliación Laboral

"...la justicia si es segura no es rápida,
y si es rápida no es segura..."
Francesco Carnelutti

9. Medios Alternos de Solución de Controversias.

En el presente capítulo partiremos de lo general como lo son los Medios Alternos de Solución de Controversias para converger en la particularidad de la Conciliación Laboran en el Nuevo Modelo de Justicia Laboral.

Antes de hablar de la Conciliación Laboral, se debe conocer y entender la incorporación de los Medios Alternos de Solución de Controversias en el sistema Jurídico Mexicano; para ello resulta primordial analizar la naturaleza Jurídica dentro contexto constitucional de los mecanismos llamados por su acrónimo como Mac.

Las necesidades sociales han repercutido en la adaptación del sistema jurídico mexicano desde su raíz constitucional para otorgar al Ciudadano en este caso un Derecho a la tutela jurisdiccional efectiva mediante modelos de justicia más rápidos, eficientes y eficaces.

El acceso a los tribunales previamente establecidos es un derecho humano que se encuentra garantizado en el artículo 17 de la CPEUM; sin embargo, y pese a que se deben respetar los plazos y términos establecidos en las propias leyes para desahogar un procedimiento jurisdiccional en todas y cada una de sus etapas; en la vida real, los litigios judiciales se resuelven después de muchos años de un proceso largo, tortuoso y costoso; donde la decisión la toma un tercero ajeno a la controversia.

En las relatadas condiciones como parte del Derecho de Acceso a la Justicia el Ciudadano tiene la posibilidad resolver voluntariamente su conflicto, esto bajo la lógica de que las verdaderas causas del conflicto o controversias emanan de los sujetos relacionados en una relación jurídica, son ellos, los propios interesados en que se resuelva de manera pronta.

El objetivo es regular la participación de los particulares en la solución de sus conflictos o controversias, en el entendido de que ellos son dueños de su propia diferencia, conflicto o controversia y por ende son dueños de solucionarlo de manera pacífica; por tanto, sumar al derecho humano de la tutela jurisdiccional efectiva la posibilidad decisoria del cómo y ante quien se resolverá su problemática es fundamental para hablar de un derecho que se ajusta a las necesidades de la sociedad.

En dicho contexto, la exposición de motivos de la reforma constitucional al mencionado artículo **17** que data del dieciocho de junio de dos mil ocho, a propósito de la reforma a la nueva justicia penal, estableció que los mecanismos alternativos de **solución de controversias** "son una garantía de la población para el acceso a una justicia pronta y expedita ..., permitirán, en primer lugar, cambiar al paradigma de la justicia restaurativa, propiciarán una participación más activa de la población para encontrar otras formas de relacionarse entre sí, donde se privilegie la responsabilidad personal, el respeto al otro y la utilización de la negociación y la comunicación para el desarrollo colectivo".

9.1 Artículo 17 de la Constitución Política de los Estados Unidos Mexicanos.

Dentro de las esferas constitucionales de protección de los derechos humanos laborales se encuentra indudablemente el derecho humano a la tutela jurisdiccional efectiva. Por regla general el acceso a la justicia como derecho humano, se encuentra garantizado por el Estado en el artículo 17[34] Constitucional.

Pero partamos el presente análisis desde la Teoría clásica de la Acción, ya que el derecho que tiene toda persona de hacer valer sus derechos en caso de sentir que han sido trastocados es mediante el uso del derecho subjetivo de tener acceso a la Tutela Jurisdiccional Efectiva; y, ese derecho se ejerce es mediante la acción judicial.

Hecha la aclaración anterior el Doctor Hugo Alsina en su Tratado Teórico Práctico de Derecho Procesal Civil y Comercial, Tomo I Parte General, resalta que los teóricos clásicos como Chiovenda, Calamandrei, Carnellutti, Alcala Zamora y Castillos y Sentis Melendo, coinciden en indicar que la Tutela Judicial es <u>la prohibición</u> al empleo de la violencia en la defensa privada de un derecho.

Es decir, la prohibición de hacerse justicia por propia mano, afirmación que confirma la idea de los doctrinales clásicos en el sentido que la consecuencia lógica de esa prohibición, es <u>el derecho del Ciudadano a ejercer acción judicial</u>.

---

34 Constitución Política de los Estados Unidos Mexicanos, Título Primero, Capítulo I, México 1917, disponible en línea: www.**diputados**.gob.mx/**Leyes**Biblio/index.htm. **Fecha de consulta 10 de junio de 2020.**

Desde esas perspectivas la Tutela Judicial es una Obligación del Estado Mexicano, de otorgar al ciudadano que tiene la necesidad de ejercer libremente la defensa de sus derechos e intereses legítimos, la jurisdicción y un proceso legal en el que pueda obtener una "**justicia**" pronta, completa e imparcial.

Por otro lado, la Suprema Corte de Justicia de la Nación en la jurisprudencia con número de registro y localización 172759, tiene a bien definir a la Tutela Jurisdiccional Efectiva, como:

> *"La garantía a la tutela jurisdiccional puede definirse como el derecho público subjetivo que toda persona tiene, dentro de los plazos y términos que fijen las leyes, para acceder de manera expedita a tribunales independientes e imparciales, a plantear una pretensión o a defenderse de ella, con el fin de que a través de un proceso en el que se respeten ciertas formalidades, se decida sobre la pretensión o la defensa y, en su caso, se ejecute esa decisión."*

Por lo tanto, se puede afirmar que la Tutela Judicial Efectiva se divide en 3 derechos fundamentales que se encuentran en 3 momentos distintos y que tienen 3 finalidades que se encuentran íntimamente ligadas:

	MOMENTOS/ ETAPAS	DERECHOS	FINALIDADES
TUTELA JURISDICCIONAL	PREVIA AL JUICIO	EL DERECHO DE ACCESO A LA JURISDICCIÓN	ESTABLECER LOS ELEMENTOS MÍNIMOS NECESARIOS PREVISTOS EN LAS LEYES ADJETIVAS PARA EJERCER EL DERECHO DE ACCIÓN QUE DEBEN SATISFACERSE PARA LA REALIZACIÓN DE LA JURISDICCIÓN, ES DECIR, PARA QUE EL JUZGADOR SE ENCUENTRE EN APTITUD DE CONOCER LA CUESTIÓN DE FONDO PLANTEADA EN EL CASO SOMETIDO A SU POTESTAD Y PUEDA RESOLVERLA, DETERMINANDO LOS EFECTOS DE DICHA RESOLUCIÓN.
	JUDICIAL	LAS GARANTÍAS DEL DEBIDO PROCESO	A) LA NOTIFICACIÓN DEL INICIO DEL PROCEDIMIENTO O EMPLAZAMIENTO; B) LA OPORTUNIDAD DE OFRECER Y DESAHOGAR LAS PRUEBAS PARA SU DEFENSA; C) LA OPORTUNIDAD DE ALEGAR; Y, D) UNA RESOLUCIÓN QUE DIRIMA LAS CUESTIONES DEBATIDAS Y PUEDA SER IMPUGNADA.
	POSTERIOR AL JUICIO	EFICACIA DE LAS RESOLUCIONES EMITIDAS CON MOTIVO DEL JUICIO	DOTAR A LAS AUTORIDADES JUDICIALES DEL PODER DE IMPERIO PARA HACER EXIGIBLES SUS RESOLUCIONES

En ese contexto el párrafo primero del artículo 17 Constitucional prohíbe que las personas se hagan **justicia** por "propia mano" y, en el segundo párrafo, pronuncia que la impartición de **justicia** quedará a cargo del Estado a través de las Autoridades y procedimientos previstos para tal efecto.

En palabras llanas "administrar la Justicia" significa que el Estado tiene la obligación de prestar el servicio público de impartición de justicia, lo cual debe hacerlo de forma equitativa con libertad para todas y todos los gobernados de acceder a ella, siempre y cuando su ejercicio dependa de la utilización de los procedimientos y recursos previstos en los ordenamientos jurídicos.

9.2 Obligación del Estado de Administrar Justicia, referencia Constitucional y evolución histórica.

En la Constitución Federal de 1824, ya se estipulaba como parte de los derechos del gobernado el acceso a la justicia; sin embargo, su estipulación era idealista y arriesgado al indicar lo siguiente:

> "*Art.18. Todo hombre que habite en el territorio de la Federación, tiene derecho a que se le administre <u>pronta, completa e imparcialmente</u> justicia...*"

Teóricamente otorgar justicia es darle a cada quien lo que le corresponde, o por lo menos eso nos enseñaron en nuestras primeras clases en la facultad de derecho, cuando conocimos y aprendimos de memoria la frase célebre de Ulpiano, que a propósito de la Justicia decía: "*la justicia es la constante y perpetua voluntad de darle a cada quien lo que corresponde*"; sin embargo, otorgar justicia mediante un proceso judicial es sumamente complicado, la decisión de un tercero (Juzgador) sobre la cuestión planteada entre 2 o más sujetos de derecho respecto quien dice la verdad de un hecho, resulta complejo.

Pero, quien puede asegurar que la consecuencia jurídica obtenida en un proceso judicial plasmada en una resolución judicial, corresponde a la realidad histórica del hecho; y, que derivado del proceso judicial y su sentencia se otorgue una *<u>pronta, completa e imparcial</u>* justicia.

El proceso judicial tiene complejidades que impiden al Juzgador conocer la verdad histórica de los hechos, problemáticas que resultan lógicas e inherentes a la posición del Juez, al no encontrarse en el lugar, en el momento y en las circunstancias que sucedieron los hechos.

Pero, además la controversia presentada ante Juez se plantea con la manifestación realizada por cada una de las partes sobre los hechos por medio de inferencias fácticas, proposiciones o enunciados jurídicos de acuerdo a "su verdad"; una verdad propia y subjetiva de cada uno de los intervinientes en el proceso judicial, depende del número de sujetos de derecho que intervienen en dicho proceso, será el número de verdades subjetivas que el Juzgador tenga a su disposición para su análisis epistémico, dentro del proceso judicial.

Sin olvidar que las partes pueden ofrecer como medios de prueba el testimonio de 1 o varias personas, testimonios que eventualmente aportarán versiones distintas a las manifestadas por los verdaderos involucrados en el conflicto o controversia; pues cada uno de ellos tendrá su verdad subjetiva. Por su parte el Juez, llegará al final del proceso judicial a una verdad construida con todos los elementos de juicio que haya tenido a su alcance, verdad sobre la cual deberá recargar el peso de su decisión a la hora de emitir su resolución; a la verdad del Juzgador se le llama "verdad objetiva" o "verdad jurídica".

La construcción de la verdad objetiva del Juzgador se ira construyendo a lo largo del proceso judicial y culminará con la valoración pormenorizada de los elementos de juicio que aportaron las partes, mediante una SENTENCIA o RESOLUCIÓN.

El resultado de todo proceso judicial siempre arroja a una parte "vencedora" y, otra parte "vencida"; habrá que preguntarle a la vencida si considera que se le otorgó "justicia"; incluso hay casos en que la parte vencedora no se siente satisfecha con la decisión del Juez y por ende considera que no se le otorgó justicia.

10. Finalidad del Proceso Judicial

El teórico contemporáneo Jordi Ferrer Beltrán en su libro "PRUEBA Y VERDAD EN EL DERECHO"[35] reconoce las complejidades del proceso judicial, al sostener que el Juez tiene limitaciones para averiguar la verdad y que eso sin duda impide que se cumpla con la finalidad principal del proceso judicial, que debe ser, según él, la averiguación de la verdad material o histórica.

Difícil tarea la de averiguar la verdad, pues en los procesos jurisdiccionales después del largo proceso de desahogar los medios probatorios, el Juzgador no conoce la verdad con los diversos medios de prueba aportados por las partes dentro de Juicio, el propio proceso pierde su finalidad; pues consecuencia de averiguar esa verdad que busca el Juez, este último debe emitir una sentencia donde se otorgue Justicia a quien la merezca.

A todos nos gustaría que la verdad formal que se deriva después de un largo, costoso y complicado proceso judicial, donde la ardua actividad probatoria arroje como resultado la verdad de los hechos, eso sin duda hará que la labor del Juez se vuelva útil para cumplir con la finalidad del proceso judicial, otorgar esa justicia que todos anhelamos en una sentencia debidamente razonada y fundada, es una utopía.

Sin embargo, la realidad dista mucho de lo idílico, en mi experiencia como Autoridad resolutora, se encuentra impedido en emitir una sentencia basado en la averiguación de la verdad, por el sólo hecho de no encontrarse presente en el momento que sucedieron; es común que, del material probatorio desahogado en el Juicio, por extenso que este sea, no se desprenda beneficio alguno para acreditar la verdad subjetiva de ninguna de las partes.

Ahora bien, eso no impide que el Juzgador emita una sentencia, es más es una obligación del Juez emitirla, pues así lo ordena el primer párrafo del artículo 17 de la CPEUM; la interrogante es: ¿Que hace el Juez en estos casos?

La propia Ley otorga una salida al Juzgador, resolviendo la Litis de acuerdo a las cargas probatorias que cada una de las partes tenía el deber de cumplir dentro del proceso judicial.

---

35 Ferrer Beltrán, Jordi, Prueba y verdad en el derecho, Editorial Marcial Pons, Barcelona, 2002, pp- 63-68.

El Poder Legislador ha entendido perfectamente la paradoja que representa emitir una sentencia y otorgar justicia mediante un proceso judicial. Lo demuestra la evolución que tuvo en ese aspecto el Artículo 17 Constitucional, de la Constitución Federal de 1824 al texto vigente del segundo párrafo de dicho artículo promulgado en el año de 1987.

En la Constitución Federal (1824) el derecho fundamental de la tutela jurisdiccional efectiva se encontraba en el artículo 18; y, no el 17 como actualmente lo conocemos, ese artículo 18 decía:

> *"Art.18. Todo hombre que habite en el territorio de la Federación, tiene derecho a que se le administre pronta, completa e imparcialmente justicia..."*

Como se puede apreciar del contexto del párrafo, el Estado se encontraba obligado a hacer "JUSTICIA", que como ya lo explicamos anteriormente es muy complicado para los Juzgadores otorgar justicia; y, máxime si se dice que será "COMPLETA", ya que en cualquier determinación existirá un sesgo de injusticia, por lo menos para una de las partes.

En la Constitución Republicana (1857) ya se estipulaba el derecho a la jurisdicción en el artículo 17, el cual rezaba:

> *"Art. 17. Nadie puede ser preso por deudas de un carácter puramente civil. Nadie puede ejercer violencia para reclamar su derecho. Los tribunales estarán siempre expeditos para administrar justicia. Esta será gratuita, quedando en consecuencia abolidas las costas judiciales".*

En este párrafo ya no se habla de administrar la justicia "pronta" que resulta en contra de los derechos de las personas, debido a que no se garantizaba que se cumplieran con los plazo y términos; por otro lado, se dejó aún lado el término "completa" porque se dieron cuenta que se trataba de algo imposible de cumplir.

En la Constitución Social (1917) reconocida como la primera constitución social en el mundo, estableció dentro de las garantías individuales el derecho fundamental de las personas de acceder a la justicia en plazos y términos, al decir:

> *"Artículo 17.- Nadie puede ser aprisionado por deudas de carácter puramente civil. Ninguna persona podrá hacerse justicia por si misma ni ejercer violencia para reclamar su derecho. Los tribunales estarán expeditos para administrar justicia en los plazos y términos que fije la ley; su servicio será gratuito, quedando en consecuencia, prohibidas las costas judiciales"* [36]

---

36 Constitución Política de los Estados Unidos Mexicanos, Título Primero, Capítulo I, México 1917, disponible en

Aunque se establece que se deberá de administrar justicia en plazos y términos, el Estado aún no se obliga a emitir sentencia. Fue hasta 1987 que se reformó el artículo 17 constitucional para establecer como una obligación del Estado el de omitir resoluciones.

Reforma al artículo 17 Constitucional publicada el 17 de marzo de 1987, en esa fecha se promulgó una reforma que hizo trascender el segundo párrafo de dicho artículo, debido a que se estableció que las resoluciones emitidas en un proceso judicial debían de **ser prontas, completas e imparciales, al quedar el texto como sigue:**

> *"Artículo 17.- Toda persona tiene derecho a que se le administre justicia por tribunales que estarán expeditos para impartirla en los plazos y términos que fijen las leyes, emitiendo sus resoluciones de manera pronta, completa e imparcial..."*

Importante y acertada la reforma de 1987 al segundo párrafo del artículo 17 Constitucional, muestra de ello es que ha sido intocada su redacción en las 4 reformas posteriores publicadas en el diario oficial de la federación a dicho artículo en las siguientes fechas: la 2ª Reforma DOF 18-06-2008; 3ª Reforma DOF 29-07-2010; 4ª Reforma DOF 29-01-2016 y 5ª Reforma DOF 15-09-2017.

Como se puede observar la garantía de acceso a la justicia se robusteció con la reforma comentada, pues obligó a los Tribunales a emitir resoluciones de manera pronta, completa e imparcial; sin embargo, hasta esa fecha no se había establecido como parte del derecho de acceso a la Justicia, la plena libertad del Ciudadano de resolver sus conflictos o controversias mediante métodos que se encuentren fuera del Proceso Judicial, como una vía alternativa en la que los sujetos de derecho negocien la solución y encuentren la satisfacción de sus posiciones, intereses y necesidades.

En la reforma de 18 de junio del año 2008 al artículo 17 Constitucional se estableció en la parte inicial del cuarto párrafo, que *"Las leyes preverán mecanismos alternativos de solución de controversias"*, punto de inflexión que marcó un antes y un después en la forma de resolver las problemáticas de índole jurisdiccional. Se constituyó en la Constitución las 2 vías por las cuales las personas ejercen su libertad de jurisdicción, vías que tienen como marcada diferencia en manos de quien está la resolución de la controversia.

10.1 Métodos para solucionar los conflictos y/o controversias

Existen 3 métodos para resolver las problemáticas que se suscitan entre sujetos de derecho que tienen algún conflicto o controversia, en el caso del Derecho Individual

---

línea: http://www.diputados.gob.mx/LeyesBiblio/ref/cpeum/CPEUM_orig_05feb1917.pdf. **Fecha de consulta 12 de junio de 2020.**

del Trabajo, los conflictos entre patrón y trabajador puedes resolverse mediante la auto-tutela, el hetero-compositivos o auto-compositivos

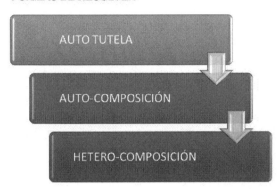

Durante los últimos 10 años se ha escrito mucho sobre la forma en la que se resuelven los conflictos o controversias.

10.2 Auto-tutela

Es le método primitivo en que los sujetos de derecho solucionan un conflicto que tienen sobre el bien jurídico tutelado, en el que la imposición de la solución la realiza uno de los sujetos. Un ejemplo de esta forma primitiva de solucionar el conflicto es la autodefensa o hacerse Justicia por propia mano, que como lo hemos venido sosteniendo se encuentra prohibido por la primera parte del artículo 17 Constitucional.

La excepción a esa regla es la legitima defensa, debido a que el uso de la fuerza se encuentra justificado porque el bien jurídico tutelado que se protege es la VIDA; es decir, se encuentra en un estado de necesidad de proteger su vida.

En el derecho laboral el ejemplo de auto-tutela nos lo regala el derecho de los trabajadores a establecer la suspensión temporal de las labores de forma legal, mediante el ejercicio del derecho a la Huelga; circunstancia de hecho y de derecho que se hace para presionar al patrón con el objetivo de conseguir mejores condiciones laborales.

10.3 Métodos hetero-compositivos

Los heterocompositivos son aquellos mecanismos en los cuales las partes deciden que la mejor forma de resolver su controversia en mediante la vía jurisdiccional y le conceden a un tercero ajeno a la problemática, la facultad de decidir la solución del mismo de forma imparcial.

10.4 Métodos auto-compositivos

Procedimiento mediante el cual las partes en conflicto lo solucionan; sin embargo, uno de los contendientes o ambos sacrifican o de su interés jurídico propio.

El arreglo al pleito proveniente de las partes en conflicto cuando tienen sus derechos a disposición.

Acuerdo de las partes en conflicto para resolverlo privadamente

Por último, abonando aún más sobre los métodos autocompositivos visto desde su raíz constitucional, el Poder Legislador del Estado Mexicano promulgó Decreto Publicado en el Diario Oficial de la Federación el 5 de febrero de 2017, en el que reformó el artículo 73 de la CPEUM para federalizar la facultad de legislar en materia de mecanismos alternativos de solución de controversias, al decir:

> *"Artículo 73. El Congreso tiene facultad:*
> *…*
> *XXIX-A. Para expedir la ley general que establezca los principios y bases en materia de mecanismos alternativos de solución de controversias, con excepción de la materia penal;*
> *…*

Al respecto, con dicha reforma se pretendió fortalecer la participación de la ciudadanía para resolver sus controversias; sin embargo, hasta septiembre del año 2020, no se ha promulgado la Ley general planteada. Por otro lado, en el contexto del artículo excluye a la materia penal para ser regulada por dicha Ley General, y, es simplemente porque en data 29 de diciembre de 2014 se promulgo la Ley Nacional de Mecanismos Alternativos de Solución de Controversias en Materia Penal, que tiene por objeto establecer los principios, bases, requisitos y condiciones de los mecanismos alternativos de solución de controversias en materia penal que conduzcan a las Soluciones Alternas previstas en la legislación procedimental penal aplicable.

Destacada la aclaración anterior, para el caso de la Nueva Justicia Laboral nos interesa la **Nueva Conciliación Laboral** como método Auto-compositivo para resolver los conflictos individuales de trabajo.

Capítulo IV
Rumbo a una Nueva Conciliación Laboral

Desde el 14 de febrero del año 2017, que se promulgó la reforma constitucional al artículo 123, se han escuchado voces que sostienen que la Justicia Laboral que se está implementando es la que los mexicanos necesitan, exigen y se merecen; así mismo se ha indicado por las Autoridades Federales que la columna vertebral del nuevo modelo es la Conciliación Laboral, la cual debe además de ganarse la confianza de los conciliados, debe ser moderna, eficaz, eficiente y certera para que en menos de 45 días concilie un conflicto.

El tiempo y la satisfacción de los usuarios sobre el Nuevo Modelo de Justicia Laboral, será la herramienta estadística que resulte más eficaz para determinar si la Nueva Conciliación será el eje central para resolver los conflictos laborales entre el sector patronal y la clase trabajadora; y, con ello evitar que esos conflictos presentados ante el Centro de Conciliación Laboral, se conviertan en Juicios Ordinarios de carácter individual; los 3 primeros años contados a partir de la apertura de las Nuevas Autoridades Laborales serán cruciales para determinar el éxito o el fracaso del modelo planteado.

De lo que no hay duda, es que era inminente y además necesario un cambio al viejo sistema para resolver las controversias laborales ante las Juntas de Conciliación y Arbitraje, la necesidad social de contar con sistemas de justicia más rápidos y expeditos, obliga al Estado Mexicano a implementar acciones tendientes a crear procesos judiciales eficientes.

La colaboración de todos los sectores será trascedente para evitar trasladar a los Centros de Conciliación los viejos vicios que se viven actualmente en el ejercicio de la Conciliación, lamentablemente todos conocemos y de alguna y otra forma hemos vivido la deficiente forma de conciliar que se tiene actualmente en todas las Juntas de Conciliación y Arbitraje de nuestro País; después de la reforma a la LFT del 30 de noviembre de 2012, se crearon los llamados servicios públicos de conciliación laboral que por desgracia no cumplieron con las expectativas planteadas en la exposición de la reforma laboral que data de noviembre del año 2012.

En mi sentir la evolución de la Conciliación Laboral nos lleva a la necesidad de cometer los errores del pasado, por lo que resulta necesario analizar desde todos los ángulos los obstáculos y problemáticas que impiden ante las Juntas de Conciliación y Arbitraje, que la Conciliación sea óptima para resolver los conflictos laborales.

11. Problemáticas u obstáculos para la práctica de la Conciliación Laboral en los Centros de Conciliación Laboral

En los procesos conciliatorios se involucran los sentimientos de las personas; además, los intereses económicos tanto de las partes como de los abogados; no menos importante, la necesidad de resarcir alguna afectación y ofensa personal; y, por supuesto las posiciones que cada una de las partes asume a la hora de manejar el conflicto, posiciones que por su propia naturaleza y como lo hemos advertido anteriormente, en las relaciones laborales son antagónicas entre los sujetos involucrados.

Por si fuera poco, la Conciliación Laboral que actualmente se desarrolla en las Juntas de Conciliación y Arbitraje se realiza en condiciones y ambientes poco propicios para manejar de manera correcta una situación conflictiva. Una conciliación realizada muchas veces por las propias estenógrafas encargadas de atender la barandilla, diciéndole a los abogados comparecientes: "*¿Va a conciliar mi Lic., o que hacemos?*".

En los escasos supuestos en que la Junta de Conciliación en la que se encuentra radicado el Juicio cuenta con un presupuesto aceptable para contar con el número necesario de Funcionarios Conciliadores, podríamos hablar de una forma distinta de conciliar; sin embargo, la realidad es que no es así, la forma de Conciliar sigue siendo igual de deficiente que lo realizado por las estenógrafas. Los espacios y el tiempo reducido siguen siendo los mismos, lo único que cambian son los protagonistas.

La leyenda urbana que Circula por las Juntas de Conciliación, dice que las conciliaciones que se logran en ese lugar es porque las partes ya tenían la intención, voluntad y ánimos para solucionar su controversia desde antes de llegar. Lo único cierto en los procesos de conciliación realizados ante las Juntas de Conciliación es que, lo menos que se hace es CONCILIAR.

Aunado a esas circunstancias humanas y naturales que envuelven al conflicto laboral, se agregan otro tipo de eventualidades que pueden complicar su gestión eficaz en los Centros de Conciliación Laboral, dichas vicisitudes se originan por diversas causas, algunas que pueden ser herederas de las malas prácticas utilizadas en las Juntas de Conciliación y Arbitraje.

Parte de la visión y misión de las nuevas autoridades laborales es erradicar las prácticas nocivas, por lo que a continuación se presentan algunos obstáculos que pueden surgir en la nueva instancia conciliatoria, debido a malas prácticas:

OBSTÁCULOS PARA GESTIONAR DE MANERA EFICAZ A LA CONCILIACION LABORAL		
ATRIBUIBLES A LAS AUTORIDADES	ATRIBUIBLES A LOS PROCESOS	COLATERALES
Excesivas cargas de trabajo	Abuso de las excepciones para agotar la instancia conciliatoria	Expectativas exageradas
Poco personal asignado	Notificación de la Citación	Distorsión de cuantificación
Espacios inadecuados	Inhibir la demanda	Lectura equivocada de las contingencias del proceso
Escaso presupuesto para solucionar las anteriores problemáticas	Limitantes de la Autonomía de la Voluntad por parte del trabajador	Posiciones litigiosas de los abogados de parte
Profesionalización y capacitación constante	Irrenunciabilidad de derechos del trabajador	Anteposición de honorarios y/o iguala

11.1 Atribuibles a las autoridades

11.1.1 Excesivas Cargas de Trabajo y poco personal asignado

Suena paradójico, pero ambas circunstancias las viven cotidianamente las Juntas de Conciliación y Arbitraje a nivel federal y local; a propósito de esas circunstancias en los informes de los últimos 3 años de la Junta Local de Conciliación y Arbitraje de la Ciudad de México, anualmente ingresan entre 35,000 a 40,000 mil nuevas demandas, lo que significa que mensualmente deben de conciliar entre 2,916 a 3,333 mensuales; o, entre 95 a 109 diarias.

Las conciliaciones no tienen un tiempo determinado para desarrollarlas, incluso pueden durar días enteros y varias sesiones para poder cerrar un acuerdo conciliatorio, por lo tanto, no podríamos medir el número de audiencias que eventualmente llevará un conciliador; sin embargo, lo que si podríamos establecer es que para que un Conciliador preste un servicio de excelencia NO debe gestionar más de 3 audiencias conciliatorias por día incluyendo la elaboración del convenio respectivo, que dicho sea de paso debe estar ajustado a Derecho, además de todas las obligaciones que se indican en el artículo 684-F.

En ese contexto el Centro de Conciliación Laboral de la Ciudad de México, debe contar con por lo menos 40 conciliadores especializados en Materia del Trabajo.

Número que podría ser insuficiente al siguiente mes, debido a que algunas conciliaciones necesitaran una segunda audiencia, ocasionando que el número de conciliadores se eleve exponencialmente de acuerdo a las audiencias programadas por segunda ocasión. Sin dejar de soslayar que los Tribunales Laborales podrán solicitar el apoyo de los Conciliadores especializados en materia del trabajo que conformen los nuevos centros de conciliación laboral con fundamento en el artículo 921 Bis de la LFT.

11.1.2 Espacios inadecuados.

Los especialistas sugieren que un ejercicio conciliatorio debe realizarse en un espacio cerrado donde únicamente se encuentren las partes en conflicto, sentados en un mismo plano y en un clima de confianza que les permita comunicarse adecuadamente sin distracciones.

11.1.3 Escaso presupuesto para solucionar las anteriores problemáticas.

Históricamente uno de los grandes problemas que han sufrido las autoridades del trabajo es el hecho de que se cuenta con poco presupuesto para afrontar la realidad que vive el mundo del trabajo con el número elevado de demandas por despidos injustificados; en el caso de que no se cuente con el presupuesto para afrontar los retos venideros acabaran por verse rebasados los centros de conciliación.

11.1.4 Profesionalización y capacitación constante.

Lamentablemente la Conciliación que vivimos en estos momentos en las Juntas de Conciliación y Arbitraje de todo el País tienen un denominador común, Conciliadores Laborales sin certificación; por mandato Constitucional los Conciliadores deben acreditar capacidades y competencias en derecho laboral y medios de solución de conflictos. Esperemos que logren franquear los obstáculos.

11.2 Atribuibles a los procesos

11.2.1 Abuso de las excepciones para agotar la instancia conciliatoria.

La Ley Federal del Trabajo promulgada el primero de mayo del año 2019, establece en su artículo 685 Ter., una serie de supuestos que excepcionan a las partes de agotar la instancia conciliatoria; sin embargo, en el último párrafo de la fracción IV establece que "*Para la actualización de estas excepciones se debe acreditar la existencia de indicios que generen al tribunal la razonable sospecha, apariencia o presunción de que se están vulnerando alguno de estos derechos.*" Lo cual sugiere que la sola manifestación en la demanda por parte del trabajador de estar dentro de los supuestos establecidos en el citado artículo, es suficiente para evadir la instancia conciliatoria; lo anterior, ya que es bien sabido por todos que en el derecho laboral la sola presentación de la demanda crea **presunción** a favor del trabajador accionante de que lo manifestado en el escrito inicial es cierto.

11.2.2 Notificación de la Citación.

Uno de los grandes problemas que existe en la práctica cotidiana es la dificultad que existe para notificar y emplazar a la parte demandada, circunstancia que suele agravarse cuando existen pluralidad de demandados. Particularmente espero que esta situación no trascienda negativamente en que los Centros de Conciliación se vuelvan solamente emisores de constancias de no conciliación por falta de notificación del citatorio dentro de los 45 días que se tienen como límite para realizar la instancia conciliatoria.

11.2.3 Inhibir la demanda en lugar de conciliar.

La falta de técnicas adecuadas para desarrollar una audiencia de conciliación, en muchas ocasiones hace que los funcionarios conciliadores realicen comentarios lesivos a las partes con el objetivo de cerrar tantos arreglos conciliatorios como les sea posible, pues es una exigencia cumplir con cierto número de conciliaciones mensuales "satisfactoriamente" convertidas en CONVENIOS. Esto sin duda es una clara violación a los principios de imparcialidad, neutralidad, flexibilidad, legalidad, equidad, buena fe, información, honestidad, y confidencialidad.

Como anécdota o dato curioso, durante los años 2016 o 2017 aproximadamente en la Junta Local de Conciliación y Arbitraje de la Ciudad de México, impulsaron un proyecto que hicieron llamar "CALCULADORA DE CONCILIACIÓN"; iniciativa que era un inhibidor de demanda a todas luces, el proceso consistía en lo siguiente: En estos casos el incauto trabajador se acercaba al módulo de atención de esta mal llamada "calculadora de conciliación" y digo "mal llamada" porque no calculaba nada y tampoco conciliaba; pero, en fin, el usuario es atendido por el seudo-funcionario de la Junta que realmente eran estudiantes del ICATI recababa algunos datos personales, laborales y circunstancias del despido, para ser comparados con datos estadísticos sustraídas de los expedientes de la propia Junta. Lo más "chistoso" (no puedo atribuirle otro adjetivo) es que después de la comparación le decían al trabajador en porcentaje las posibilidades que tenía para ganar su juicio o perderlo. Al respecto, solamente me queda parafrasear una expresión atribuible a Mark Twain, al referirse a la mentira:

Existen 3 tipos de mentiras: las mentiras, las malditas mentiras y las estadísticas

11.2.4 Limitantes de la Autonomía de la Voluntad por parte del trabajador.

Por regla general el Ciudadano tiene la libertad de obligarse contractualmente o realizar pactos de acuerdo los intereses y necesidades que tenga cada individuo; así mismo, el ser humano goza de la voluntad de renunciar a ciertos derechos, mientras estos no vayan en contra de la Ley, la moral y las buenas costumbres.

Sin embargo, en materia de trabajo la **Autonomía de la Voluntad** se encuentra limitada constitucional y legalmente, pues el trabajador no podrá pactar en contratos individuales de trabajo o condiciones establecidas en un contrato colectivo de trabajo, pues está la voluntad del trabajador se encuentra condicionada a que no se estipulen derechos inferiores a los consignados en el artículo 123 de la Constitución Política de los Estados Unidos Mexicanos, la Ley Federal del Trabajo y a que no se vulneren los derechos humanos laborales

Por otro lado, al terminar el vínculo de trabajo, sin importar la causa de la finalización, la parte trabajadora tiene limitantes a la Autonomía de la Voluntad, ya que no podrá renunciar a los derechos adquiridos y establecidos dentro del artículo 123, así como de los derechos sustantivos establecidos en el propio texto de la Ley Federal del Trabajo. La finalidad de limitar la autonomía de la voluntad del trabajador al establecer las condiciones de trabajo por lo menos en los márgenes mínimos establecidos la Ley Laboral, es que la parte trabajadora no sea víctima de la parte patronal, lo cual visto bajo la perspectiva de los derechos sociales significa establecer parámetros mínimos para el equilibrio entre factores de la producción.

11.2.5 Irrenunciabilidad de derechos por parte del trabajador.

Del anterior inciso se desprende un principio fundamental en el derecho del trabajo a favor de la clase obrera, el principio de la irrenunciabilidad de derechos previsto en los artículos 123 apartado A, fracción XXVII inciso h) de la Constitución, y 5o. de la Ley Federal del Trabajo.

El tema importante respecto a la irrenunciabilidad de los derechos del trabajador en la instancia conciliatoria es que de conformidad con lo establecido en el artículo 33 de la Ley Federal del Trabajo, los Conciliadores adscritos a los Centros de Conciliación, tienen la obligación de salvaguardar este principio fundamental a favor de la clase trabajadora, como lo menciona el segundo párrafo del citado artículo, el cual reza:

> *"… Todo convenio o liquidación, para ser válido, deberá hacerse por escrito y contener una relación circunstanciada de los hechos que lo motiven y de los derechos comprendidos en él. Será ratificado ante los Centros de Conciliación o al Tribunal según corresponda, que lo aprobará siempre que no contenga renuncia de los derechos de los trabajadores…"*

Obligación que no es menor, debido a que el tercer párrafo de la fracción XX del apartado "A" del artículo y 123[37], indica que la Ley Federal del Trabajo debe establecer las reglas para que los convenios laborales adquieran condición de **cosa juzgada**; siendo que la Ley específicamente en el Artículo 684-E fracción XIII establece lo siguiente:

> *"XIII. Una vez que se celebre el convenio ante los Centros de Conciliación, adquirirá la condición de cosa juzgada, teniendo la calidad de un título para iniciar acciones ejecutivas sin necesidad de ratificación…"*

En palabras llanas el hecho de que el **convenio** adquiera la condición de **cosa juzgada**, quiere decir que desde el momento en que las partes lo firman en presencia de la Autoridad, será el fin del proceso; no se admitirá recurso; y, además será inmutable por lo que no puede ser modificado. Pero que pasaría en el supuesto caso de que el CONVENIO realizado ante los Centros de Conciliación contenga renuncia de derechos por parte del trabajador, en el entendido que no podrá impugnarse ni ser modificado; en mi opinión existe un riesgo inminente de que el trabajador quedé en estado de indefensión bajo 2 supuestos.

---

37 Constitución Política de los Estados Unidos Mexicanos, Título Primero, Capítulo I, México 1917, disponible en línea: www.**diputados**.gob.mx/**Leyes**Biblio/index.htm. **Fecha de consulta 29 de julio de 2020.**

El primero es que la Ley prevé que la parte empleada podrá presentarse ante esa autoridad sin la representación legal de un licenciado en derecho, siendo que una parte importante del derecho humano de acceso a la justicia es contar con una representación legal; y, aunque si bien es cierto la propia ley permite que el trabajador pueda ser asistido por los licenciados en derecho que pertenecen a la Procuraduría de la Defensa del Trabajo, resulta un desequilibrio entre los factores de la producción en perjuicio de la clase trabajadora que el Patrón tenga permitido ser representado por un abogado y el trabajador NO.

El segundo supuesto, es una preocupación que se sustenta en la profesionalización con la que deben contar de los Conciliadores en materia de Derecho del Trabajo; así como, la experiencia que con la que deben de contar dichos funcionarios. La técnica jurídica que para efectos de cuantificación de las prestaciones se utiliza cotidianamente tiene tantas complejidades como tantos trabajadores existan, pues las condiciones laborales y prestaciones son diferentes para cada trabajador; incluso pueden variar de acuerdo a la naturaleza del servicio prestado; pueden variar la naturaleza jurídica del patrón; la antigüedad del vínculo de trabajo, etcétera.

Será un error pensar que los Conciliadores integrantes de los Centros de Conciliación NO DEBEN CUANTIFICAR o sólo cuantificaran vacaciones, prima vacacional y aguinaldo en sus partes proporcionales; de igual forma, será un error trasladar la mala práctica utilizada hoy en día en las Juntas de Conciliación y Arbitraje de partir salomónicamente por la mitad la diferencia entre lo ofrecido por el patrón y lo que solicita la parte trabajadora.

EL VERDADERO RETO DE LOS CONCILIADORES EN LA NUEVA JUSTICIA LABORAL, DEBE SER GANAR LA CONFIANZA Y EL RESPETO DE LOS USUARIOS.

11.3 Atribuibles a las circunstancias colaterales

11.3.1 Expectativas exageradas

Es común que los trabajadores se creen en su mente expectativas que salen del contexto de la realidad; perspectivas que muchas veces son creadas por los abogados los cuales prometen a la parte trabajadora despedida que al final del procedimiento cobrarán millones y millones de pesos.

La realidad es que los laudos cuantiosos muchas ocasiones son laudos incobrables; así mismo, se debe de tomar en consideración que el procedimiento de ejecución es técnicamente difícil, además de lento, tortuosos y caro. Sin olvidar el acotamiento de los salarios caídos a 12 meses y el pago posterior de los intereses que se generen sobre el importe de quince meses de salario, a razón del dos por ciento mensual, capitalizable al momento del pago, lo cual genera indudablemente que las condenas se veas disminuidas.

11.3.2 Distorsión de cuantificación

El desconocimiento o mala interpretación de los preceptos 82, 84 y 89 de la Ley Federal del Trabajo; así como, ignorar las prestaciones extralegales estipuladas en contratos colectivos de trabajo, contratos individuales o convenios entre las partes, hace que entre las partes existan muchas ocasiones una diferencia abismal entre la cantidad solicitada por la parte trabajadora y la cantidad ofrecida por la parte empleadora. Circunstancias que hace muy complicado que las posiciones, las necesidades y los intereses de las partes encuentren un equilibrio dentro de la legalidad para poder llegar a una solución satisfactoria.

11.3.3 Lectura equivocada de las contingencias de los procesos

En mi opinión la primera obligación del abogado de parte (incluso antes de establecer y/o cobrar sus honorarios) es: contar con toda la información y documentación del asunto que se les ha puesto en sus manos, ya que eso significa que podrás probar lo que afirma tu representado, bajo una estrategia laboral litigiosa eficaz.

Existen supuestos en que tiene todo para ganar el Juicio, tales como excelente información con datos exactos y fidedignos; así como, la documentación idónea para acreditar el dicho de la parte que se representa, sin embargo y por absurdo que parezca existen imprevistos que eventualmente surgen en un procedimiento jurisdiccional, algunos de ellos atribuibles a las inexpertas, desatinadas y lamentables labores realizadas por un abogado sin pericia o conocimiento en la materia laboral.

Esas circunstancias pueden surgir desde el mismo momento de interponer la demanda; de contestarla; de ofrecer las pruebas idóneas para acreditar lo que se pretende o incluso la omisión de objetar u objetar de manera incorrecta las pruebas de la parte contraria; así como, dejar de presentarse a una audiencia trascendental por falta de tiempo o desinterés en el Juicio.

Hay que tomar en consideración que uno de los enormes cambios en el derecho procesal del trabajo a favor de la celeridad procesal, legalidad y certeza jurídica es que, en la Nueva Justicia Laboral la parte actora deberá incluir los medios probatorios de manera pormenorizada y relacionada con los hechos de su demanda; así mismo, se debe reflexionar que la parte accionante no podrá adicionar medios de prueba a las ofrecidas en su escrito inicial; y, por último tampoco podrá ampliar su demanda como se venía realizando antes de la reforma del 1° de mayo de 2019, salvo la excepción que se observa en el último párrafo del artículo 873 de la Ley Federal del Trabajo que dice lo siguiente:

> *"873.-*
> *…El Tribunal solo podrá admitir la ampliación de demanda en caso de que en la contestación a la misma se hagan valer hechos novedosos, de los cuales el actor no haya tenido conocimiento al presentar su demanda."*

Obvio es que la parte demandada, después de presentar su contestación de demanda, no podrá realizar modificaciones y/o adicionar hechos a la contestación; y, mucho menos podrá ofrecer medios de prueba adicionales a los relativos a controvertir las inferencias que se desprendan de la demanda y su correlativa contestación después de presentada ante la autoridad laboral dicha contestación.

Lo anterior, implica que la técnica jurídica que deberán emplear los abogados de parte en la Nueva Justicia Laboral, debe ser de lo más fina y certera desde el primer escrito que cada una de las partes interponga; tema que se abordará a profundidad en el siguiente capítulo.

Ahora bien, hay supuestos en que aparentemente cuentas con todo lo necesario para que al final del Juicio obtengas una sentencia favorable; sin embargo, hay otras causas o circunstancias que pueden dificultar cumplir con el objetivo planteado, entre ellas podemos enumerar las siguientes:

1. Que un confesante no haya llegado el día y hora a la audiencia.
2. Que el confesante haya aceptado al contestar afirmativamente una pregunta, el hecho que resuelve la Litis a favor de nuestra parte contraria.
3. Que él o los testigos que fueron ofrecidos y perfectamente preparados para enfrentarse a una audiencia de desahogo, en el momento preciso se pongan nerviosos y manifiesten inconsistencias, diferencias o incongruencias con los hechos que se pretenden acreditar.
4. Que el peritaje oficial sobre la documental base de nuestra acción o defensa, según sea el caso, resulte desfavorable a los intereses de la parte a la que se representa.

11.3.4 Posiciones litigiosas de los abogados de parte

La Conciliación no es algo que se pueda meter con calzador en la mente de los sujetos que se encuentran involucrados en un conflicto, tampoco es una idea que a la mayoría de los abogados les satisfaga.

En primer lugar, considero que una cultura de paz debe de enseñarse a nuestros niños y jóvenes desde el núcleo familiar y reforzarse en la educación básica; quizá sin darnos cuenta en los primeros años en el que nuestros niños y niñas inician la convivencia con otros seres humanos y tienen una problemática conflictiva, les hacemos recomendaciones:

> *"no te dejes, si te pegan, pega más fuerte"*
> *"si te dejas pegar, cuando llegues a casa yo te pego el doble"*

Frases que sin duda van formando el carácter y el manejo del temperamento de los infantes en seres que buscan la confrontación y no el dialogo, lamentablemente durante todo el desarrollo del ser humano los episodios en los que se invita a enfrentar con violencia o ataques los problemas es cotidiano.

Es cierto que el Derecho como ciencia jurídica debe modificarse y adaptarse a los tiempos de acuerdo a las necesidades sociales, en ese sentido la reforma laboral paga una deuda que tenía pendiente con la sociedad; sin embargo, considero que para solucionar los conflictos entre patrones y trabajadores bajo el esquema planteado por la reforma de 2017, se debe de crear conciencia sobre los derechos y obligaciones de patrones y trabajadores, cambiar el esquema mental de los sectores de la producción y enseñarles a solucionar de manera pacífica y efectiva sus diferencias y/o conflictos.

La vía idónea para lograr el objetivo de contar con una sociedad que resuelva sus conflictos sin generar otros conflictos, es incorporar una cultura de la paz en nuestros sistemas educativos formales, por desgracia, no existe una materia que ayude a las niñas y niños a resolver sus problemáticas entre sí de forma pacífica, por medio del dialogo y la concertación de soluciones.

Indudablemente la formación que tuvimos desde casa y una educación formal sin compromisos con la cultura de paz, permea en adultos que solucionan sus problemas en base a la confrontación, por eso sucede que cuando una pareja se divorcia la primera recomendación que hacen propios y extraños es:

> *"demándalo y quítale hasta la camisa"*
> *"demándala, que no se quede la casa ni el carro"*
> *"quítale a tu hija, demanda"*

Sucede en cualquier tipo de controversia en que las partes deciden resolverla mediante un procedimiento jurisdicción; en el ámbito laboral no es la excepción, comúnmente cuando una relación laboral se termina, la patronal no quiere pagarle nada a la parte empleada; y, en contra sentido, la parte empleada quiere demandar para obtener el pago de los derechos que le corresponden y quizá, si se puede un lucro adicional.

Creo que ningún abogado de parte ha escuchado de su representado que busca su asesoría para lograr un arreglo conciliatorio; siempre que se busca el asesoramiento de un abogado es porque se desea interponer una demanda o porque ya fuiste demandado, pero la consigna del representado siempre es: ¡Ganar el Juicio!

Lamentablemente cuando un abogado propone a su representado que lleguen a un arreglo conciliatorio, piensa el cliente que el abogado tiene pocos conocimientos o en definitiva que se "*vendió*" a la parte contraria. Indudablemente no podemos generalizar, la realidad es que el abogado responsable y experiencia en la materia en la que versa la controversia, sabe intuir cuándo las condiciones no son favorables para ganar el Juicio desde el mismo momento que inicia una controversia jurisdiccional; por lo tanto, él sabe en qué momento resulta benéfico para su representado llegar a un arreglo conciliatorio.

Parte de las nuevas dinámicas que tendrán que implementar los abogados de parte en esta Nueva Justicia Laboral, sin duda será que, bajo un análisis de riegos de las contingencias litigiosas, emitir su mejor consejo profesional en vías de solucionar la controversia mediante resultados favorable para su cliente.

En el mismo contexto, la formación profesional de los licenciados en Derecho no ayuda muchos a crear un ambiente propicio para la conciliación, los programas académicos de la licenciatura en derecho se encuentren basados en conocer la teoría del derecho; así como, conocer, aprender y en algunos casos a comprender, interpretar y aplicar norma jurídica. En otras palabras, durante 6 años de preparación profesional y algunos otros años más de posgrado, perfeccionamos el arte del litigio.

La realidad es que el Abogado de parte debe saber litigar, conocer la norma, interpretarla y aplicarla de acuerdo a las necesidades del caso concreto, pero también debe saber cuándo hacerlo en una Conciliación en la búsqueda del mejor beneficio de su representado.

Los medios o mecanismos alternos de solución de controversias fueron incorporados en nuestra Constitución a finales de la primera década del siglo XXI, y consecuencia de esa incorporación en el artículo 17, se promulgó la Ley Nacional de

Mecanismos Alternativos en el mes de diciembre del año 2014; en ese punto, los medios alternos tuvieron una evolución rápida y constante en la legislación mexicana.

En la academia los mecanismos alternos de solución de controversia llegaron para quedarse, las facultades de derecho hayan incorporado a sus planes de estudio asignaturas relacionadas con ese tópico constitucional dentro de la primera mitad de la siguiente década con algunos diplomados, seminarios, conferencias; hoy en día, algunas Universidades tienen especialidades, licenciaturas, maestrías y doctorados relacionados con los MASC.

Desafortunadamente para los que estudiamos hace más de una década la licenciatura, hay mucho que aprender respecto a estos medios para solucionar los conflictos entre las personas, no sólo en la parte teórica y legal que es de suma importancia, sino sobre todo en la parte práctica.

No basta con tener a la CONCILIACIÓN LABORAL en el marco Constitucional; **no basta** con tenerla como requisito de procedibilidad para poder demandar; **no basta** con separar el procedimiento; **no basta** con tener nuevas autoridades encargadas de la labor conciliatoria; **no basta** con que los funcionarios integrantes de esas nuevas autoridades se encuentren debidamente profesionalizados y capacitados en derecho del trabajo y conciliación laboral.

Lo verdaderamente importante es que todos los involucrados en los factores de la producción caminen para el mismo rumbo, en caso de que el sector obrero y patronal; así como, los abogados que los representan no aprendan a solucionar sus conflictos o controversias laborales, será muy complicado que el sistema funcione.

11.3.5 Anteposición de pago honorarios o iguala

El justo pago por los servicios legales prestados por una abogado es la retribución lógica que debe obtener una profesionista después de haber invertido tiempo (T), conocimientos (C) y estrategias (E) para solucionar el conflicto o la controversia en la que se encuentra el representado.

$$T+C+E= \text{PAGO DE HONORARIOS o IGUALA}$$

Sin embargo, la ecuación es incorrecta o por lo menos no se adapta a los tiempos que estamos viviendo en la actualidad, en mi opinión el factor (T) se debe eliminar de la ecuación.

Un ejemplo para sustentar lo anterior: Un empleador pagar una iguala mensual durante los 4 años que el abogado de parte lo representó en un Juicio en el que fue demandado; durante ese espacio de **tiempo** su representante legal le invirtió 100% del factor (T); sin embargo, le invirtió 0% del factor (C) y 0% del factor (E). El resultado sin duda será un Laudo o Sentencia Condenatoria.

El factor (T), no es determinante para resolver favorablemente una controversia, considero que ese factor debe ser cambiado por el factor RESULTADO (R); en este caso la ecuación quedaría de la siguiente forma:

C+E+R= PAGO DE HONORARIOS O IGUAL

El factor (R) debe tener como objetivo, que el abogado de parte otorgue el mejor consejo jurídico a su representado respecto al coste beneficio que significa solucionar su conflicto o controversia mediante la conciliación laboral. El factor (R) debe estar sustentado en una estrategia de prevención, en una estrategia laboral litigiosa y un análisis de las contingencias del Juicio.

Es un cambio de 180° en la que todos debemos contribuir desde nuestra trinchera aportando nuestro granito de arena para lograr un cambio de pensamiento y de actuar; difícil pero no imposible.

Todos los que de alguna y otra manera estamos involucrados en las controversias laborales, ya sea como sujetos de derecho, abogados de parte o autoridades, somos culpables de las malas prácticas desarrolladas en las Juntas de Conciliación. Evitar arrastrar los viejos vicios que históricamente han ensombrecido al derecho laboral a los Centros de Conciliación Laboral y los Tribunales Laborales, es una tarea de todos.

No es suficiente que por mandato constitucional se obligue a las partes agotar una instancia conciliatoria frente a una Autoridad administrativa para gestionar su conflicto como requisito de procedibilidad indispensable para interponer una demanda laboral por vía jurisdiccional ante las Autoridades Jurisdiccionales en Materia del Trabajo.

Vista la conciliación laboral como un simple requisito de procedibilidad que se debe cumplir para poner en marcha al aparato jurisdiccional, es una invitación para que las mentes brillantes del derecho laboral desde este momento se pongan **a inventar formas de simulación** con tal de evitar la instancia conciliatoria.

La *"CONSTANCIA DE NO CONCILIACIÓN"*, tiene que observarse como el último objetivo de la instancia conciliatoria y no como el objetivo de su desahogo, ya que, aunque el artículo 685 Ter de la Ley Federal del Trabajo desde el primero de mayo de dos mil diecinueve, prevé las causas de excepción para agotar dicha instancia, estas excepciones deben ser utilizadas cuando verdaderamente se amerite al caso concreto.

El haber elevado a la Conciliación Laboral a nivel Constitucional no es una cuestión de poca monta, bajo la herramienta del pensamiento crítico nos invita a la reflexión y análisis desde una nueva perspectiva. A continuación, aportaré algunas ideas novedosas relacionadas con la Conciliación Laboral del siglo XXI.

12. Autonomía de la Conciliación Laboral como Medio para Solucionar Conflictos Laborales

En importante destacar que los MASC surgen de la necesidad social de contar en el sistema jurídico mexicano, con un método mediante el cual se solucionen las problemáticas de manera rápida, eficiente, económica y eficaz; rubros estos últimos, en que los modelos judiciales han fallado históricamente en perjuicio de la sociedad misma; en ese sentido al Ciudadano de a pie lo que le importa verdaderamente es la solución a dichas problemáticas y que mejor que esa solución sea rápida y eficaz, lo que menos le interesa a Ciudadano es quien y como lo hagan, mientras se encuentre dentro de la legalidad.

En ese sentido en el mes de junio del año 2008 el Estado Mexicano promulgó una reforma al sistema Penal desde la propia Constitución que entre muchos artículos que fueron motivo de modificación se encuentra el 17, precepto Constitucional que dispuso que una de las formas de acceder al Derecho Humano a la Tutela Jurisdiccional Efectiva debían establecerse en las leyes mexicanas los llamados Métodos Alternos de Solución de Controversias que por su acrónimo los conocemos hoy en día como "MASC"; aunque para el Modelo de Justicia Penal que desde ese entonces se estaba instaurando se le llamó "Justicia Alternativa".

Entendida esa Justicia alternativa por el Maestro Víctor Moreno Catena como: "La vía que a través de diversos métodos pueden elegir las partes en un conflicto para resolverlo de manera voluntaria, que pueden resultar más ágiles, eficaces y baratos que la jurisdicción".

La intención del legislador fue que el sistema penal tuviera una herramienta para resolver los casos considerados por la Ley Penal como "no graves", invitando a las partes a que con ayuda de un tercero neutral (no el juez) lleguen a acuerdos favorables para los involucrados. En ese contexto el artículo 17 Constitucional prevé que el Ciudadano puede acceder a la Tutela Jurisdiccional de manera efectiva mediante los

mecanismos alternativos de **solución** de **controversias** o ante la autoridad judicial, todo ello bajo la perspectiva constitucional.

Ahora bien, bajo esa perspectiva se puede interpretar que la naturaleza jurídica de los **mecanismos alternativos de solución de controversias** (negociación, mediación, conciliación y arbitraje) se encuentra en el propio artículo 17 Constitucional, al señalar en el primer renglón del párrafo quinto, lo siguiente: *"...Las leyes preverán mecanismos alternativos de solución de controversias..."*

Sin embargo, el texto actual de la fracción XX del artículo 123 párrafo segundo eleva a nivel Constitucional a la Conciliación Laboral, otorgándole características y/o condicionantes especiales, autoridades especializadas y principios fundamentales que lo rigen desde la propia Constitución.

	CONCILIACIÓN LABORAL
CARACTERISTICAS	PRE-JUDICIAL, OBLIGATORIO y REQUISITO DE PROCEDIBILIDAD
AUTORIDADES ESPECIALIZADAS	En el orden local, la función conciliatoria estará a cargo de los Centros de Conciliación, especializados e imparciales que se instituyan en las entidades federativas. En el orden federal, la función conciliatoria estará a cargo de un organismo descentralizado. Al organismo descentralizado le corresponderá además, el registro de todos los contratos colectivos de trabajo y las organizaciones sindicales, así como todos los procesos administrativos relacionados.
PRINCIPIOS	Certeza, independencia, legalidad, imparcialidad, confiabilidad, eficacia, objetividad, profesionalismo, transparencia y publicidad.

Lo anterior, sin duda pone a la vanguardia a la Conciliación Laboral, debido a la AUTONOMÍA que tiene con respecto a los mecanismos alternos para solucionar controversias "MASC", a los que se refiere el cuarto párrafo del artículo 17 Constitucional.

13. Conceptualización Moderna de la Conciliación Laboral

La Conciliación Laboral en la Nueva Justicia Laboral ayudará a **promover** la cultura del diálogo, una cultura de paz, la restauración de las relaciones entre los factores de la producción y sobre todo el **respeto** irrestricto de los derechos y obligaciones derivados de las relaciones labores.

En el Estado Mexicano toda autoridad tiene la obligación de promover, proteger, respetar y garantizar los derechos humanos de las personas de acuerdo al artículo 1° de la CPEUM, como se podrá apreciar de la conceptualización realizada en párrafos anteriores, con respecto el derecho humano al acceso a la Justicia **Laboral** utilizando métodos auto-compositivos, mediante los cuales la sociedad encuentre una justicia pronta y expedita.

Desde la propia exposición de motivos de la reforma constitucional al artículo 123 el poder legislador estableció que uno de los pilares importante de la nueva justicia laboral, sería la CONCILIACIÓN LABORAL. Se ha proyectado que ante los Centros de Conciliación a nivel federal y estatal se gestionen y resuelvan hasta un 40% de los conflictos laborales.

El objetivo es que los Tribunales, Juzgados u Órganos Jurisdiccionales en Materia del Trabajo conozcan solamente del 60% de las controversias laborales que las partes decidieron resolver mediante un procedimiento jurisdiccional o los casos exceptuados de llevar a cabo la instancia conciliatoria; hasta el momento la intención del legislador no deja de ser una utopía sin ningún sustento.

Todos deseamos que la Conciliación Laboral sea útil y efectiva para lograr contener el excesivo número de demandas laborales que reciben actualmente las Juntas de Conciliación y Arbitraje, que, a partir de la segunda quincena de noviembre de 2020, recibirán los Juzgados Laborales en las 8 Entidades que tendrán competencia para conocer, sustanciar y resolver las controversias que pongan para su jurisdicción.

El coste-beneficio de gestionar un conflicto sin generar otros conflictos mediante los llamados mecanismos "alternos" de solución de conflictos como la CONCILIA-CIÓN representan ventajas en procesos más rápidos y económicos para todos los involucrados; aunado a esas ventajas hay cuestiones quizá intangibles que las partes deben tomar en consideración para resolver sus conflictos vía la conciliación laboral, como pueden ser el evitar acrecentar rencores personales entre las partes, evitar el desgaste emocional que representa estar frente a una autoridad jurisdiccional, evitar el reproche social por haber interpuesto una demanda y ser considerado por el hecho de exigir el cumplimiento de tus derecho como una persona conflictiva o por el otro lado un patrón insensible e inhumano ante las problemáticas de tus empleados.

La conciliación no es una varita mágica que a partir del día 1° de octubre re-solverá con un toque los conflictos laborales; tampoco la conciliación es un placebo que producirá efectos de alivio respecto a las problemáticas que vive actualmente la justicia laboral.

La Conciliación es un instrumento útil, económico, rápido y satisfactoria para las partes en la mayoría de los casos; sin embargo, para llegar a esa conclusión invariablemente las partes deben conocer, entender y aplicar las técnicas de la conciliación y mediación para apreciar de manera práctica los beneficios en tiempo y resultados. Por todo ello, el concepto de CONCILIACIÓN LABORAL, debe cambiar, debemos elevar a la conciliación laboral al rango Constitucional que ahora el poder reformador lo ha elevado, sin duda alguna, su importancia es mayúscula y el compromiso que deben asumir las nuevas autoridades laborales dedicadas a la conciliación de los conflictos del trabajo debe estar acorde a dicha importancia.

Por todo lo anterior y al resultar necesario, se aporta en el siguiente párrafo una conceptualización moderna de la Conciliación Laboral.

CONCILIACIÓN LABORAL: Es un Medio Autónomo para Resolver los Conflictos Laborales fuera de sede Judicial que **protege** y **garantiza** el Derecho Humano a la tutela jurisdiccional efectiva apegado a los principios de certeza, independencia, legalidad, imparcialidad, confiabilidad, eficacia, objetividad, profesionalismo, transparencia y publicidad previsto en la propia Constitución Política de los Estados Unidos Mexicanos como requisito obligatorio de procedibilidad bajo las reglas establecidas en la Ley Federal del Trabajo para agotar la instancia conciliatoria.

Capítulo V
Instancia Conciliatoria

Según el texto vigente de la fracción XX del artículo 123, la instancia conciliatoria sé realizará frente a los Centros de Conciliación Laboral, establecido en el párrafo segundo para el ámbito local; y, en párrafo cuarto para el ámbito federal. Lo cierto es que, en una interpretación de ambos párrafos, ambas autoridades tienen la misma naturaleza jurídica, pues deben ser establecidas desde su ley orgánica como: Organismos Descentralizados con personalidad jurídica y patrimonio propios.

El camino ha sido largo desde el 24 de febrero del año 2017, QUE SE promulgó la reforma constitucional al artículo 123.

Las obligaciones del Estado Mexicano para la instauración del Modelo de Justicia Laboral se han ido cumpliendo incluso en contra de los contratiempos

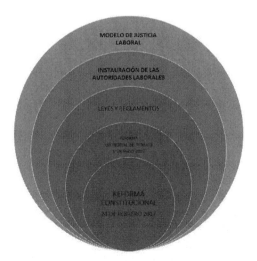

14. Implementación de la Nueva Justicia Laboral

Considero que parte importante de la implementación de la Nueva Justicia Laboral es un programa informativo y concientización sobre el nuevo procedimiento para resolver las diferencias, conflictos y/o controversias laborales. En la medida que todos los involucrados (integrantes de las nuevas autoridades, abogados de parte, patrones y trabajadores) conozcan y entiendan los beneficios y alcances jurídicos del nuevo modelo judicial laboral, se podrán tener mejores resultados en mediano y largo plazo.

14.1 Vicisitudes de la implementación

En las últimas 4 décadas el mundo cambió a pasos agigantados un mundo globalizado y el uso de las tecnologías de la información y comunicación (TIC´s) hizo girar al mundo en que vivimos de manera acelerada; parecía que nadie podía detener el curso vertiginoso en el que todos los seres humanos desarrollábamos nuestras vidas de forma cotidiana. Pero, en el segundo semestre del año 2020, el mundo se puso en aparente pausa debido a una cuestión de salud pública derivada de una enfermedad desconocida hasta ese momento.

Después de 9 meses y precisamente al momento de escribir las presentes líneas se puede asegurar que las consecuencias derivadas de la pandemia causadas por el virus SARS-CoV2 o mejor conocido como COVID-19, han sido catastróficas por el elevado número de decesos humanos (hasta el mes de noviembre del año 2020, se contabilizaban en más de 90 mil muertes) hecho que por sí sólo, hace lamentable la crisis de salud pública que se padeció y hasta el momento se sigue padeciendo, sirvan estas primeras líneas para hacer votos y abrigar la esperanza de que las muertes de seres humanos inocentes se detengan de forma definitiva.

Por desgracia, las pérdidas humanas no es la única consecuencia de estos acontecimientos, existen daños colaterales ocasionados por la emergencia sanitaria decretada en la segunda quincena del mes de marzo del año 2020, el impacto social y económico ha puesto en jaque a todo el País dejando a su paso una oleada de fuentes de trabajo cerradas y cientos de miles de personas desempleadas; los niveles de pobreza, delincuencia, violencia, deserción educativa, etcétera, son cuestiones de las que seguramente saldremos adelante, como solamente los Mexicanos sabemos hacerlo, con solidaridad, trabajo y dedicación.

Un hecho que seguramente formará parte del anecdotario de la implementación de la Nueva Justicia Laboral.

En ese orden de ideas debemos adaptarnos a una nueva forma de convivir y relacionarnos con otros seres humanos, el mundo del trabajo no debe ser ajeno a dicha adaptación; incluso me atrevo a decir que en la medida en que el mundo laboral retome cierta estabilidad y normalidad, podremos aliviar de alguna forma los daños causados por la contingencia sanitaria.

Una de las formas de aportar un granito de arena para ir solventando esta grave situación, es implementar el Nuevo Sistema de Justicia Laboral para poder entregar al Ciudadano la certeza jurídica que aporta una justicia pronta y expedita; tan sólo en el caso de las vidas que se han perdido por esta grave enfermedad, si la de designación de beneficiarios del trabajador fallecido estuviera a cargo de los Nuevos Tribunales Laborales, seguramente serían resueltos de forma más rápida.

Sin embargo, la implementación de la reforma ha presentado algunos inconvenientes pese a la programación gradual propuesta por el Ejecutivo Federal a través de la Secretaría del Trabajo, quien estableció fechas y parámetros para la implementación del nuevo modelo de justicia laboral en toda la república mexicana, siendo que una de las determinaciones fue que esta se realizaría en 3 etapas, cada una de etapas se llevaría con una año de distancia a la que antecede, iniciando el día 1° de octubre del año 2020.

En principio 10 Entidades federativas pondrían en marcha el nuevo sistema de justicia laboral, sin embargo, en el mes de agosto del mismo año 2020, el Gobierno Federal acordó en forma definitiva que la primera etapa de implementación del sistema, iniciara operaciones en la segunda semana de noviembre y no en octubre como se había indicado; lo anterior, para que los estados puedan superar el impacto ocasionado por la epidemia de Covid-19 en sus procesos de licitación, ejecución de obra y capacitación de personal.

En el mismo acuerdo se estableció que solamente las Entidades de **Campeche, Chiapas, Durango, Estado de México, San Luis Potosí, Tabasco y Zacatecas,** pondrán en marcha el nuevo sistema o modelo de Justicia Laboral en la segunda quincena del mes de noviembre del año 2020.

Hidalgo, Guanajuato y Tlaxcala son Entidades que estaban contempladas para el primer bloque de la implementación; sin embargo, tuvieron que postergar el arranque del sistema un año más, pues será hasta el último trimestre del año 2021 que lo pongan en marcha.

Mientras que Aguascalientes, Baja California, Guerrero, Morelos, Oaxaca, Puebla, Quintana Roo y Veracruz, formarán parte de la Segunda Etapa de implementación; y, el resto de las Entidades lo harán para el año 2022.

Y, aunque los plazos y términos no siempre se han cumplido cabalmente en cuestión de la implementación de la nueva justicia laboral, como lo fue con el segundo transitorio de la reforma a la LFT que indicaba que "*la Ley Orgánica del Centro Federal se promulgaría Dentro de los 180 días siguientes a la entrada en vigor del Decreto*"; y, fue hasta el 6 de enero del año 2020, que se promulgó dicha Ley en el DOF.

Con respecto a la instauración de las nuevas autoridades del trabajo el Gobierno Federal diseñó su implementación de acuerdo a los plazos y términos establecidos en los artículos transitorios de la reforma a la Ley Federal del Trabajo que data del 1° de mayo de 2019, pues los transitorios quinto y sexto dicen:

> "**Quinto. Plazo de inicio de funciones de la Autoridad Conciliadora Local y Tribunales Locales.** Los Centros de Conciliación locales y los Tribunales del Poder Judicial de las Entidades Federativas iniciarán actividades dentro del plazo máximo de tres años a partir de la entrada.

> **Sexto. Plazo para el inicio de funciones de la Autoridad Conciliadora Federal y Tribunales Federales.** Dentro del plazo máximo de cuatro años a partir de la entrada en vigor de este Decreto, cada delegación u oficina regional del Centro Federal de Conciliación y Registro Laboral iniciará la tramitación de solicitudes de conciliación que sean de su competencia al mismo tiempo que los Tribunales del Poder Judicial de la Federación inicien su operación en el circuito judicial al que correspondan. Cada circuito judicial iniciará sus funciones en el orden y secuencia en que se determine en las declaratorias que emita el Senado de la República, a propuesta del Consejo de la Judicatura Federal, conforme a las disposiciones previstas en el presente Decreto."

Por lo tanto, de acuerdo al quinto transitorio los Centros de Conciliación Laboral y Juzgados integrantes de los Poderes Judiciales de los 8 Entidades Federativas que forman parte del primer bloque iniciarán operaciones **la segunda quincena del mes de noviembre de 2020**. En esa misma fecha, inician operaciones las oficinas regionales del Centro Federal de Conciliación y Registro Laboral; y, los Tribunales del Poder Judicial de la Federación pertenecientes al circuito judicial correspondiente. Autoridades que deben estar expeditas para que todo Ciudadano ejerza su derecho humano de acceso a la Justicia en Materia del Trabajo, en el ámbito Federal y Local, bajo las reglas de procedibilidad estipuladas en la CPEUM y la LFT.

Pensar lo contrario es una ambigüedad jurídica. Los abogados de parte que representes a empleados o patrones en dichas Entidades deben estar atentos de agotar la instancia Conciliatoria.

14.2 Abogados de Parte (paradigmas frente a la Nueva Justicia Laboral)

Pieza clave para el éxito del Modelo Judicial que presenta la nueva Justicia Laboral, indudablemente que serán los abogados de parte, no puedo concebir un modelo judicial sin abogados conocedores del sistema; máxime en materia de derecho del trabajo al tratarse de un derecho social en el cual se tiene en juego el bienestar de las personas; además, lo técnicamente difícil que resulta ser la materia.

Lamentablemente no se han presentado programas de capacitación dirigidos para los abogados particulares, por el momento los Poderes Judiciales a nivel federal y estatal están más preocupados por capacitar y profesionalizar al personal que formaran parte de las Nuevas autoridades laborales, que en ofrecer alguna capacitación a los Abogados particulares. Por otro lado, las Facultades de Derecho o Centros de Estudios Profesionales no se han percatado de la enorme necesidad que tienen los abogados litigantes de conocer el Nuevo Sistema De Justicia Laboral.

En mi opinión, el Modelo hay que poner en práctica en las Aulas para equivocarnos y poder recomponer el camino ahí en las Aulas de clase y no en el Juzgado, el objetivo es entregar al Ciudadano una maquinaria muy bien engranada. Ahora bien, no importa si el abogado de parte representa a la parte patronal o la parte actora, en cualquiera de los casos antes de ejercer acción jurisdiccional ante los Nuevos Tribunales, Juzgados u Órganos Jurisdiccionales en Materia del Trabajo, deben invariablemente agotar la instancia conciliatoria, salvo que las circunstancias del caso ameriten su excepción.

Por el momento partamos de la regla general que dice que se debe de agotar la instancia conciliatoria para poder poner en marcha el aparato jurisdiccional mediante una demanda laboral; en ese contexto, el actuar de los abogados de parte deberá ser diferente.

De acuerdo al nuevo esquema planteado por la LFT, el abogado postulante deberá explicarle a su representado que antes de interponer una demanda deben agotar una instancia conciliatoria; ese hecho o circunstancia puede generarle al "cliente" confusión, molestia y sobre todo desconfianza; puesto que la persona que contrata los servicios de un abogado es para defender sus intereses frente a los intereses de la parte contraria ante el Órgano Jurisdiccional, **NO contrata al abogado** para **conciliar**.

En contexto de lo anterior, seguramente tendremos 3 tipos de posturas asumidas por el Abogado de parte al enfrentar la Instancia Conciliatoria:

1. LA POSITIVA en la que el Abogado de parte trata de convencer a su cliente de que la Conciliación es la mejor forma de solucionar su conflicto; en ese sentido le hablará de los beneficios en tiempo, dinero y esfuerzo que le aporta al proceso, solucionar su conflicto mediante la instancia Conciliatoria; o,

2. LA NEGATIVA en la que el Abogado de parte trata de convencer a su cliente que mediante la Conciliación no obtendrá los beneficios económicos que buscan; en ese sentido le hablará sobre el obstáculo que representa cumplir con la instancia conciliatoria como mero requisito procedimental para lograr interponer una demanda en contra de la parte contraria; no importa el tiempo, dinero y esfuerzo que le inviertan a un largo proceso con tal de conseguir un mejor beneficio de acuerdo a sus intereses.

3. LA IDEAL en la que el Abogado de parte mediante una ESTRATEGIA LABORAL LITIGIOSA aportará a su cliente el mejor consejo para resolver su conflicto o controversia, mostrándole todas las aristas de cada uno de las instancias y etapas del procedimiento; sus posibilidades y riesgos; el tiempo, dinero y esfuerzo que representa cada una de ellas. Para que el cliente en uso de su Voluntad decida la forma en la que resolverá el asunto.

Pero, a que me refiero con la elaboración de una ESTRATEGIA LABORAL LITIGIOSA, bueno, el Abogado de Parte debe estar preparado de igual forma para desarrollar unas pláticas conciliatorias que para afrontar la elaboración de la demanda inicial.

•INFERENCIAS PROBATORIAS

CONDICIÓN FÁCTICA

CONSECUENCIA APLICACIÓN DE LA NORMA

ESTRATEGIA LABORAL LITIGIOSA

La ESTRATEGIA LABORAL LITIGIOSA es el conocimiento de la razón basado en una condición fáctica (hechos) mediante el cual una persona considera tener un derecho; esa razón debe adecuarse a una hipótesis normativa y la posibilidad de ser sustentada con inferencias probatorios para poder exigir una pretensión

Hablando metafóricamente, una plática conciliatoria es como jugar una partida de póker donde la primera carta se encuentra boca abajo, el juego se vuelve una mano a mano o como se dice en el póker "una TIMBA" donde debes estar muy alerta para saber si tienes la mejor mano para ganar. Un buen jugador conoce las fortalezas y debilidades propias y de su contrario, una de las directrices del método Harvard para la negociación es que debes de tener conocimiento de lo que vas a negociar y con quién vas a negociar (mientras más conocimiento tengas del asunto y de tu oponente, mejores negociaciones obtendrás).

En los procesos conciliatorias es igual, solamente que en estos casos tus cartas fuertes son los hechos que puedes probar y que se encuentran sustentados en la norma jurídica; cartas que solamente soltaras si consideras que puedes ganar la partida.

Ejemplo: En una platica conciliatoria la trabajadora únicamente le indicó a su Abogado: "*que fue despedida injustificadamente de su trabajo*", por ser una etapa conciliatoria el representante legal consideró que no era necesario conocer más del asunto; en el desahogo de la instancia conciliatoria el representante de la patronal para persuadir al abogado de la trabajadora, le dice que cuenta con renuncia firmada por la empleada voluntariamente.

Con los escasos datos con los que cuenta el abogado tendrá pocas posibilidades de contrarrestar cualquier argumento por falaz que este sea. Incluso desconocer las reglas del juego en el procedimiento le juega en su contra, pues después del argumento nunca solicitó unos momentos para platicar con su cliente y aclarar las circunstancias en las que se presentó dicha renuncia y las circunstancias del caso. Al final, el abogado recomienda a su cliente "trabajadora", conciliar y recibir la cantidad irrisoria ofrecida por el representante de la patronal.

Después de firmar el convenio, la trabajadora comenta al Abogado: "*el dinero que estoy recibiendo servirá para solventar los gastos hospitalarios para el nacimiento de su hijo; ya que fui despedida por estar embaraza y forzada a firmar la renuncia*". Circunstancia de hecho que hubiera servido para contrarrestar el argumento de la renuncia, que parecía tan fuerte, pero que no lo era en realidad ante las circunstancias de la terminación de la relación laboral.

En el ejemplo anterior, se adoleció del conocimiento del caso para armar una ESTRATEGIA LABORAL LITIGIOSA y abordar la Instancia Conciliatoria, con mejores argumentos. Resulta obvio que debemos conocer el tiempo, modo y lugar en que sucedieron los hechos; pero, ¿Cuáles son las preguntas se deben hacer? ¿Qué datos debes obtener? y ¿Con qué documentos debes contar?

DATOS DEL TRABAJADOR	DATOS DE LA EMPRESA	CONDICIONES LABORALES	CIRCUNSTANCIAS DEL DESPIDO	HECHO DEL DESPIDO	DOCUMENTOS
NOMBRE COMPLETO	NOMBRE DE QUIÉN LO CONTRATÓ	FECHA DE INGRESÓ AL TRABAJO	REGISTRÓ, FIRMÓ O CHECÓ SU ASISTENCIA EL DÍA DEL DESPIDO	FECHA	CONTRATO DE TRABAJO (ORIGINAL O COPIA)
DOMICILIO	PUESTO DE QUIÉN LO CONTRATÓ	FIRMÓ CONTRATO	SE LE ENTREGÓ NOTIFICACIÓN ESCRITA DEL DESPIDO	HORA	RECIBO DE PAGO DE SALARIO (ORIGINAL O COPIA)
EDAD	DOMICILIO COMPLETO DONDE FUE CONTRATADO	CATEGORÍA (S)	FIRMÓ DE RECIBIDO	LUGAR DE LOS HECHOS	RECIBO DE PAGO DE VACACIONES (ORIGINAL O COPIA)
TEL'S:(DOM.)	NOMBRE DEL PATRÓN, EMPRESA O DEPENDENCIA A LA QUE LE PRESTÓ SERVICIOS	FUNCIONES	FECHA EN LA QUE FIRMÓ EL AVISO DE DESPIDO	PERSONA QUE LO DESPIDE	RECIBO DE PAGO DE PRIMA VACACIONAL (ORIGINAL O COPIA)
TEL'S: (CELULAR)	DOMICILIO COMPLETO DONDE PRESTÓ SERVICIOS	SALARIO DIARIO NOMINAL	TIENE COPIA DEL DOCUMENTO	CARGO DENTRO DE LA FUENTE DE TRABAJO DE QUIEN LO DESPIDIÓ	RECIBO DE PAGO DE AGUINALDO (ORIGINAL O COPIA)
CORREO ELECTRÓNICO	ACTIVIDAD DEL PATRÓN, EMPRESA O DEPENDENCIA CONTRATANTE	COBRABA SU SALARIO: DIARIO, SEMANAL, QUINCENAL O MENSUAL	AL INGRESAR A LABORAR O AL SER DESPEDIDO, FIRMO USTED: RENUNCIA	RELATAR LOS HECHOS	GAFETE O IDENTIFICACIÓN DEL TRABAJO
TEL'S: (CONTACTO FAMILIAR)	LABORÓ EN SUCURSAL	FORMA DE PAGO	RECIBIÓ DE FINIQUITO	EXISTEN TESTIGOS DE LOS HECHOS	RECIBO DE PAGO DE UTILIDADES (ORIGINAL O COPIA)
ESTADO CIVIL	NOMBRE COMERCIAL DE LA EMPRESA	FIRMABA RECIBO DE PAGO	FIRMÓ ALGÚN DOCUMENTO EN BLANCO	DATOS DE LOS TESTIGOS: NOMBRE Y DOMICILIO COMPLETO; Y, TELÉFONO	ALTA DE SEGURIDAD SOCIAL (ORIGINAL O COPIA)

DEPENDIENTES ECONÓMICOS	NOMBRE COMPLETO DE LAS PERSONAS QUE SE HAYAN BENEFICIADO DE SU TRABAJO	HORARIO DE LABORES	FIRMÓ ALGÚN CONVENIO CON LA EMPRESA	LOS TESTIGOS TRABAJAN EN LA MISMA EMPRESA	BAJA DE SEGURIDAD SOCIAL (ORIGINAL O COPIA)
NÚMERO DE INE		HORARIO DE COMIDAS	FECHA EN LA QUE HIZO EL CONVENIO, LO HIZO FRENTE A LA AUTORIDAD	EN CASO DE NO TRABAJAR EN LA EMPRESA, LUGAR DONDE TRABAJAN LOS TESTIGOS O RAZÓN POR LA QUE SE ENCONTRABA EN EL LUGAR	EN CASO DE ENFERMEDAD DOCUMENTO MÉDICO QUE LO AVALE
COPIA DE INE		COMO REGISTRÓ DURANTE EL TIEMPO QUE PERDURÓ LA RELACIÓN LABORAL SU ASISTENCIA	TIENE COPIA DEL CONVENIO	EN CASO DE SER MUJER, SE ENCUENTRA EN ESTADO DE GESTACIÓN AL MOMENTO DEL DESPIDO	EN CASO DE ESTADO DE GESTACIÓN, DOCUMENTO MÉDICO QUE LO AVALE
OTRO TIPO DE IDENTIFICACIÓN (ESPECIFICAR)		FECHA DE ÚLTIMO PAGO	CONTABA CON IMSS, ISSSTE, ISSEMYM, INFONAVIT, AFORE (NÚMERO DE REGISTRADO)		ALGÚN DOCUMENTO DE LA EMPRESA, RFC, ALTA COMO PATRÓN ANTE EL IMSS, ESTADOS DE CUENTA BANCARIA

Se recomienda que los datos se plasmen en un documento mediante el cual la persona que los aporta firme bajo protesta de decir verdad que lo manifestado es verdad, mismos que se manifestan de manera libre, voluntaria y unilateralmente. Además, se debe contar con aviso de privacidad y se recomienda que en el propio documento se plasme que se ha leído el aviso y se esta de acuerdo con él.

Partiendo de la información relacionada con el caso puedes elaborar tu estrategia laboral litigiosa preventiva, te invito a que tomando en consideración la lista de datos, información, hechos y documentos descrito en el cuadro anterior, elabores el documento que te permita conocer el modo, tiempo y lugar del caso en concreto.

15. Excepciones de agotar la instancia conciliatoria

Por regla general tanto trabajadores como empleadores que tengan la necesidad de entablar acción jurisdiccional derivada de algún conflicto o controversia de índole laboral, deberá agotar una instancia conciliatoria previa a acceder a los Órganos

Impartidores de Justicia pertenecientes a los Poderes Judiciales de los Estados a nivel Local y de la Federación en el ámbito Federal. Fracción XX del artículo 123 CPEUM y 684-B LFT.

Sin embargo, siempre existen excepciones a las reglas de carácter general, para el caso de la conciliación laboral en el nuevo esquema planteado no es diferente, estas excepciones las encontramos plasmadas en el artículo 685 Ter., de la LFT.

Los abogados de parte que ejerzan la profesión en los estados de **Campeche, Chiapas, Durango, San Luis Potosí, Tabasco, Zacatecas y Estado de México** a partir de la segunda quincena de noviembre del año 2020, deberán estar atentos y analizar si el asunto que están poniendo en sus manos se encuentra dentro de las excepciones estipuladas en el artículo 685 Ter., el cual a la letra dice:

> *"**Artículo 685 Ter.**- Quedan exceptuados de agotar la instancia conciliatoria, cuando se trate de conflictos inherentes a:*
> *I. Discriminación en el empleo y ocupación por embarazo, así como por razones de sexo, orientación sexual, raza, religión, origen étnico, condición social o acoso u hostigamiento sexual;*
> *II. Designación de beneficiarios por muerte;*
> *III. Prestaciones de seguridad social por riesgos de trabajo, maternidad, enfermedades, invalidez, vida, guarderías y prestaciones en especie y accidentes de trabajo;*
> *IV. La tutela de derechos fundamentales y libertades públicas, ambos de carácter laboral, entendidos en estos rubros los relacionados con:*
> *a) La libertad de asociación, libertad sindical y el reconocimiento efectivo de la negociación colectiva;*
> *b) Trata laboral, así como trabajo forzoso y obligatorio, y*
> *c) Trabajo infantil.*

Para la actualización de estas excepciones se debe acreditar la existencia de indicios que generen al tribunal la razonable sospecha, apariencia o presunción de que se están vulnerando alguno de estos derechos;

> *V. La disputa de la titularidad de contratos colectivos o contratos ley, y*
> *VI. La impugnación de los estatutos de los sindicatos o su modificación."*

Al respecto, se subraya que, en cualquiera de los supuestos señalados en las 6 fracciones del artículo en cuestión, el trabajador siempre tendrá a su favor la presunción de que los hechos narrados en su demanda son ciertos, con la sola presentación del escrito inicial; por lo tanto, los Nuevos Tribunales Laborales en ningún caso podrá solicitar a la parte accionante que acredite con medio de prueba alguna la veracidad de su dicho.

Incluso, el Tribunal Laboral debe radicar la demanda para su trámite cuando en su contexto argumente la parte accionante alguno de los supuestos estipulados en la fracción IV del multicitado artículo 685 Ter., pues la sola presentación del escrito inicial debe generar la sospecha, apariencia o **presunción** de que se están vulnerando alguno de los derechos fundamentales y libertades públicas; tal y como lo exige dicho artículo.

Bajo esas circunstancias, hago votos para que este artículo 685 Ter., no se convierta en un obstáculo para llevar a cabo la Conciliación Laboral en los Centros de Conciliación Laboral de las Entidades a nivel y en el Centro Federal de Conciliación a nivel federal.

Ahora bien, en lo particular para el tema que nos ocupa nos interesa abordar algunos aspectos importantes respecto las excepciones mencionadas en fracciones I y II; lo anterior, ya que la fracción III se refiere a conflictos individuales de seguridad social; mientras que las fracciones V y VI forma parte de los reclamos en materia de derecho colectivo del trabajo que no forman parte del presente manual.

En cuanto a las causas de excepción enunciadas en la **fracción I** del artículo en comento, en mi opinión la **discriminación** en el empleo y ocupación por embarazo, por razones de sexo, orientación sexual, raza, religión, origen étnico, condición social o acoso u hostigamiento sexual son causa de un conflicto o controversia laboral; sin embargo, esas causas o motivos discriminatorios eventualmente tendrán como consecuencia un despido o un procedimiento de rescisión.

El último párrafo del artículo 1° de la CPEUM indica categóricamente que se debe eliminar la discriminación en cualquier forma en la que se presente, al decir:

> *"Queda prohibida toda discriminación motivada por origen étnico o nacional, el género, la edad, las discapacidades, la condición social, las condiciones de salud, la religión, las opiniones, las preferencias sexuales, el estado civil o cualquier otra que atente contra la dignidad humana y tenga por objeto anular o menoscabar los derechos y libertades de las personas"[38].*

Para el caso de la Nueva Justicia Laboral y los Nuevos Órganos Jurisdiccionales en materia del Trabajo, una vez instaurados tendrán la obligación de Juzgar con

---

38 Constitución Política de los Estados Unidos Mexicanos, Título Primero, Capítulo I, México 1917, disponible en línea: www.**diputados**.gob.mx/**Leyes**Biblio/index.htm. **Fecha de consulta 25 de agosto de 2020.**

perspectiva de género bajo el principio de igualdad y no discriminación, previsto en los artículos 1o. y 4o. Constitucionales, así como de las obligaciones contraídas por el Estado Mexicano, al formar parte de la Convención Sobre la Eliminación de Todas las Formas de Discriminación contra la Mujer y la diversa Convención Interamericana para Prevenir, Sancionar y Erradicar la Violencia contra la Mujer, mejor conocida como 'Convención de Belém do Pará'. Así como, el bloque constitucional conformado por el contenido de los artículos 123, apartado A, fracciones V y XV, de la Constitución Política de los Estados Unidos Mexicanos; 10, numeral 2, del Pacto Internacional de Derechos Económicos, Sociales y Culturales; 4, numeral 2 y 11, numeral 2, inciso a), de la Convención sobre la Eliminación de todas las Formas de Discriminación contra la Mujer; en especial y, de forma orientadora, el Convenio 183, artículos 8 y 9, numeral 1, sobre la protección de la maternidad de la Organización Internacional del Trabajo

Es por ello que, bajo ese bloque constitucional reforzado, el Estado Mexicano debe promover las condiciones para que la libertad y la igualdad de las personas sean reales y efectivas, así como eliminar aquellos obstáculos que limiten en los hechos su ejercicio, impidan el pleno desarrollo de las personas, tenga por objeto impedir o anular el reconocimiento o ejercicio de los derechos y la igualdad real de oportunidades.

Acorde a la tendencia normativa y como parte de los conceptos de "*trabajo digno o decente*" e "*igualdad sustantiva*" adicionados al artículo 2°; así como, al 56 de la LFT[39], en la reforma del 30 de noviembre del año 2012, bajo el principio de igualdad sustantiva entre mujeres y hombres, la intensión del legislador ha sido contar con el marco normativo para extinguir y eliminar la **discriminación** de cualquier tipo y la violencia contra las mujeres en todas sus formas.

Ahora bien, respecto a la discriminación en el empleo y ocupación por embarazo de la que nos habla la primera parte de la fracción I del artículo 685 Ter., se presenta cuando mujeres que buscan trabajo, no gozan de las **mismas oportunidades** ni del **mismo trato** para ser contratados en un empleo, por el simple hecho de ser mujer con la condición biológica de gestar una vida; en estos casos la excepción de agotar la instancia conciliatoria se encuentra justificada para evitar una doble victimización de la parte accionante; sin embargo, en la práctica será muy difícil acreditar que la demandada realizó prácticas discriminatorias para evitar su contratación.

Por otro lado, también se puede presentar discriminación en el empleo y en la ocupación cuando hombres y mujeres que trabajan, no gozan de las mismas oportunidades, ni del mismo trato en términos de formación, remuneración, promoción,

---

39 LEY Federal del Trabajo, **Nueva Ley publicada en el Diario Oficial de la Federación el 1° de abril de 1970, texto vigente, última reforma publicada 02-07-2019,** disponible en línea: http://www.diputados.gob.mx/LeyesBiblio/ref/lft. htm. **Fecha de consulta 25 de agosto de 2020.**

terminación de la relación de trabajo y en general de las condiciones en el empleo. En este tipo de supuestos la justificación para excepcionar la instancia conciliatoria se basa en evitar la doble victimización; por otro lado, al hablar de condiciones laborales le corresponderá a la parte demandada acreditar sus excepciones y defensas con fundamento en el artículo 784 de la LFT al tratarse de controversias relativas a las condiciones laborales durante el empleo.

En ese sentido los supuestos enumerados en la fracción I del artículo 685 Ter., la parte accionante los utilizará como inferencias fácticas en el escrito inicial de demanda para argumentar que **la causa del despido o rescisión se presentó por motivos de discriminación**. Instancia que se desahogarán mediante el procedimiento ordinario previsto en el artículo 870 y subsecuentes de la LFT.

Por lo tanto, la presunción generada con la sola presentación de la demanda genera la sospecha necesaria y suficiente para crear convicción en el Juzgador, dada la estabilidad laboral reforzada, la aplicación más favorable al trabajador y en general la protección de los derechos humanos laborales de las personas que en aquellos periodos de gestación o lactancia.

En ese contexto el **abogado de parte** representante de la parte **accionante** deberá hacer uso de la "*petición de parte*" para solicitar dentro del escrito inicial de demanda, que el Secretario Instructor decrete en el auto admisorio las providencias cautelares necesarias para la debida protección de la parte accionante, según lo solicite por causas de discriminación; así mismo, la parte accionante deberá reclamar la imposición de multa equivalente a 250 a 5000 Unidades de Medida y Actualización en contra del Patrón, con fundamento en los artículos 994 fracción VI.

Por su parte el Tribunal Laboral por conducto del Secretario Instructor al momento de admitir la demanda para su trámite, deberá dictar acuerdo respecto a la aplicación o no de las providencias cautelares necesarias para evitar que se cancele el goce de derechos de seguridad social, por el tiempo que perdure el juicio laboral, o bien decretar las medidas de aseguramiento para las personas que así lo acrediten presuntivamente; con fundamento, en la fracción IV del artículo 857 de la LFT[40]. Cualquiera que sea la determinación del Tribunal concerniente a las providencias cautelares podrán ser impugnadas mediante el recurso de reconsideración; sin embargo, el tema será abordado a profundidad en el siguiente tomo II del manual práctico sobre la nueva justicia laboral.

---

[40] LEY Federal del Trabajo, **Nueva Ley publicada en el Diario Oficial de la Federación el 1° de abril de 1970, texto vigente, última reforma publicada 02-07-2019,** disponible en línea: http://www.diputados.gob.mx/LeyesBiblio/ref/lft. htm. **Fecha de consulta 25 de agosto de 2020.**

Ahora bien, en relación a la excepción estipulada en la fracción II del artículo 685 Ter., que se refiere al procedimiento de **designación de beneficiario por muerte**, al respecto es importante mencionar que tiene mucho sentido que se excluya a la parte accionante de cumplir con la instancia conciliatoria, esto debido a que en la mayoría de los casos no existe conflicto que resolver, la parte patronal regularmente se allana a los reclamos realizados por la persona o personas que consideran ser beneficiarios de los derechos adquiridos del trabajador fallecido. En estos casos las partes requieren de la Autoridad la designación de quién o quiénes resultan ser los legítimos beneficiarios de los derechos del trabajador fallecido.

Por el lado humano, hay que considerar que los familiares del trabajador fallecido pasan por momentos difíciles derivados de la muerte de su familiar, que en muchas ocasiones era el principal sustento económico del hogar; es probable que el dinero que obtengan los legítimos beneficiarios lo requieren de manera pronta para solventar sus necesidades primordiales. En ese sentido retardar el procedimiento mediante una instancia conciliatoria que puede llegar hasta los 45 días, sería estéril pues no existe materia que conciliar y la pronta designación de beneficiarios es una necesidad apremiante para la parte accionante.

Por lo que se destaca el hecho de que los Nuevos Juzgados Laborales en aplicación de la fracción II del artículo 685 Ter., en relación con el 503 de la LFT reformado este último artículo el 30 de noviembre de 2012, deberán realizar el trámite de designación de beneficiarios por la vía y bajo las reglas del PROCEDIMIENTO ESPECIAL. Pues con independencia de la causa de la muerte del trabajador, se tramitará bajo el procedimiento especial previsto en los artículos del 892 al 897 de la LFT vigente.

Un trámite más sencillo, rápido y eficaz en el cual se podrá dilucidar quién es, o quiénes son las personas beneficiarias de las prestaciones adeudadas al trabajador por la prestación de su servicio personal y subordinado.

Una vez analizados los supuestos que según el artículo 685 Ter., de la LFT quedan exceptuados de agotar la instancia conciliatoria prevista como requisito de procedibilidad en la fracción XX del artículo 123 Constitucional, para poder poner en marcha al aparato jurisdiccional para resolver en las controversias individuales en materia del trabajo, ahora analizaremos los pasos que debe seguir el Ciudadano que desea y decide voluntariamente desarrollar una instancia conciliatoria para resolver su conflicto laboral.

16. Plazo de la instancia conciliatoria

El plazo máximo que debe durar la instancia conciliatoria son 45 días naturales; es decir, corridos y contados a partir del momento en que se presenta la solicitud de Conciliación ante el Centro de Conciliación, según lo indica el artículo 684-. Al respecto es importante destacar que el término prescriptivo para interponer una demanda ante el órgano jurisdiccional quedará interrumpido y una vez que se haya agotado la instancia conciliatoria se reanudará dicho término con fundamento en el artículo 712 de la LFT.

17. Jurisdicción y Competencia de las Autoridades Laborales

En repetidas ocasiones se ha mencionado que una de las consecuencias de la reforma al sistema de Justicia Laboral es la "**desaparición**" de las Juntas de Conciliación y Arbitraje; sin embargo, dicha afirmación es una de las aberraciones jurídicas más grandes que se han mencionado durante la implementación de la Nueva Justicia Laboral.

Decir que las Juntas de Conciliación y Arbitraje desaparecerán es no tener claro los conceptos de **Jurisdicción** y **Competencia**. La reforma al sistema de justicia laboral es un ejemplo que servirá de hoy en adelante que los académicos expliquen a sus estudiantes la diferencia entre Jurisdicción y Competencia.

Devis Echandía definió a **la jurisdicción como la función pública de administrar justicia.**

Si partimos de la definición anterior y la conjugamos con el hecho de que la CPEUM es el documento que le da sentido, organización y estructura al Estado Mexicano, se puede concluir que la JURISDICCIÓN es la facultad otorgada por el Estado a cierta Autoridad para administrar Justicia; "DECIR o DECLARAR EL DERECHO" como se desprende de la locución griega "jus dicere".

En contexto de lo anterior la **Jurisdicción** es una institución jurídica de vocación constitucional; es decir, que se establece en la CPEUM. Para el caso de la **jurisdicción** de las Autoridades del Trabajo, esta queda establecida en el primer párrafo de la fracción XX del artículo 123 Constitucional reformado el 24 de febrero de 2017, el cual indica que le corresponde a Tribunales laborales del Poder Judicial de la Federación o de las entidades federativas la resolución de los conflictos laborales entre la clase trabajadora y la patronal; eso es decir el derecho.

Y el segundo párrafo de dicha fracción establece que antes de acudir a los Tribunales Laborales se debe agotar la instancia conciliatoria ante los **Centros de Conciliación** del orden local o federal; teniendo como característica importante que los convenios laborales realizados ante los **Centros de Conciliación**, adquieren la condición de cosa juzgada.

Distinguido lo anterior, se puede concluir que la **Jurisdicción** en Materia de derecho del Trabajo por regla general corresponde a nivel federal a los Tribunales laborales del Poder Judicial de la Federación; y, como instancia conciliatoria previa el Centro Federal de Conciliación y Registro Laboral.

A nivel local la función jurisdiccional le corresponde a los Tribunales, Juzgados u Órganos Jurisdiccionales de las entidades federativas; y, como instancia previa a los Centros de Conciliación Laboral Estatales.

Ahora bien, la **COMPETENCIA** es la facultad delimitada que tiene el Estado por conducto de los Jueces para de conocer, substanciar y resolver sobre determinado asunto bajo ciertas circunstancias; visto en sentido contrario, la "**Incompetencia**" es la limitante que tienen los Jueces de conocer, substanciar y resolver determinado asunto.

Por lo tanto, quienes conformen las nuevas autoridades laborales tendrán la facultad de Jurisdicción; sin embargo, la Ley delimitara de acuerdo a los criterios competenciales esa facultad de decir el derecho.

Establecida la diferencia entre Competencia y Jurisdicción se advierte que la expresión utilizada respecto a que "*las Juntas de Conciliación y Arbitraje desaparecerán*" a causa de la reforma al artículo 123 de la Constitución es definitivamente equivocada.

Lo cierto es que la reforma al artículo 123, y, en específico la modificación realizada por el Poder Legislativo a la fracción XX referente al Modelo de Justicia Laboral, tiene como consecuencia inmediata que las Juntas de Conciliación y Arbitraje dejarán de ser **COMPETENTES** para conocer, substanciar y resolver las controversias de índole laboral, una vez que las nuevas autoridades del trabajo inicien funciones en cada Entidad.

Por otro lado, es importante subrayar que las Juntas de Conciliación y Arbitraje seguirán manteniendo la **JURISDICCIÓN** sobre los Juicios Laborales que hayan ingresado por la oficialía de partes hasta un día antes que las nuevas Autoridades Laborales inicien funciones en cada Entidad de acuerdo al calendario de implementación que fue analizado en el inciso a) del presente capítulo; esto quiere decir que los Juicios que hayan sido iniciados ante las Juntas de Conciliación culminaran ahí.

Incluso el control constitucional, convencional y legal que se interpongan en contra de los Laudos emitidos por las Juntas de Conciliación y Arbitraje se les dará el trámite correspondiente de acuerdo a la fracción V del artículo 107 de la CPEUM, para que sean resueltos por los Tribunales Colegiados de Circuito del Poder Judicial de la Federación, como se ha venido realizando con antelación a la reforma al modelo de justicia laboral.

Ahora bien, una de las intenciones del legislador con la Reforma al modelo de justicia laboral es que directamente las partes en conflicto se presenten ante la Autoridad Conciliadora con la intención de resolver su conflicto de manera rápida y sencilla mediante la instancia conciliatoria; por lo tanto, en la Nueva Justicia Laboral definir la competencia en los conflictos individuales de trabajo, debiera ser una cuestión sencilla de definir.

Sin embargo, para el sector patronal (micro, pequeñas y medianas empresas); así como para el sector obrero, será complicado sin el apoyo de un profesional en el derecho laboral, determinar con precisión y certeza jurídica la competencia que les corresponde en cada caso en concreto, recordemos que los sectores de la producción tienen escasos conocimientos respecto al Derecho del Trabajo y nula instrucción respecto al Derecho Procesal del Trabajo, que como se ha manifestado en diversas ocasiones resulta ser complicado en su técnica jurídica.

Por ello y ante la complejidad que resulta definir la competencia de las Autoridades laborales, se presenta a continuación una guía para poder determinar quién es la Autoridad competente para conocer, substanciar y resolver en cada caso en concreto los conflictos o controversias de carácter individual del trabajo que se presenten a partir de la implementación de la Nueva Justicia Laboral.

Cumpliendo con uno de los objetivos del presente manual, se advierte que en la medida de lo posible se omitirá transcribir los artículos de la Constitución y la Ley Laboral; sólo se realizará la transcripción en los casos en que resulte necesario para su entendimiento, la intención, es que la obra sea práctica y de sencillo manejo.

En ese contexto, en principio hay que dejar en claro que la CPEUM y la LFT delimitan la competencia de las Autoridades Laborales para conocer, substanciar y resolver los conflictos individuales de trabajo bajo 3 factores, circunstancias o condiciones siguientes:

1. La competencia Constitucional y Legal o conocida también como Competencia por Ramas de la Industria y servicios.
2. La competencia por territorio; y,
3. La competencia por materia.

18. Competencia Constitucional y Legal

El marco normativo constitucional establece un sistema residual para delimitar la competencia de las Autoridades Laborales, en el apartado A, fracción XXXI, sub-inciso a), del artículo 123 de nuestra CPEUM se establece que será de competencia exclusiva de la Autoridades federales los asuntos que se deriven de las **22 ramas de la industria y servicios** que se encuentran enumeradas en dicho precepto.

Es de advertir que ese mismo criterio residual o de exclusión se reproduce en el artículo 527 de la LFT[41]; y, manifiesto de igual forma en el artículo 698 de la misma Ley Laboral, al decir:

> *"Artículo 698.- Será competencia de los Tribunales de las Entidades Federativas, conocer de los conflictos que se susciten dentro de su jurisdicción, que no sean de competencia Federal.*
> *El Tribunal Federal conocerá de los conflictos de trabajo cuando se trate de las ramas industriales, empresas o materias contenidas en los artículos 123, apartado A, fracción XXXI, de la Constitución Política y 527 de esta Ley.*

De acuerdo a lo anterior, bajo ese sistema residual o de exclusión será de competencia Local todos los asuntos que se deriven de industrias o servicios que no se encuentra señalados en el multicitado precepto. Luego entonces, los Centros de Conciliación Laboral de las entidades federativas conocerán de las solicitudes de conciliación que la o las personas involucradas en un conflicto laboral decidan resolver su conflicto.

Si una persona forma parte de una relación individual de trabajo en cualquiera de las 22 ramas de la industria y servicios enumeradas en el sub inciso a) de la fracción XXXI, apartado "A", del artículo 123, deberá acudir a resolver su conflicto mediante la nueva instancia conciliatoria ante el Centro Federal de Conciliación y Registro Laboral; y, en caso de ser necesario podrá ejercer su derecho subjetivo de interponer demanda laboral ante los Tribunales laborales del Poder Judicial de la Federación.

---

41 LEY Federal del Trabajo, **Nueva Ley publicada en el Diario Oficial de la Federación el 1º de abril de 1970, texto vigente, última reforma publicada 02-07-2019,** disponible en línea: http://www.diputados.gob.mx/LeyesBiblio/ref/lft. htm. **Fecha de consulta 12 de septiembre de 2020.**

18.1 Competencia por Materia

Bajo el mismo sistema residual o de exclusión, el sub inciso c) de la fracción XXXI, apartado "A", del artículo 123, señala las materias de competencia exclusiva federal; por ende, por exclusión los asuntos que no se relacionen con las materias enumeradas en los 5 puntos de dicho sub inciso, serán de competencia local.

| MATERIA | COMPETENCIA FEDERAL | | | |
	COLECTIVA	SEGURIDAD SOCIAL	CAPACITACIÓN Y ADIESTRAMIENTO/ SEGURIDAD E HIGIENE	OBLIGACIONES PATRONALES EDUCACIÓN
OBJETO	REGISTRO DE TODOS LOS CONTRATOS COLECTIVOS REGISTRO DE LAS ORGANIZACIONES SINDICALES ASUNTOS QUE AFECTEN A 2 O MÁS ENTIDADES FEDERATIVAS (CELEBRACIÓN O REVISIÓN DEL CONTRATO LEY/ CONTRATO COLECTIVO DE TRABAJO)	RECLAMAR EL OTORGAMIENTO DE PRESTACIONES EN DINERO O EN ESPECIE, DERIVADAS DE LOS DIVERSOS SEGUROS QUE COMPONEN EL RÉGIMEN OBLIGATORIO DEL SEGURO SOCIAL, ORGANIZADO Y ADMINISTRADO POR EL INSTITUTO MEXICANO DEL SEGURO SOCIAL, Y DE AQUELLAS QUE CONFORME A LA LEY DEL SEGURO SOCIAL Y LA LEY DEL INSTITUTO DEL FONDO NACIONAL DE LA VIVIENDA PARA LOS TRABAJADORES, DEBAN CUBRIR EL INSTITUTO DEL FONDO NACIONAL DE LA VIVIENDA PARA LOS TRABAJADORES Y LAS ADMINISTRADORAS DE FONDOS PARA EL RETIRO, ASÍ COMO LAS QUE RESULTEN APLICABLES EN VIRTUD DE CONTRATOS COLECTIVOS DE TRABAJO O CONTRATOS-LEY QUE CONTENGAN BENEFICIOS EN MATERIA DE SEGURIDAD SOCIAL.	CAPACITACIÓN O EL ADIESTRAMIENTO EN SU TRABAJO QUE LE PERMITA ELEVAR SU NIVEL DE VIDA, SU COMPETENCIA LABORAL Y SU PRODUCTIVIDAD, CONFORME A LOS PLANES Y PROGRAMAS FORMULADOS, DE COMÚN ACUERDO, POR EL PATRÓN Y EL SINDICATO O LA MAYORÍA DE SUS TRABAJADORES. RESPECTO A LA SEGURIDAD E HIGIENE TIENE LA FINALIDAD DE SALVAGUARDAR LA VIDA, LA INTEGRIDAD FÍSICA O LA SALUD DE LOS TRABAJADORES.	RECLAMAR EL ESTABLECER Y SOSTENER LAS ESCUELAS ARTÍCULO 123, EL CUAL ES UN SISTEMA DE PLANTELES DE ENSEÑANZA PRIMARIA QUE POR DISPOSICIÓN **CONSTITUCIONAL** Y LEGAL DEBEN SER FUNDADOS Y SOSTENIDOS POR LOS PROPIETARIOS DE EMPRESAS AGRÍCOLAS, INDUSTRIALES, MINERAS O DE CUALQUIER OTRO TIPO DE ACTIVIDAD, SITUADAS FUERA DE LAS POBLACIONES, CON EL FIN DE QUE LOS TRABAJADORES Y SUS HIJOS TENGAN ACCESO A LOS NIVELES EDUCATIVOS ELEMENTALES.
ARTÍCULOS DE LA LEY FEDERAL DEL TRABAJO	48 ÚLTIMO PÁRRAFO, 371 FRACCIÓN XIV BIS, 386 BIS, 390 BIS, 399 BIS, 426, 527 ÚLTIMO PÁRRAFO, 590-A FRACCIÓN II, 900, 903 A 938,	899-A A 899-G	153-A A 153-X; ASÍ COMO EL 768 Y 769	132, FRACCIÓN XII

Actualmente las Juntas Locales de Conciliación y Arbitraje conocen de Juicios de carácter individual derivadas en su gran mayoría de un despido injustificado, en los cuales se reclaman además de las prestaciones inherentes a ese despido injustificado, algunas otras prestaciones que tienen relación con materias de competencia exclusiva de la Autoridad Federal.

Por ejemplo, en materia de seguridad social:

En un juicio ordinario de carácter individual de competencia local derivado por un despido injustificado, la parte accionante puede y debe reclamar ante la Junta Local, "*la inscripción retroactiva y mantenimiento de esa inscripción por todo el tiempo que perduró la relación de trabajo ante el IMSS, INFONAVIT y SAR; así como, el pago a su favor de las cuotas correspondientes*". El reclamo anterior, debe ser conocido, substanciado y resuelto por la Autoridad Local; esto en virtud de que la inscripción y pago de cuotas es un derecho sustantivo e irrenunciable del trabajador; y, la obligación de inscribir y pagar las cuotas, es única y exclusiva del patrón.

Sin embargo, regularmente la parte accionante continúa sus reclamos solicitando "*el fincamiento de capitales constitutivos, pago de multas y recargos a cargo de la patronal, ante el IMSS, INFONAVIT y SAR*". En este tipo de reclamos, la Autoridad Local se declara **incompetente** y deja a salvo los derechos del accionante para que haga su reclamo en la forma y vía que considere competente; en virtud, que dichos Institutos son organismos fiscalizadores autónomos que pueden solicitar y ejecutar al patrón el cumplimiento de sus obligaciones de seguridad social.

Lo mismo sucede con el reclamo relativo al pago de las AFORES, donde la Juntas Locales de Conciliación y Arbitraje, después de haber llevado un Juicio largo y tortuoso, se declaran incompetentes bajo el argumento de que las ADMINISTRADORAS DE FONDOS PARA EL RETIRO se rigen por sus propias leyes y poseen atribuciones legales para proceder a su cobro, determinando la Autoridad local dejar a salvo los derechos de la parte accionante para que los haga valer como estime conveniente.

Otro ejemplo es el reclamo relacionado con la capacitación y el adiestramiento, el cual de acuerdo a lo estipulado en el primer párrafo del artículo 699 de la LFT le corresponde a la Autoridad Federal, debiéndose actuar como lo indica el segundo párrafo. En mi opinión en estas materias la instancia conciliatoria será un mero trámite que seguramente se resolverá en sede judicial.

18.2 Competencia por Territorio

Una vez que se ha determinado el ámbito federal o local de la Autoridad a la que se debe de acudir para resolver los conflictos individuales del trabajo, debemos establecer territorialmente ante quién acudir.

La fracción II del artículo 700 de la LFT[42], nos dice al respecto:

> *"**Artículo 700.**- La competencia por razón del territorio se rige por las normas siguientes:*
>
> *I. Derogada*
>
> *II. En los conflictos individuales, el actor puede escoger entre:*
> *a) El Tribunal del lugar de celebración del contrato;*
> *b) El Tribunal del domicilio de cualquiera de los demandados, y*
> *c) El Tribunal del lugar de prestación de los servicios; si éstos se prestaron en varios lugares, será el Tribunal del último de ellos.*
> *…"*

Como se puede apreciar de la lectura del precepto anterior, se omitió en la reforma a la LFT del 1° de mayo de 2019, establecer la competencia de las Autoridades Conciliatorias; sin embargo, en una interpretación conforme con los artículos 684-E fracción V y 742 fracción XIII, debemos entender que los criterios que utiliza la LFT para establecer la competencia de los Tribunales jurisdiccionales son criterios equivalentes para fijar la competencia de los Centros de Conciliación.

42 LEY Federal del Trabajo, **Nueva Ley publicada en el Diario Oficial de la Federación el 1° de abril de 1970, texto vigente, última reforma publicada 02-07-2019,** disponible en línea: http://www.diputados.gob.mx/LeyesBiblio/ref/lft.htm. **Fecha de consulta 12 de septiembre de 2020.**

Incluso, no se debe perder de vista que por mandato constitucional (segundo y cuarto párrafo de fracción XX del artículo 123) la instancia conciliatoria es un requisito de procedibilidad que las partes deben cumplir para poner en marcha el aparato jurisdiccional, por lo tanto, la competencia establecida legalmente para los Tribunales laborales permea invariablemente en la competencia de los Centros de Conciliación.

Ahora bien, la fracción II del artículo 700 de la LFT, otorga la facultad potestativa del accionante (patronal o empleado) de escoger la competencia por territorio en base al lugar donde se realizó el contrato; el lugar donde se prestó el servicio; y, en caso de prestar el servicio en varios lugares, el último en que se hizo. En mi opinión los 3 supuestos son muy claros y no merecer mayor explicación.

19. Principios que rigen el Derecho del Trabajo y la Conciliación Laboral

Máximas del derecho que sirven de base para la interpretación y aplicación de la norma jurídica en los modelos judiciales de un determinado sistema jurídico; los principios son directrices que forman parte del marco teórico legal, el cual tiene la característica de ser obligatorio para la Autoridad Judicial, con el objetivo de delimitar el actuar judicial en este neo-constitucionalismo que invita a la interpretación sin limitantes.

Por otro lado, es importante señalar que los principios mutan y se adaptan a los cambios de la norma jurídica que a su vez cambia gracias a las propias necesidades sociales. El sistema jurídico mexicano tiene hoy en día una gran diversidad de principios fundamentales, principios generales y principios derivados de los anteriores.

Al igual que la norma jurídica los cambios sociales, culturales, económicos, tecnológicos y el hecho de vivir en un mundo globalizado repercute en la modificación y adaptación de los principios del derecho; en el derecho del trabajo los principios que rigen la materia van de la mano de los derechos humanos laborales que deben ser garantizados por la relevancia el trabajo para el desarrollo de la persona.

El principio protector de la clase obrera resulta fundamental para el equilibrio de los factores de la producción y propiciar el trabajo digno o decente en las relaciones de trabajo. En la Nueva Justicia Laboral quienes tengan la obligación de desarrollar la instancia conciliatoria deberán observan en todo momento los siguientes principios que se desprenden del derecho individual del trabajo.

PRINCIPIOS DEL DERECHO DEL TRABAJO					
PRINCIPIOS CONSTITUCIONALES	GENERALES DE LA JUSTICIA SOCIAL	PRINCIPIOS PROCESALES ART. 685 L.F.T.	PRINCIPIOS QUE RIGEN A JUECES Y SECRETARIOS INSTRUCTORES ART. 604 L.F.T.	PRINCIPIOS DEL CENTRO DE CONCILIACIÓN ART. 590-B y 590-F L.F.T.	PRINCIPIOS DE LOS CONCILIADORES ART. 684-H fracciones II y VI; así como 684-E L.F.T.
*UNIVERSABILIDAD	*DERECHO Y DEBER SOCIAL	*INMEDIACIÓN	*LEGALIDAD	*CERTEZA	*CONCILIACIÓN
*PROGRESIVIDAD	*PROTECTOR DE LA CLASE OBRERA	*INMEDIATEZ	*IMPARCIALIDAD	*INDEPENDENCIA	*IMPARCIALIDAD
*INDIVISIBILIDAD	* MEJORES CONDICIONES	*CONTINUIDAD	*TRANSPARENCIA	*LEGALIDAD	*NEUTRALIDAD
*INTERDEPENDENCIA	* DE IGUALDAD DE OPORTUNIDADES EN EL TRABAJO	*CELERIDAD	*AUTONOMÍA	*IMPARCIALIDAD	*FLEXIBILIDAD
*PRIMACÍA DE LA REALIDAD	* IN DUBIO PRO OPERARIO	*VERACIDAD		*IGUALDAD	*LEGALIDAD
*LEGALIDAD	* PRIMACÍA DE LA REALIDAD	*CONCENTRACIÓN		*CONFIABILIDAD	*EQUIDAD
*SEGURIDAD JURÍDICA	*IRRENUNCIABILIDAD DE DERECHOS	*ECONOMÍA Y SENCILLEZ PROCESAL		*EFICACIA	*BUENA FE
*IGUALDAD SUSTANTIVA ENTRE HOMBRES Y MUJERES	*SALVAGUARDA LA DIGNIDAD HUMANA	* SUPREMACÍA DE LA REALIDAD	*INDEPENDENCIA	*OBJETIVIDAD	*INFORMACIÓN
				*PROFESIONALISMO	*HONESTIDAD
*IGUALDAD DEL SALARIO	*TRABAJO DIGNO Y DECENTE	*DISPOSITIVO		*TRANSPARENCIA	*CONFIDENCIALIDAD
				*PUBLICIDAD	*PROPOSITIVIDAD

Existen otros principios que se desprenden del procedimiento laboral, pero ya los conoceremos y analizaremos en el segundo tomo de esta serie de 3 libros.

Por el momento, y respecto a los funcionarios conciliadores adscritos a los Centros de Conciliación Laboral deberán observar en todo momento los principios que se encuentran en el cuadro anterior. Obliga a que los funcionarios conciliadores se encuentres profesionalizados, capacitados y actualizados constantemente, no solamente en materia de derecho del trabajo, sino también en las técnicas y herramientas conciliatorias.

- Principio de CONCILIACIÓN.- El Conciliador en todo momento deben procurar avenir a las partes en conflicto.
- Principio de IMPARCIALIDAD.- El Conciliador debe de abstenerse de emitir cualquier opinión que implique prejuzgar sobre un asunto; además, debe evitar realizar cualquier acto que comprometa su imparcialidad.

- Principio de NEUTRALIDAD.- El Conciliador debe poner en el mismo plano a las partes.
- Principio de FLEXIBILIDAD.- El Conciliador debe saber percibir las posiciones, los intereses y las necesidades de las partes para poder adaptar el proceso conciliatoria.
- Principio de LEGALIDAD.- Para cumplir con este principio el Conciliador deberá en primer lugar actualizar permanentemente sus conocimientos jurídicos, para que su actuar se encuentre siempre bajo el amparo de la Ley.
- Principio de EQUIDAD.- Para lograr la equidad entre los conciliados, el Conciliador deberá en todo momento respetar a las partes en conflicto y realizar su labor de manera dedicada, responsable y honesto.
- Principio de BUENA FE.- Este principio no tiene nada que ver con verdad o con mentiras que pudieran decir los conciliados; el Conciliador no está para juzgar la veracidad de los hechos. Este principio significa que el funcionario conciliador debe procurar que las partes se conduzcan siempre bajo un clima de confianza y lealtad, para que lo que se pacte de "buena fe", se cumpla bajo la observancia de este principio.
- Principio de INFORMACIÓN.- El Conciliador tiene la obligación de estar informado del asunto a conciliar; y, también de informar a los conciliados sobre el desarrollo de la instancia conciliatoria.
- Principio de HONESTIDAD.- Observa un comportamiento íntegro, recto y honrado.
- Principio de CONFIDENCIALIDAD.- Para explicarlo de manera muy sencilla, este principio significa que lo que se dice en la audiencia de conciliación se queda ahí; nunca, en ningún caso y por ningún medio podrá ser utilizado en otra instancia.

  En mi opinión este principio es el más importante dentro de la labor Conciliatoria, ya que además de ser una obligación de todos los que intervienen en la conciliación, resulta ser una herramienta valiosa para que el conciliador capte la confianza de los conciliados, pues al explicarles que pueden hablar libremente (con respeto) servirá como un impulso para desentrañar las verdaderas posiciones, necesidades e intereses.

- Principio de PROPOSITIVIDAD.- No se encuentra enunciado en la fracción II del artículo 684-H, sin embargo, sí se encuentra en el contexto del segundo párrafo de la fracción VI, del mismo artículo, al decir: "...*Ser proactivo para lograr la conciliación entre las partes, y* ...". Así mismo, el principio de propositividad se hace al establecer las reglas de la instancia conciliatoria en el artículo 684- E, fracción VIII de la LFT que a la letra dice: "... *hecho lo anterior formulará una propuesta de contenido y alcances de un arreglo conciliatorio, planteando opciones de solución justas y equitativas que a su juicio sean adecuadas para dar por terminada la controversia;...*".

• Principio de VOLUNTARIEDAD.- Este no se encuentra plasmado en la norma laboral; sin embargo, la doctrina lo marca como un derecho primordial de los sujetos que intervienen en el proceso conciliatorio; la libre voluntad que tienen las partes de conciliar, de llegar a un arreglo conciliatorio, de pactar en un documento el arreglo conciliatorio o simple y sencillamente de NO CONCILIAR debe ser siempre respetado.

En este sentido, la Ley prevé multa de entre 50 y 100 veces la Unidad de Medida y Actualización en el supuesto de que la persona citada no asista a la cita en caso de estar debidamente enterado de la citación; sin embargo, eso no evitará que la parte citada manifieste inmediatamente su libre voluntad de no conciliar.

Esa enorme gama de principios junto con la Ley que formar parte del derecho del trabajo, tienen la intención de que la clase trabajadora sostenga un vínculo de trabajo en un mejor clima de respeto a sus derechos; así lo menciona el jurista Alberto Trueba Urbina a propósito de la definición que hace sobre el Derecho Laboral: "***Conjunto de principios***, *normas e Instituciones que protegen, dignifican y tienden a reivindicar a todos los que viven de sus esfuerzos intelectuales o materiales para la realización de su destino histórico, socializar la vida humana*".[43]

Para el tema que nos ocupa en el presente capítulo, resulta importante explicar los principios que establece la LFT para el actuar de los funcionarios conciliadores, pues ellos tendrán la enorme responsabilidad de conducir de manera eficaz, eficiente y con buenos resultados la instancia conciliatoria.

Una vez establecidos los principios rectores de la instancia conciliatoria en la Nueva Justicia Laboral, conoceremos y analizaremos el trámite que se desarrollara en los Centros de Conciliación. Sin embargo, no nos alejaremos de los principios que rigen el derecho del trabajo.

Uno de los principios que rigen el derecho procesal del trabajo el PRINCIPIO DISPOSITIVO del derecho laboral, el cual no debe ser ignorado por la instancia conciliatoria ya que este principio dice que las Autoridades del Trabajo no pueden manifestarse si las partes, los interesados, no actúan, es decir es necesario que las personas promuevan, ejerciten y motiven los actos de autoridad; incluso los actos de los Centros de Conciliación Laboral.

_____

43 Trueba Urbina Alberto, Nuevo Derecho Procesal del Trabajo, 6 ed.,Ed. Porrúa, México,1982, Pág. 22

20. La Solicitud de Conciliación

La instancia conciliatoria es un cambio de 180 grados del como se inicia un procedimiento en materia laboral, éste se iniciará con la "SOLICITUD DE CONCILIACIÓN" presentada ante el Centro Federal de Conciliación y Registro Laboral o al Centro de Conciliación local según corresponda.

La intención del legislador al crear una instancia conciliatoria es que los sujetos interesados de manera directa resuelvan sus conflictos, es decir, que patrón y trabajador frente a frente, con ayuda de un tercero facilitador como lo es el CONCILIADOR, resuelvan sus problemáticas laborales; incluso, mediante procedimiento paraprocesales den por culminado el vínculo de trabajo mediante convenio celebrado por voluntad de las partes ante el Centro de Conciliación.

Lo anterior sugiere que la solicitud de conciliación debe ser sencilla y sin requisitos legales; en ese sentido, el artículo 684-E fracción II de la LFT, adicionado en la reforma del 1° de mayo de 2019, establece las formas en las que se puede presentar la solicitud de conciliación ante el Centro de Conciliación correspondiente.

En ese contexto podemos establecer una clasificación de la SOLICITUD DE CONCILIACIÓN en cuanto a la forma de presentarla ante la Autoridad Conciliadora.

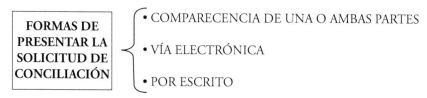

FORMAS DE PRESENTAR LA SOLICITUD DE CONCILIACIÓN	• COMPARECENCIA DE UNA O AMBAS PARTES
	• VÍA ELECTRÓNICA
	• POR ESCRITO

Cualquiera que sea la forma en que se presente la solicitud, se debe de contar con un formato sencillo y de facil entendimiento para los sujetos en conflicto, como el siguiente MODELO DE SOLICITU DE CONCILIACIÓN:

20.1 Modelo de Solicitud de Conciliación

SOLICITUD DE CONCILIACIÓN		
DATOS PERSONALES		
NOMBRE	APELLIDO PATERNO	APELLIDO MATERNO
CURP	R.F.C.	
IDENTIFICACIÓN		
FOLIO INE	Nº PASAPORTE	
DOMICILIO		
CALLE		NÚMERO / C.P.
COLONIA	ESTADO	MUNICIPIO
CORREO ELECTRÓNICO	Nº TELEFÓNICO FIJO	
	Nº TELEFÓNICO MOVIL	
DATOS DE LA PERSONA A LA QUE SE PRETENDE CITAR		
PERSONA FÍSICA		
NOMBRE	APELLIDO PATERNO	APELLIDO MATERNO
CURP	R.F.C.	
IDENTIFICACIÓN		
FOLIO INE	Nº PASAPORTE	
DOMICILIO		
CALLE		NÚMERO / C.P.
COLONIA	ESTADO	MUNICIPIO
CORREO ELECTRÓNICO	Nº TELEFÓNICO FIJO	
	Nº TELEFÓNICO MOVIL	
EMPRESA o ESTABLECIMIENTO o SINDICATO		
NOMBRE:		
RAZÓN SOCIAL:		
R.F.C.	SUCURSAL	
DOMICILIO DONDE PRESTÓ EL SERVICIO		
CALLE		NÚMERO / C.P.
COLONIA	ESTADO	MUNICIPIO
CORREO ELECTRÓNICO	Nº TELEFÓNICO FIJO	
	Nº TELEFÓNICO MOVIL	
OBJETO DE LA CONCILIACIÓN		
¿Cuando PASÓ?		
dd/mm/aa	00:00 hora	¿Dónde PASO?
¿Quién te lo dijo?		
¿Como sucedieron los hechos?		
¿Qué pretende conseguir?		

20.2 Datos fundamentales que debe contener una solicitud de conciliación

El MODELO DE SOLICITUD DE CONCILIACIÓN debe contar con los siguientes datos esenciales:

- Datos personales del solicitante.
- Datos de contacto del solicitante.
- Datos de la persona, empresa o sindicato.
- Datos de contacto del patrón.
- Domicilio de la empresa o establecimiento.
- Actividad del patrón.
- Breve descripción de los hechos que dieron origen al conflicto y que pretende conseguir.

Capítulo VI
Audiencia de Conciliación

En mi particular punto de vista llevar a buenos términos una audiencia de conciliación requiere de conocimientos en materia de derecho del trabajo, conocimientos en medios para solucionar conflictos, manejo de emociones y de una preparación previa para atender a los conciliados. Aunado a ello, el cumplimiento de los plazos y los términos será un reto adicional que los Conciliadores Laborales deben de cumplir.

Es por ello que resulta importante abordar a la Audiencia de Conciliación desde sus raíces para lograr el objetivo de conciliar lo que a simple vista parece irreconciliable. Lograr apreciar la causa y el efecto del desarrollo de una audiencia de conciliación es el objetivo del presente capítulo.

21. Etapas, Plazos y Términos

Visto desde la perspectiva general de la teoría del conflicto, un procedimiento conciliatorio tiene 3 etapas principales: la Preparación y organización; el Desarrollo; y, la Conclusión.

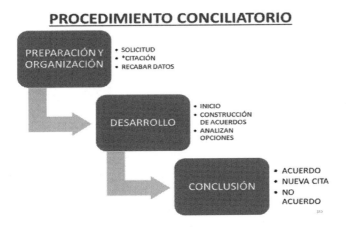

PROCEDIMIENTO CONCILIATORIO

PREPARACIÓN Y ORGANIZACIÓN
• SOLICITUD
• *CITACIÓN
• RECABAR DATOS

DESARROLLO
• INICIO
• CONSTRUCCIÓN DE ACUERDOS
• ANALIZAN OPCIONES

CONCLUSIÓN
• ACUERDO
• NUEVA CITA
• NO ACUERDO

21.1 Preparación y organización de la audiencia de conciliación laboral

1. Solicitud: Inicia con la solicitud de conciliación presentada ante el Centro de Conciliación.
2. Citación: De acuerdo a los datos aportados por el solicitante, se realiza en el domicilio de la persona citada.
3. Recabar datos: Obtener la información sobre el asunto a conciliar resulta esencial para desarrollar un procedimiento eficaz y poder proponer soluciones como lo indica la LFT.

21.2 Desarrollo de la audiencia de conciliación laboral

1. Inicio: Definitivamente el éxito o fracaso de la instancia conciliatoria se define con la forma en que se inicia el ejercicio conciliatorio; desde la puntualidad en que se inicia la sesión, la adecuada ergonomía del lugar, el clima de confianza que otorgue el funcionario a las partes con su bienvenida y presentación será vital para una buena construcción de los acuerdos y una conclusión satisfactoria para todas los presentes en la reunión conciliatoria. En este momento también se deben poner las reglas de la sesión y una breve explicación de los principios que rigen a la conciliación.
2. Construcción del arreglo conciliatorio: En este momento el Conciliador debe escuchar a las partes, identificar el problema y encontrar soluciones.

NOTA: En el próximo capítulo se abordará de manera particular la forma de llevar una Audiencia de Conciliación Laboral.

21.3 Cierre de la audiencia de conciliación laboral

1. Acuerdo entre las partes: El resultado ideal parar todos los involucrados en la audiencia de conciliación, presupone la satisfacción de la posición, los intereses y las necesidades de los conciliados. Se elabora el convenio y firman los sujetos involucrados en el conflicto junto con el funcionario conciliador quien se encuentra envestido de fe pública.
2. Nueva Cita: En algunas ocasiones es insuficiente una reunión para la construcción total de los acuerdos, en estos casos la fracción VIII del artículo 684-E de la LFT permite que las partes de común acuerdo soliciten nueva fecha de Audiencia, la cual deberá desarrollarse dentro de los 5 días siguientes.

3. <u>No acuerdo entre las partes</u>: En estos casos se emite la CONSTANCIA DE NO CONCILIACIÓN y queda a salvo el derecho subjetivo de los sujetos involucrados para interponer acción mediante la vía judicial.

Por otro lado, desde la perspectiva de los plazos y los términos en el derecho positivo mexicano, se puede afirmar que una de las cuestiones que más se cuestionan en los diversos modelos judiciales es el hecho de que la Autoridad incumple los plazos y términos establecidos en la Ley para substanciar un procedimiento jurisdiccional; incluso recordemos que en el estudio presentado en el año 2016 al Ejecutivo federal por el CIDE sobre justicia cotidiana es uno de los factores que entorpecen el óptimo desempeño de las Autoridades Jurisdiccionales, entre ellas las Juntas de Conciliación y Arbitraje.

En esta nueva justicia laboral y en específico para el caso de la instancia conciliatoria el Poder reformador estableció categóricamente en el artículo 684-D de la LFT, que la Instancia Conciliatoria no podrá exceder el término de 45 días NATURALES.

Ahora bien, pese al término de 45 días que establece la Ley como máximo para desahogar la instancia conciliatoria; el artículo 684-E establece en diversas fracciones los supuestos que pueden presentarse al desahogarla; siendo que en todos los casos los términos NO exceden de 20 días.

Pues una vez presentada la solicitud de conciliación se debe de señalar en todos los casos la Audiencia de Conciliación dentro del plazo de 15 días; así mismo, la notificación del citatorio se debe hacer dentro del plazo de 10 días posteriores a la presentación de la solicitud, debido a que la estipula que debe ser entregado antes de los 5 previos a la Audiencia.

Ahora bien, en todos los supuestos en que se necesite de una nueva cita para Audiencia la Ley contempla que se realice dentro del plazo de los 5 días posteriores a la primera audiencia; en resumen, los plazos establecidos por la Ley son los siguientes:

	PLAZOS
NOTIFICACIÓN	10 DÍAS POSTERIORES A LA PRESENTACIÓN DE LA SOLICITUD
AUDIENCIA	15 DÍAS POSTERIORES A LA PRESENTACIÓN DE LA SOLICITUD
2a AUDIENCIA	5 DÍAS POSTERIORES A LA PRIMERA AUDIENCIA

22. Supuestos y efectos jurídicos de la conciliación

Una vez que el Centro de Conciliación competente reciba la solicitud de conciliación, este desahogará la instancia conciliatoria como lo establece la Ley; sin embargo, los supuestos que se pueden presentar en la práctica son diversos.

En ese sentido en las siguientes líneas de tiempo se puede apreciar el desarrollo de cada supuesto de acuerdo a los términos establecidos en la LFT.

22.1 Comparecencia del solicitante

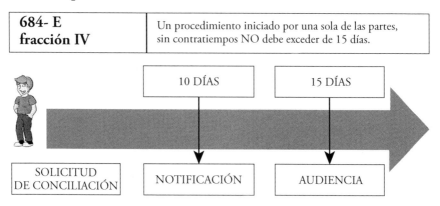

684- E fracción IV	Un procedimiento iniciado por una sola de las partes, sin contratiempos NO debe exceder de 15 días.

En este supuesto, la Autoridad deberá entregar sin dilación la constancia de no conciliación al solicitante para que ejerza si así lo desea su derecho subjetivo de interponer una demanda laboral ante los organismos jurisdiccionales previamente establecidos para tal efecto.

22.2 Comparecencia de ambas partes

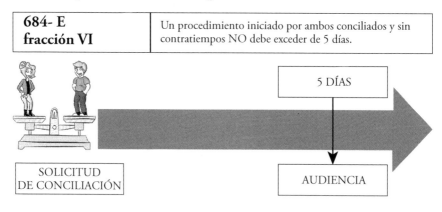

684- E fracción VI	Un procedimiento iniciado por ambos conciliados y sin contratiempos NO debe exceder de 5 días.

No obstante, estando presentes ambos sujetos involucrados en el conflicto laboral lo ideal es que se haga en el mismo momento en que se presenta la solicitud, ya que se corre el riesgo que los ánimos conciliatorios se pierdan después de 5 días.

22.3 Solicitud de una segunda audiencia

684- E fracción VIII	En el supuesto que los conciliados acuden a la primera cita sin concluir los acuerdos, pueden solicitar una nueva cita dentro de los siguientes 5 días; por lo tanto, NO debe exceder de 20 días.

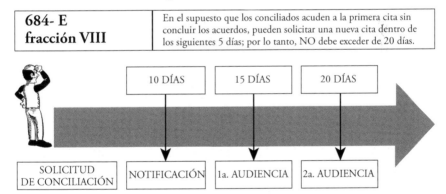

22.4 Incomparecencia justificada por cualquiera de los conciliados

684- E fracción IX	Por inasistencia justificada de uno o ambos conciliados a la audiencia, la Autoridad fijará una nueva cita dentro de los siguientes 5 días; por lo tanto, NO debe exceder de 20 días.

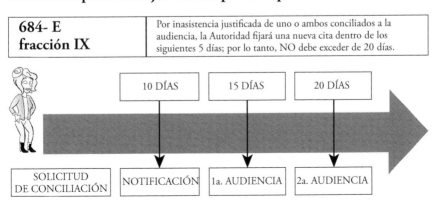

22.5 Incomparecencia del citado/solicitante o ambos conciliados

684- E fracción X	Por inasistencia del citado o solicitante sin justa causa, se da por terminada la instancia conciliatoria en la primera audiencia.

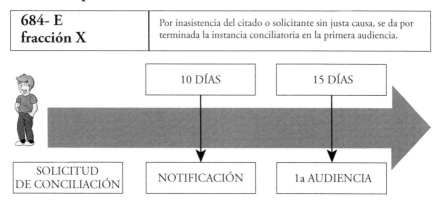

Los efectos jurídicos producidos por la incomparecencia de alguno o ambos conciliados, resultan ser distintos para cada supuesto. En la siguiente imagen podrás observar en cada caso cuáles son esos efectos.

EFECTOS EN LOS SUPUESTOS DE INCOMPARECENCIA

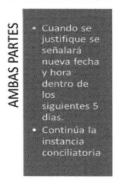

AMBAS PARTES
- Cuando se justifique se señalará nueva fecha y hora dentro de los siguientes 5 días.
- Continúa la instancia conciliatoria

PARTE SOLICITANTE
- Se culmina la instancia conciliatoria
- Se archiva el expediente por falta de interés
- El plazo prescriptivo volverá a correr al día siguiente.

PARTE CITADA
- Se culmina la instancia conciliatoria.
- Se emite constancia de NO conciliación.
- El plazo prescriptivo volverá a correr al día siguiente.

22.6 Imposibilidad de entregar citatorio

684- E fracción X	En el caso de que el notificador no haya logrado notificar a la persona, empresa o sindicato a citar, no obstante haberlo intentado, se da por terminada la instancia.

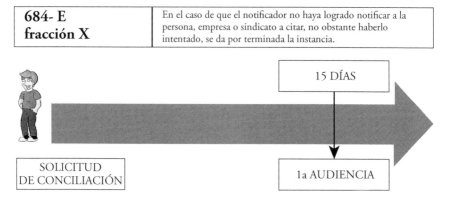

El efecto inmediato del anterior supuesto, es por supuesto la **culminación** de la instancia conciliatoria y la **emisión** de la constancia de NO CONCILIACIÓN. Ahora bien, los efectos colaterales derivados de la imposibilidad de entregar el citatorio, son los siguientes:

1. Se dejan a salvo los derechos del solicitante para ejercer acción jurisdiccional; y,
2. Se reanuda el plazo prescriptivo aplicable al caso concreto.

23. Habilidades del funcionario Conciliador.

Conducir una sesión conciliatoria requiere de habilidades especiales y aunque el mandato Constitucional establece que los o las funcionarias Conciliadoras deben acreditar las competencias y habilidades propias del cargo que ocupan para desarrollar de manera eficiente su labor conciliatoria y la reforma secundaria establece en sus artículos 684-K al 684-U el procedimiento y los parámetros que se deben cumplir para la designación de los CONCILIADORES; nunca nos esclarece cuáles son esas habilidades y competencias que debe tener un buen conciliador.

Al respecto el artículo 684-M, establece las habilidades y competencias que deben cumplir el conciliador; al decir:

> *"Artículo 684-M.- El procedimiento de selección de los conciliadores deberá garantizar que los aspirantes cuenten con las destrezas, habilidades y competencias siguientes:*
>
> *a) Conocimientos generales de derecho y específicos en materia laboral;*
> *b) Análisis y resolución de controversias;*
> *c) Gestión del conflicto, y*
> *d) Aptitudes en la función conciliatoria."*

Pese a lo anterior, en mi opinión un buen conciliador es el que sabe desentrañar las posiciones, los intereses y las necesidades de los conciliados, para que ellos mismos encuentren una solución a su conflicto, objetivo que se logrará con el desarrollo de la siguiente habilidades y herramientas:

1. Habilidades Cognitivas
2. Experiencia y conocimiento en las herramientas para resolver conflictos; y,
3. Conocimientos en Derecho Laboral.

23.1 Habilidades cognitivas

Para el caso de las habilidades cognitivas o procesos mentales se trabajan y desarrollan con el trabajo de cada una de ellas hasta que se vuelven cotidianas en nuestra vida personal y profesional.

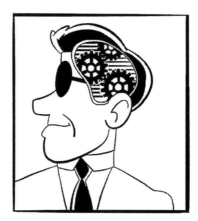

La repetición de conductas humanas se vuelven una costumbre
Las costumbres se vuelven hábitos.
Los buenos hábitos se adquieren con la repetición de una buena conducta humana.

Las habilidades cognitivas se convierten en herramientas poderosas para mejorar la comunicación, almacenar información importante, enfocar la atención, agudizar los sentidos, saber diferenciar y destacar las cuestiones importantes de una problemática, saber escuchar y pensar antes de hablar.

En mi opinión las 3 habilidades cognitivas esenciales de los funcionarios o funcionarias Conciliadoras, son las siguientes:

23.1.1 Orientación del espacio/tiempo
Es la habilidad de conciencia del ser humano del lugar y el momento determinado en que se encuentra.

23.1.2 Lenguaje
Es una habilidad de ida y vuelta; es decir por un lado es la habilidad de expresar ideas positivas; y, por otro lado, es la habilidad de escuchar para comprender las ideas de los demás.

23.1.3 Conciencia Social

La habilidad de analizar e interpretar los pensamientos, las emociones y los comportamientos de los otros seres humanos en sociedad.

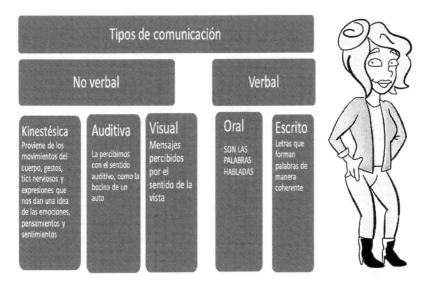

23.2 Experiencia y Conocimiento en las técnicas para resolver conflictos.

En teoría la caja de herramientas de un buen conciliador se encuentra llena de técnicas que se van desarrollando con el tiempo, a continuación, las 3 técnicas esenciales que un buen conciliador debe manejar de manera profesional:

23.2.1 Comunicación

La comunicación es la herramienta más importante con la que cuenta un conciliador, una buena comunicación contribuye en la confianza y respeto que los conciliados tengan durante la sesión frente a la figura del Conciliador; en ese contexto, debemos establecer que todo lo que decimos, hacemos y transmitimos de alguna y otra forma COMUNICA.

Los expertos mencionan que se comunica porcentualmente más con el lenguaje no verbal que con el verbal; sin embargo, considero que los conciliadores deben encontrar el equilibrio en todas las formas de comunicación para lograr ser asertivos con el objetivo de crear un clima de confianza entre él y los conciliados.

Triángulo Retórico de Aristóteles

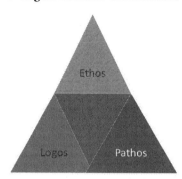

- Tener una postura correcta, estar vestido adecuadamente y utilizar gestos en conjunto con el contacto visual son parte del **(ethos)** de un buen conciliador.
- Control de las emociones, ser prudentemente, estructurar el discurso, sin demostrar nervios son parte del **(logos)** de un buen conciliador.
- Ademanes acorde con las palabras que se pronuncian, énfasis o emoción que le damos a nuestras palabras para otorgar la intención deseada son parte del **(pathos)** de un buen conciliador.

La comunicación no verbal en muchas de las ocasiones son gestos y reacciones inconscientes como los tics nerviosos o algunos patrones de conducta que realizamos sin pensar en que le mandamos señales a nuestro interlocutor que desnudan nuestras verdaderas intenciones.

COMUNICACIÓN NO VERBAL			
MENSAJE NEGATIVO	**SIGNIFICADO**	**MENSAJE POSITIVO**	**SIGNIFICADO**
Una postura acompañada de piernas y brazos cruzados	Actitud de rechazo o estar a la defensiva	Una postura acompañada de piernas separadas y brazos abiertos	Actitud de rechazo o estar a la defensiva
Apoyar la Barbilla en la mano	Incredulidad	Manos sobre la mesa y cabeza erguida	Confianza
Voltear la mirada a otro lado	Indiferencia o desinterés en el tema	Mirada atenta al interlocutor	Curiosidad o Interés en el tema
Mirada sobre costado derecho	Mentir	Mirada sobre el lado izquierdo	Recordar
Esconder las manos en la espalda	Ocultar la verdad o deshonestidad	Palmas de las manos abiertas, siempre a la vista del interlocutor	Honestidad
Frotarse la manos incesantemente	Nerviosismo	Tener las manos quietas	Tranquilidad
Frente levantada	Seguridad	Frente abajo	Inseguridad

El Conciliador debe saber identificar los mensajes que son enviados por los participantes en el desarrollo de la sesión conciliatoria; desde el mismo momento en que se ésta inicia, los interlocutores envían una serie de mensajes no verbales, que deben ser utilizadas por el Conciliador para poder ayudarles a resolver su conflicto, en la siguiente tabla encontraras algunos ejemplos de ese lenguaje no verbal:

Ya sea un mensaje NEGATIVO o POSITIVO, el funcionario conciliador debe detectar el significado del mensaje para decidir cómo abordar la sesión conciliatoria; es decir, si observa un signo o mensaje de nerviosismo en alguno de los conciliados, debe enfatizar el clima de confianza y voluntariedad en la que se desarrolla la Audiencia, con el objetivo de que esa persona nerviosa se tranquilice.

Para identificar los mensajes de la comunicación no verbal, se necesita de la siguiente herramienta que debe ser una habilidad siempre utilizada por los Conciliadores Laborales; se trata de la escucha activa.

23.2.2 Escucha Activa

La escucha activa tiene la ventaja de distinguir no sólo lo que se oye, sino también lo que no se oye; captar la verdadera intención de las expresiones es uno de los objetivos de la escucha activa. Así mismo, cuando se desarrolla la capacidad de escuchar activamente se logra entender lo implícito debajo de lo explícito; incluso, darle un significado al silencio.

En general el ser humano tiene una boca para hablar y 2 oídos para escuchar, bajo esas circunstancias deberíamos escuchar mejor de lo que hablamos; sin embargo, no es así. Realiza el siguiente ejercicio, si respondes correctamente en la primera lectura tienes una buena habilidad de escuchar activamente:

Imagina que conduces un autobús. Inicialmente el autobús va vacío. En la primera parada suben cinco personas. En la siguiente parada tres personas se bajan del autobús y dos suben. En la tercera parada bajan 2 y suben 5. Más adelante, suben diez personas y bajan cuatro. Como no hay quinto malo, finalmente, en la última parada bajan otros cinco pasajeros. La pregunta es: ¿Qué número de calzado utiliza el conductor del autobús?

En caso de que no hayas encontrado la respuesta correcta en la primera lectura, te sugiero vuelvas a leer hasta encontrarla. La respuesta está en ti.

Ventajas adicionales de utilizar a la Escucha Activa como herramienta para Conciliar:

1. Hace sentir escuchada a la persona que habla.
2. Estimular la narración de la historia de forma veras.
3. Transmitir empatía o comprensión a la persona que está siendo escuchada.
4. Identificar necesidades, intereses y posiciones más allá de las palabras.
5. Crear un clima de confianza.

5 Acciones para ejercitar la habilidad de escuchar activamente:

1. Centra la atención en la persona que habla.
2. Tratar de entender todo lo que dice.
3. Escuchar con atención.
4. Tener contacto visual.
5. Mantener el silencio

Resulta primordial que el conciliador realice las anteriores 5 acciones en todos y cada uno de los ejercicios de conciliación en los que participe, siempre cuidando los principios de equidad e imparcialidad.

5 Acciones que entorpecen la escucha activa:

1. Interrumpir.
2. Juzgar.
3. Ofrecer soluciones antes de escuchar.
4. Narrar la experiencia propia.
5. Minimizar el problema.

Las y los conciliadores deben evitar realizar las anteriores 5 acciones en todos y cada uno de los ejercicios de conciliación en los que participe.

Por último, pero no menos importante los y las funcionarias conciliadoras deben neutralizar palabras y/o frases completas que tengan un contexto negativo y cambiarlas por argumentos positivos parafraseando lo dicho por alguno de los interlocutores; la siguiente herramienta o habilidad sirve para conseguir el objetivo.

23.2.3 Parafraseo

Es la habilidad de expresar con las propias palabras del conciliador de manera positiva las palabras expresadas de forma negativa o grosera por uno o ambos conciliados; las condiciones para lograr un excelente parafraseo es no perder la continuidad y coherencia de la sesión conciliatoria.

La única forma para poder desarrollar la habilidad de analizar e interpretar los pensamientos, las emociones y los comportamientos de los otros seres humanos en sociedad, es practicar constantemente en nuestra vida cotidiana el Parafraseo.

Ejemplo 1

"Al final los chismes están en todos lados y eso lo podemos y tenemos que manejar, pero si tu sientes que ya es personal, ok entonces antes de una situación que genere un despido, debes platicar conmigo; y, que tú vengas sólo para lo que te alquilaste, que es trabajar."

Parafraseando la expresión anterior:

*"**Entiendo que** podemos y tenemos que manejar la situación platicando para terminar con esta situación; y, que tú vengas y hagas tu trabajo."*

Ejemplo 2

"No sé para qué me hicieron venir a esta Audiencia de Conciliación, siento que me obligaron a venir, pero aquí estoy para ver que podemos arreglar."

Parafraseando la expresión anterior:

*"**Lo entiendo bien**, agradezco que nos acompañe en esta Audiencia y sobre todo que tenga la intención de solucionar el conflicto."*

Ejemplo 3

"Quiero que me pida disculpas y que me pague lo que me corresponde por derecho, ni un centavo más, ni un centavo menos."

Parafraseando la expresión anterior:

> "***Por lo que dice**, con una disculpa queda satisfecha; es un buen inició para ver la cantidad que le corresponde de sus prestaciones"*

3 reglas sencillas para parafrasear de manera efectiva:

PRIMERA REGLA. - Utiliza al inicio del parafraseo **operadores lingüísticos** que ayudan a reducir la actitud defensiva o negativa de las frases originales, como los siguientes:

Entiendo que...
Lo entiendo bien...
Por lo que dice...
De acuerdo a lo que comentas, deduzco que...
Me parece que...

SEGUNDA REGLA. – Elimina las frases o palabras hirientes, ofensivas, repetidas y las que te parezcan inútiles o redundantes.

TERCERA REGLA. – Usa frase palabras positivas y en un contexto de cooperación para solucionar el conflicto.

23.3 Conocimientos en Derecho Laboral

Lo mínimo que como ciudadanos pedimos de cualquier Autoridad, es que los funcionarios a cargo sean especialistas en la materia que versa su labor cotidiana, para el caso de la Conciliación Laboral no es una tarea sencilla, pues los funcionarios encargados de la instancia pre-judicial tienen la necesidad de conocer y entender el carácter social del derecho del trabajo, los derechos humanos laborales que en materia sustantiva se desprenden a favor de la clase trabajadora del artículo 123 Constitucional, los criterios internacionales emitidos por la OIT y el extenso catálogo que se desprende de la LFT; sin olvidar, las obligaciones patronales.

Sin embargo, pese a la extensa gama de conocimientos en materia de derecho del trabajo que debe tener las y los conciliadores, y, la trascendencia social que significa conciliar en materia laboral, las Autoridades Federales consideran que las licenciaturas en Antropología; Bibliotecología y Gestión del Conocimiento; Comunicación Pública; Educación; Escritura Creativa; Relaciones Internacionales; Seguridad Ciudadana; Sociología; Psicología y Trabajo Social. Estos profesionistas deben conocer por lo menos estas 3 circunstancias trascendentes:

23.3.1 Historia del Derecho del Trabajo en México

Resulta primordial para poder comprender la enorme responsabilidad que se tiene al conciliar en materia del Trabajo; la sensibilización de los funcionarios resulta primordial para entender que en sus manos se encuentra la irrenunciabilidad de los derechos del trabajador.

23.3.2 Condiciones de trabajo fundamentales de las relaciones individuales de trabajo

Salario y Aguinaldo; Jornada laboral, tiempo extraordinario y días de descanso; Vacaciones y prima vacacional; Participación de los trabajadores en las utilidades de las empresas.

23.3.3 Cuantificación de prestaciones

En mi experiencia profesional la primera pregunta del trabajador siempre es: ¿Cuánto me van a Pagar?

Por el otro lado, el patrón siempre pregunta: ¿Cuánto debo Pagar?

Sea cualquiera el origen que dio vida al conflicto, la conclusión en el 99% de los casos que se resuelven vía conciliación, se realiza mediante un arreglo económico.

El conciliador debe conocer y entender la naturaleza jurídica del salario base, salario ordinario integrado, salario integrado para conceptos de indemnización, salario devengado y salario vencido o caído; así mismo, debe identificar cómo y cuándo ocupar cada uno de los salarios para cuantificar prestaciones de carácter legal e irrenunciables tales como las <u>vacaciones, prima vacacional, aguinaldo.</u>

También debe conocer el fundamento y la motivación, para poder explicarle a los conciliados y en específico al trabajador; el porqué, no le corresponde en un arreglo conciliatorio el pago de la indemnización constitucional, salarios caídos, 2% de interés capitalizable y 20 días de salario por cada año en que prestó servicios; así como, en qué casos le corresponde el pago de la prima de antigüedad.

Todo lo anterior, requiere de conocimientos aritméticos y jurídicos; así como, información sobre el caso en concreto para poder argumentar de manera precisa los derechos y sobre todo en caso de que lo soliciten los conciliados, hacer propuestas de arreglo económicos sobre las cantidades que conforme a la Ley le corresponden al trabajador por cada uno de los conceptos. Pero, en fin, espero que todos los Conciliadores se encuentren profesionalizados en el tema para no hacer convenios con renuncia de derechos del trabajador.

Ahora bien, en la mayoría de los casos y pensando en que las partes soliciten la Audiencia de conciliación para finiquitar la relación laboral pagando los derechos adquiridos por el trabajador durante el último año o periodo, a continuación de manera muy sencilla y práctica se muestra la forma de calcular las vacaciones, la prima de antigüedad y el aguinaldo.

23.3.3.1 Cálculo de Vacaciones

En primer lugar, se debe establecer que las VACACIONES es un derecho del trabajador que adquiere por el paso del tiempo, por lo que se miden por periodos que abarcan de la data en que inició el vínculo de trabajo y se cumple pasados 365 días o 366 en año bisiesto; así mismo, la LFT en su artículo 76 establece que por el primer periodo le corresponden 6 días de vacaciones y aumentan en 2 días por cada periodo cumplido hasta llegar a 12 días de vacaciones; después del 4° periodo aumentará en 2 días de vacaciones por cada 5 años, como se muestra en la siguiente tabla:

PERIODO	DÍAS DE VACACIONES	PERIODO	DÍAS DE VACACIONES	PERIODO	DÍAS DE VACACIONES	PERIODO	DÍAS DE VACACIONES	PERIODO	DÍAS DE VACACIONES
1	6	6	12	11	14	16	16	21	18
2	8	7	12	12	14	17	16	22	18
3	10	8	12	13	14	18	16	23	18
4	12	9	14	14	16	19	18	24	20
5	12	10	14	15	16	20	18	25	20

Sin perjuicio a que las partes pueden pactar un margen mayor de forma extralegal.

Resaltado lo anterior, la fórmula para calcular los días que le corresponden al trabajador por vacaciones de forma proporcional, es la siguiente:

$$D \div 365 = x \ (DL) = R \ x \ SO = \$V$$

"D" ↔ Días de Vacaciones correspondientes al periodo en que se encuentra
365 ↔ Anualidad
"DL" ↔ Días laborados dentro del periodo
"R" ↔ Resultado en días de vacaciones correspondientes y proporcionales
"SO" ↔ Salario ordinario percibido por el trabajador
"$V" ↔ Cantidad a pagar por concepto de vacaciones

El resultado de los días de vacaciones correspondientes y proporcionales se multiplica por el salario ordinario y de esa forma obtendrás la cantidad económica que le corresponde al trabajador por concepto de **Vacaciones**.

23.3.3.2 Cálculo de Prima Vacacional

Como cuestión previa para el caso del cálculo de la prima vacacional, se debe subrayar que el artículo 80 de la LFT establece un mínimo de 25% de la cantidad que por vacaciones le corresponde al trabajador, aunque de manera extralegal las partes pueden pactar un margen mayor; por lo tanto, es una prestación que se encuentra ligada o es accesoria de las vacaciones, pues esta se calcula en base a la cantidad económica correspondiente a vacaciones. Por lo anterior, es importante que antes de calcular la prima vacacional, obtengas la cantidad a pagar por concepto de vacaciones "$V".

Hecha la aclaración anterior, la fórmula para cuantificar la prima vacacional es la siguiente:

$$\$ \times 0.25 = PV$$

"$" ↔ Cantidad a pagar por concepto de vacaciones
0.25 ↔ 25% como mínimo que marca la LFT

23.3.3.3 Cálculo de Aguinaldo

Primeramente, hay que señalar que el **aguinaldo** se calcula por año, del 1 de enero al 31 de diciembre; así mismo, el mínimo a pagar por concepto de esta prestación conforme el artículo 80 de la LFT es de 15 días por año; aunque de manera extralegal las partes pueden pactar un margen mayor.

$$15 \div 365 = x\ (DL) = R \times SO = \$A$$

15 ↔ Días de salario por Aguinaldo que marca la Ley
365 ↔ Anualidad
"DL" ↔ Días laborados dentro del año
"R" ↔ Resultado en días de aguinaldo correspondientes y proporcionales
"SO" ↔ Salario ordinario percibido por el trabajador
"$A" ↔ Cantidad a pagar por concepto de Aguinaldo

Ejemplo de Cálculo de Vacaciones, Prima Vacacional y Aguinaldo.

Ambas partes se presentan al Centro de Conciliación Laboral y solicitan al Conciliador Laboral que cuantifique el adeudo de las prestaciones de forma proporcional por el último año laborado. Al recabar los datos inherentes al caso, las partes estar de acuerdo en que la relación laboral inició el día 1° de enero del año 2018; que la actora percibía a cambio de sus servicios un salario diario ordinario de $300.00; que le fueron pagados las prestaciones en el año 2019 y 2020; las partes están de acuerdo en dar por terminada la relación laboral el día 25 de noviembre de 2020.

Cálculo

Vacaciones: 10 / 365 = 0.027 x 329 días laborados en el año 2020 = 8.88 días correspondientes y proporcionales a los días laborados en el año 2020. Ahora bien, 8.88 se multiplica por el Salario Diario Ordinario de $300.00 = **$ 5,328.9**

Prima vacacional: $ 5,328.9 X 0.25 = **$ 1, 332.22**

Aguinaldo: 15/365 = 0.041 X 329 = 13.48 días a pagar de aguinaldo X $300.00 = **$ 4,044.00**

Parte proporcional de VACACIONES	**$ 5,328.9**
Parte proporcional de PRIMA VACACIONAL	**$ 1, 332.22**
Parte proporcional de AGUINALDO	**$ 4,044.00**
TOTAL, A PAGAR	**$ 10,705.12**

Ejercicio 1

Un trabajador se presenta al Centro de Conciliación y solicita que además de citar a la parte patronal para conciliar, se cuantifiquen las prestaciones que le adeuda la patronal. Al recabar los datos inherentes al caso, el trabajador indica que la relación laboral inició el día 31 de julio del año 2015; que la actora percibía a cambio de sus servicios un salario diario ordinario de $345.60; que le fueron pagados las prestaciones en el año 2016 y 2017; sin embargo, le adeudan las prestaciones de los años 2018, 2019 y 2020; según lo manifestado por el trabajador lo despidieron el día 1° de noviembre de 2020.

Los resultados son los siguientes:

VACACIONES 2018	**$ 3,456.00**
VACACIONES 2019	**$ 4,147.20**
Parte proporcional de VACACIONES 2020	**$ 1,244.16**
PRIMA VACACIONES 2018, 2019 y proporcional 2020	**$ 1,332.22**
AGUINALDO 2018	**$ 5,184.00**
AGUINALDO 2019	**$ 5,184.00**
Parte proporcional de AGUINALDO 2020	**$ 1,334.02**
TOTAL, A PAGAR	**$ 21,881.06**

De acuerdo a las formulas proporcionadas, cuantifica las prestaciones y compara tus resultados obtenidos con los que se aprecian.

Ejercicio 2

El patrón de una empresa pretende realizar convenio con 3 trabajadores para terminar la relación laboral, se presenta al Centro de Conciliación y solicita el día 17 de noviembre del año 2020, sean citados los trabajadores; además, solicita que en ese momento se cuantifiquen las prestaciones que pudiera adeudarles a cada uno de ellos para tener el dinero preparado el día en que se firme el convenio. Al recabar los datos inherentes al caso, el patrón le indica que Juan ingresó a la empresa el día 15 de junio del año 2000 y percibía un salario de $500.00. Que Karina ingresó a laborar en fecha 15 de febrero de 2015 y percibía un salario de $1,000.00. Y, Alma ingresó a laborar en fecha 15 de diciembre de 2019 y percibía un salario de $1,300.00. Según el dicho del patrón sólo adeuda a cada trabajador y trabajadora las prestaciones correspondientes y proporcionales al último año de servicios. Se pretende terminar la relación laboral el día que sean citados los trabajadores a conciliar y firmar el convenio respectivo.

Determina las prestaciones que le corresponden a cada trabajador; y, cuantifica las cantidades proporcionales que le deben pagar a cada uno de ellos. Como se puede apreciar no es nada fácil cuantificar las prestaciones de acuerdo a la normatividad aplicada al caso concreto. Aunado a la complejidad que significa cuantificar las prestaciones, existen otros temas relacionados con el ámbito humano de los participantes en una audiencia de Conciliación que el funcionario Conciliador debe solventar con experiencia, conocimiento y capacidad.

Como se advirtió anteriormente la forma en la que los funcionarios conciliadores se ganen la confianza de los usuarios puede significar el éxito o fracaso de una sesión la instancia conciliatoria, en mi opinión las buenas prácticas que se realicen en los ejercicios conciliatorios observarse desde el inicio del ejercicio conciliatorio, pues es ahí donde los Conciliados sentirán confianza para seguir construyendo su acuerdo conciliatorio.

24. Argumento para iniciar la sesión conciliatoria en materia laboral

En el entendido de que la Audiencia de Conciliación tiene por objeto que los sujetos conciliados lleguen a un arreglo, respecto a las posiciones, intereses y necesidades que cada uno de ellos tiene; es importante, prestar un servicio de conciliación eficaz y eficiente.

En lo general los principios que rigen tanto al Centro de Conciliación Laboral como a los principios que rigen a los propios conciliadores deberán guiar su actuar; sin embargo, en la práctica hay cuestiones que trascienden en el ánimo de los conciliados para llegar a un buen acuerdo, temas como la puntualidad en la que se inicie el ejercicio conciliatorio, la adecuada ergonomía del lugar, la presencia aseada y pulcra del funcionario, la amabilidad, imagen respetuosa y la fluidez de su desenvolvimiento, serán elementos fundamentales del buen servicio que otorguen las Autoridades Laborales en este nuevo Modelo de Justicia Laboral.

En mi opinión, el clima de confianza que otorgue el funcionario a las partes con su bienvenida y presentación será vital para la buena construcción de los acuerdos tomados en la reunión conciliatoria. De nada o muy poco servirán los conocimientos, experiencia y práctica en el derecho laboral y en materia de resolución de conflictos que tengan los conciliadores, sí al momento de enfrentar la sesión se presenta ante los Conciliados de forma titubeante, con nerviosismo y sin un argumento estructurado.

No existe una sola forma en la que se puede desarrollar la Audiencia de Conciliación, no hay fórmulas perfectas; sin embargo, la estructura presentada en 6 paso puede ayudar a lograr un mejor impacto frente a los Conciliados con el objetivo, de hacerlos sentir en confianza y seguros ante la presencia de un profesional de la Conciliación Laboral.

24.1 Bienvenida a los conciliados

El decir "Buenos días", "Buenas tardes" o incluso "Buenas noches" según corresponda el horario de atención de los Centros de Conciliación, es un deber de cortesía de elemental educación; sin embargo, se debe hacer de la manera correcta o se corre el riesgo de quebrantar la confianza.

Lamentablemente, en la práctica profesional observe en las Juntas de Conciliación y Arbitraje a los funcionarios conciliadores tener un trato exagerado de confianza con algunos abogados particulares; sin duda, esa circunstancia permeaba en la otra parte que consideraba que por tener un lazo de amistad con el conciliador tendría un trato inequitativo e ilegal.

Es por ello que se recomienda saludar de forma igual a todos los presentes en la sala de conciliación, respetando las reglas de la cortesía, equidad de género y leguaje incluyente, de la siguiente forma:

"MUY BUENAS TARDES A TODAS Y TODOS, TOMEN ASIEN-
TO DONDE GUSTEN POR FAVOR, LES DOY LA MÁS CORDIAL

BIENVENIDA AL CENTRO DE CONCILIACIÓN LABORAL DEL ESTADO DE _____…"

24.2 Agradecimiento

Si bien es cierto la instancia conciliatoria es obligatoria en este nuevo procedimiento laboral, será importante agradecer la participación del citado y solicitante en el desarrollo de la Audiencia; de alguna y otra forma eso legitima a los sujetos.

"… AGRADEZCO SU PRESENCIA Y PARTICIPACIÓN EN LA PRESENTE AUDIENCIA DE CONCILIACIÓN…" (se sugiere mirar a todos los presentes durante se dice el agradecimiento).

24.3 Presentación

Sin llegar al protagonismo, es muy importante que los presentes conozcan el nombre del conciliador y una breve reseña de su historia curricular relacionado con el derecho laboral y la conciliación como medio para resolver los conflictos, con el objetivo de que los conciliados sientan la confianza de estar frente a un profesional que se encuentra debidamente capacitado y profesionalizado sobre el tema a conciliar, de la siguiente forma:

"… ME PRESENTO ANTE USTEDES: SOY EL LICENCIADO HUGO ARRIAGA ESTRADA, CUENTO CON MÁS DE 20 AÑOS DE EXPERIENCIA EN DERECHO DEL TRABAJO Y SON CONCILIADOR LABORAL CERTIFICADO DESDE EL AÑO 2017 …"

24.4 Establecer las Reglas de la Sesión

Establecer las reglas de la sesión desde un principio ayuda a establecer un clima de confianza y respeto entre los conciliados; así como, para la Autoridad.

"… LES COMENTO QUE LA PRESENTE SESIÓN SE LLEVARÁ EN UN MARCO DE RESPETO Y CORDIALIDAD, CADA UNO DE USTEDES TENDRÁ LA OPORTUNIDAD DE MANIFESTAR LO QUE CONSIDEREN NECESARIO PARA RESOLVER EL PRESENTE CONFLICTO; ESTÁ PROHIBIDO INTERRUMPIR, GRITAR Y DECIR PALABRAS ALTISONANTES…"

24.5 Mencionar los Principios fundamentales de la Conciliación que aporte confianza a los conciliados

Como lo habíamos mencionado en apartados anteriores existe una enorme gama de principios fundamentales que rigen el actuar de las Autoridades en materia de Derecho del Trabajo; sin embargo, existen 2 principios que abonan a sembrar confianza en los Conciliados y resulta fundamental explicarlos brevemente para que los participantes confíen en la buena fe de la Autoridad.

Me refiero al principio de confidencialidad y voluntariedad, los cuales deben ser explicamos, más o menos de la siguiente forma:

> "… POR ÚLTIMO, PERO NO MENOS IMPORTANTE LES CUENTO QUE LA SESIÓN SE LLEVARÁ RESPETANDO LOS PRINCIPIOS QUE RIGEN AL CENTRO DE CONCILIACIÓN Y A LOS CONCILIADORES DESDE EL MARCO LEGAL Y LA TEORÍA; EN ESE ASPECTO ME GUSTARÍA RESALTAR 2 PRINCIPIOS BÁSICOS: EL DE CONFIDENCIALIDAD EL CUAL DICE QUE TODO LO QUE SE DICE EN ESTA SALA NO PUEDE SER UTILIZADO EN UN PROCEDIMIENTO JURISDICCIONAL; ASÍ QUE PUEDEN HABLAR CON TODA LIBERTAD. ADEMÁS, EL PRINCIPIO DE VOLUNTARIEDAD EL CUAL INDICA QUE ES VOLUNTAD ÚNICA Y EXCLUSIVA DE USTEDES LLEGAR A UN ARREGLO CONCILIATORIA, LA FORMA Y LOS TÉRMINOS FIJADOS LOS CONSTRUYEN USTEDES MISMOS, SIEMPRE Y CUANDO NO REPRESENTEN RENUNCIA DE DERECHO DEL TRABAJADOR…"

24.6 Solicitar se presenten brevemente y Ceder el uso de la palabra

La pregunta más frecuente de los alumnos en este punto es:

¿A quién de los presentes le otorgo el uso de la voz?

No existe una respuesta para ello, bien dice el Maestro Gerardo Becker Annia en sus conferencias magistrales relativas al tema de la Conciliación Laboral, *"no hay reglas para ceder la palabra, si alguien de los presentes quiere tomar la iniciativa… adelante"*.

En ese sentido la sugerencia es que esa precisamente, dejar que ellos escojan quien inicia la plática, de la siguiente forma:

"... DICHO LO ANTERIOR, LES PIDO RESPETUOSAMENTE ME DIGAN SU NOMBRE COMPLETO POR FAVOR... MUCHAS GRACIAS POR PRESENTARSE INICIAREMOS LA CHARLA CON QUIEN GUSTE TOMAR LA PALABRA..." (se sugiere que al decir esa última indicación se pongan las manos sobre la mesa con las palmas arriba, para invitar a cualquiera de las partes).

En el remoto caso de que ninguno hable, hay que invitar al solicitante de la reunión conciliatoria, nos diga él porque estamos en ella, de la siguiente forma:

"... EN VISTA QUE NINGUNO DESEA INICIAR LE PEDIRÉ A QUIEN SOLICITÓ LA AUDIENCIA DE CONCILIACIÓN, NOS DIGA POR QUÉ ESTAMOS AQUÍ..."

Modelo de argumento para iniciar la Sesión Conciliatoria en Materia Laboral sugerido, queda de la siguiente forma:

"Muy buenas tardes a todas y todos, tomen asiento donde gusten por favor, les doy la más cordial bienvenida al Centro de Conciliación Laboral del Estado de _____, agradezco su presencia y participación en la presente audiencia de conciliación. Si me permiten, procedo a presentarme ante Ustedes: soy el licenciado Hugo Arriaga Estrada, cuento con más de 20 años de experiencia en derecho del trabajo y cuento con la certificación en conciliación laboral desde el año 2017. Les comento que la presente sesión se llevará en un marco de respeto y cordialidad, cada uno de ustedes tendrá la oportunidad de manifestar lo que consideren necesario para resolver el presente conflicto; está prohibido interrumpir, gritar y decir palabras altisonantes. Por último, pero no menos importante les cuento que la sesión se llevará bajo los principios que rigen al Centro de Conciliación y los conciliadores desde el marco legal y la teoría; en ese aspecto me gustaría resaltar 2 principios básicos: el de CONFIDENCIALIDAD el cual dice que todo lo que se dice en esta sala no puede ser utilizado en un procedimiento jurisdiccional; así que pueden hablar con toda libertad. Además, el principio de VOLUNTARIEDAD el cual indica que es voluntad única y exclusiva de ustedes llegar a un arreglo conciliatoria, la forma y los términos fijados los construyen ustedes mismos, siempre y cuando no representen renuncia de derechos del trabajador; dicho lo anterior, iniciaremos la charla con quien guste tomar la palabra ..."

El modelo propuesto se encuentra diseñado bajo un lenguaje sencillo que los conciliados entiendan; además, es conciso y preciso para crear un clima de confianza y cordialidad entre los presentes a la reunión conciliatoria.

25. Construcción del arreglo conciliatorio

En este momento el Conciliador debe escuchar a las partes, identificar el problema y encontrar soluciones. La pregunta obligada es ¿Cómo hacerlo?

A propósito de las herramientas y habilidades propias del conciliador la respuesta a la anterior pregunta es ocuparlas de manera atingente todas y cada una de ellas; a continuación, algunos consejos para estar en el aquí y en el ahora de la Conciliación, con el objetivo de que no se escape ningún punto importante:

1. Poner aguda atención (escucha activa y propiciar la comunicación efectiva).
2. Siempre tener lápiz y papel para anotar las cuestiones importantes.
3. Propiciar la creatividad de los conciliados para proponer soluciones.
4. Trabajar sobre acuerdos alcanzables; por ejemplo, no ofrecer cantidades exorbitantes a cambio de no reinstalar al trabajador.
5. Solicitar a los conciliados aporten lluvia de ideas sobre posibles soluciones; por ejemplo, que digan que beneficios hay sobre una posible reincorporación del trabajador al servicio de la patronal.
6. Solucionar lo más sencillo en primer lugar; por ejemplo, estar de acuerdo en el salario y pago de prestaciones proporcionales.
7. En caso de entramparse en una cuestión, saltarla y dejarla en último.
8. Resaltar los acuerdos obtenidos cuando surja un punto de desacuerdo; por ejemplo, enaltecer los beneficios de no llegar a una etapa judicial.
9. Trabajar sobre opciones benéficas para ambas partes sobre los puntos en desacuerdo; por ejemplo, en un acuerdo económico resaltar la opción de hacerlo en parcialidades.
10. Tomar decisiones, para obtener acuerdos satisfactorios; por ejemplo, pedir que una parte ceda en un punto de desacuerdo a cambio de ganar otro punto (ganar-ganar).

25.1 Modelo de Convenio

Una vez que llegaron los conciliados a un acuerdo, el conciliador debe levantar el Convenio respectivo, que tendrá las siguientes características:

25.1.1 Condición de cosa juzgada

Al operar la cosa juzgada en los Convenios realizados en los Centros de Conciliación Laboral, se entiende que es una determinación que es inimpugnable; es decir, que no admite recurso alguno; es inmutabilidad; es decir, que no se puede modificar; y, es una decisión definitiva.

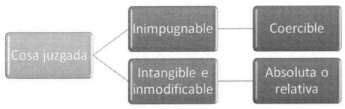

Por lo tanto, en el caso que un convenio sea recurrido por cualquier vía, el Centro de Conciliación deberá rechazar la solicitud de una nueva conciliación; así mismo, en el caso de impugnarlo vía jurisdiccional el Juzgador deberá desechar la demanda.

25.2 Calidad de un título para iniciar acciones ejecutivas

El Convenio celebrado ante los Centros de Conciliación, hace la vez de un título de crédito que no requiere de ratificación como lo indica la fracción XIII del artículo 684-E. En palabras llanas esto quiere decir que, en caso de incumplimiento del convenio, la parte agraviada por el incumplimiento deberá ejercitar acción vía ejecución de acuerdo a lo estipulado en TITULO QUINCE, de los Procedimientos de Ejecución, CAPÍTULO I, Sección Primera, Disposiciones Generales, de los artículos 939 al 949.

25.3 Pena convencional, para los supuestos en que se pacten pagos diferidos

La pena convencional antes de la reforma del 1° de mayo de 2019 a la LFT, era una cuestión de hecho y no derecho; lo anterior, ya que, en los convenios denunciados ante las diferentes Autoridades Laborales, las partes señalaban una pena convencional para el caso del incumplimiento por parte de la demandada.

Sin embargo, ahora en la LFT reformada el 1° de mayo de 2019, se establece de manera categórica en el último párrafo del artículo 684-E, el pago de una pena convencional al decir el texto normativo:

> *"En caso de que las partes establezcan pagos diferidos, en una o más parcialidades a cubrir en fecha diversa a la celebración del convenio, deberá fijarse una pena convencional para el caso de incumplimiento, ésta consistirá en una cantidad no menor al salario diario del traba-*

jador por cada día que transcurra sin que se dé cumplimiento cabal al convenio."

Disposición que además de darle seguridad jurídica a la parte trabajadora a la hora de firmar un convenio, el Estado cumple con el principio de progresividad de la norma laboral. Ahora bien, la propuesta de modelo de convenio laboral ante los Centros de Conciliación de las Entidades Federativas que atiendan los conflictos laborales individuales, se presenta en 2 modalidades:

El primero en modalidad de Convenio con pago TOTAL
El segundo en modalidad de Convenio Denunciado con pagos parciales

25.4 Modelo de acuerdo de Pago total

CENTRO DE CONCILIACIÓN LABORAL
DEL ESTADO DE _____

EXPEDIENTE DE CONCILIACIÓN N° 001/2020

CONCILIADOS: PATITOS S.A. y C. ADRIANA ALÍ VARGAS

CONVENIO

En la Ciudad de _____, Estado de _____ a 17 de noviembre de dos mil veinte, el Conciliador Certificado, licenciado en Derecho Hugo Arriaga Estrada da fe que ante este Centro de Conciliación Laboral del Estado de _____ COMPARECE: La solicitante C. ADRIANA ALÍ VARGAS, quien se identifica con su credencial para votar expedida por el INE con número de folio 0000000001, misma que exhibe en original y copia para que previa constancias en el presente expediente, le sea devuelta el original por serle de utilidad; y, por la parte demandada PATITOS, S.A. comparece su apoderada legal la C. ANGEL LIN MELCHOR quien acredita su personalidad con el original del Poder Notarial número 80000 pasado ante la fe pública del Notario 1 de la Ciudad de México, mismo que exhibe en original y copia para que previa constancias que obre en autos le sea devuelta el original por serle de utilidad y se identifica con pasaporte expedido por la secretaria de relaciones exteriores de número G011111148 mismo que exhibe en original y copia para que previa constancias que obre en autos le sea devuelta el original por serle de utilidad .----------
----

El conciliador hace constar que luego de discutir diversas fórmulas de arreglo, las partes llegaron libre y voluntariamente a un acuerdo conciliatorio total sobre las pretensiones de la parte solicitante, teniendo en cuenta la protección especial a los derechos ciertos e indiscutibles del trabajador y demás prerrogativas contempladas en la Constitución Política y la ley, en los siguientes términos:

PRIMERA. - Las partes reconocen la existencia de una relación laboral, misma que dan por terminada en esta fecha con fundamento en el artículo 53 fracción I de la Ley Federal del Trabajo. -- --------------------------------------

SEGUNDA. - La empresa demandada PATITOS, S.A., por voz de su apoderado legal se compromete entregar a la solicitante la cantidad de **$ 21,881.06** (VEINTIÚN MIL OCHOCIENTOS OCHENTA Y UN PESOS 06/100 M.N.), en este momento; por concepto de las siguientes prestaciones:

VACACIONES 2018	**$ 3,456.00**
VACACIONES 2019	**$ 4,147.20**
Parte proporcional de VACACIONES 2020	**$ 1,244.16**
PRIMA VACACIONES 2018, 2019 y proporcional 2020	**$ 1,332.22**
AGUINALDO 2018	**$ 5,184.00**
AGUINALDO 2019	**$ 5,184.00**
Parte proporcional de AGUINALDO 2020	**$ 1,334.02**
TOTAL, A PAGAR	**$ 21,881.06**

TERCERA. - Los conciliados no se reservan derecho ni acción que ejercitar en lo futuro por ninguna materia ya sea civil penal, mercantil, administrativa, laboral o cualquier otra. -------

CUARTA.- Ambas partes ratifican en todas sus partes el presente convenio, solicitando su aprobación por no contener cláusula contraria a la moral o al derecho. --------------------------

El C. Conciliador da fe de la entrega a la C. ADRIANA ALÍ VARGAS, DE LA CANTIDAD DE **$ 21,881.06** (VEINTIÚN MIL OCHOCIENTOS OCHENTA Y UN PESOS 06/100 M.N.) en cheque de caja 000001, de fecha diecisiete de noviembre de dos mil veinte, con cargo al Banco Mercantil del Norte, S.A. Institución de Banca Múltiple Grupo Financiero Banorte, y a favor de la C. ADRIANA ALÍ VARGAS, quien lo recibe a su entera conformidad firmando al margen y estampando su huella digital al margen para constancia de su recibo. Y como lo solicita la C. ADRIANA ALÍ VARGASt personalmente se le concede un término de **TRES DÍAS HÁBILES**, contados a partir de que surta sus efectos de notificación el presente acuerdo para que manifieste ante esta autoridad sobre el buen cobro del título de crédito exhibido por la empresa PATITOS, S.A., con el apercibimiento para la C. ADRIANA ALÍ VARGASt que para el caso de no hacer manifestación alguna dentro de dicho término se tendrá por cubierto el mismo y se archivará el presente expediente como asunto total y definitivamente concluido y apercibiendo a la demandada para el caso de no contar con fondos suficientes en la cuenta del cheque que exhibe, se dejaran a salvo los derechos de la trabajadora para que vía ejecución ante la Autoridad

Judicial se someta al procedimiento correspondiente, al no tenerse por cumplimentado el presente convenio. Doy Fe. ------------

NOTIFÍQUESE EN ESTE ACTO.- Impuestos los comparecientes del CONVENIO QUE SE ELEVA A CATEGORIA DE COSA JUZGADA con fundamento en la fracción XX del artículo 123 de la Constitución Política de los Estados Unidos Mexicanos y el artículo 684-E fracción XIII, firman al margen para debida constancia legal.- Así lo acordó y firmo el LIC. HUGO ARRIAGA ESTRADA, Conciliador certificado del Centro de Conciliación Estatal del Estado de _____.- Doy Fe. -------------------------------

25.5 Modelo de Pago en parcialidades

CENTRO DE CONCILIACIÓN LABORAL
DEL ESTADO DE _____

EXPEDIENTE DE CONCILIACIÓN N° 001/2020
CONCILIADOS: PATITOS S.A. y C. ADRIANA ALÍ VARGAS

CONVENIO

En la Ciudad de _____, Estado de _____ a 17 de noviembre de dos mil veinte, el Conciliador Certificado, licenciado en Derecho Hugo Arriaga Estrada da fe que ante este Centro de Conciliación Laboral del Estado de _____ COMPARECE: La solicitante C. ADRIANA ALÍ VARGAS, quien se identifica con su credencial para votar expedida por el INE con número de folio 0000000001, misma que exhibe en original y copia para que previa constancias en el presente expediente, le sea devuelta el original por serle de utilidad; y, por la parte demandada PATITOS, S.A. comparece su apoderada legal la C. ANGEL LIN MELCHOR quien acredita su personalidad con el original del Poder Notarial número 80000 pasado ante la fe pública del Notario 1 de la Ciudad de México, mismo que exhibe en original y copia para que previa constancias que obre en autos le sea devuelta el original por serle de utilidad y se identifica con pasaporte expedido por la secretaria de relaciones exteriores de número G011111148 mismo que exhibe en original y copia para que previa constancias que obre en autos le sea devuelta el original por serle de utilidad.-------------------------

El conciliador hace constar que luego de discutir diversas fórmulas de arreglo, las partes llegaron libre y voluntariamente a un acuerdo conciliatorio total sobre las pretensiones de la parte solicitante, teniendo en cuenta la protección especial a los derechos ciertos e indiscutibles del trabajador y demás prerrogativas contempladas en la Constitución Política y la ley, en los siguientes términos:

PRIMERA. - Las partes reconocen la existencia de una relación laboral, misma que dan por terminada en esta fecha con fundamento en el artículo 53 fracción I de la Ley Federal del Trabajo. --

SEGUNDA. - La empresa demandada PATITOS, S.A., por voz de su apoderado legal se compromete entregar a la solicitante la cantidad de **$ 21,881.06** (VEINTIÚN MIL OCHOCIENTOS OCHENTA Y UN PESOS 06/100 M.N.), en 2 parcialidades; el primer pago a los 15 días después de haber firmado el presente convenio por la cantidad de **$ 10,000.00** (DIEZ MIL PESOS 00/100 M.N.) y 30 días después del primer pago se realizará el segundo párrafo por la cantidad de **$ 11,881.06** (ONCE MIL OCHOCIENTOS OCHENTA Y UN PESOS 06/100 M.N.); por concepto de las siguientes prestaciones:

VACACIONES 2018	**$ 3,456.00**
VACACIONES 2019	**$ 4,147.20**
Parte proporcional de VACACIONES 2020	**$ 1,244.16**
PRIMA VACACIONES 2018, 2019 y proporcional 2020	**$ 1,332.22**
AGUINALDO 2018	**$ 5,184.00**
AGUINALDO 2019	**$ 5,184.00**
Parte proporcional de AGUINALDO 2020	**$ 1,334.02**
TOTAL, A PAGAR	**$ 21,881.06**

TERCERA. - Los conciliados no se reservan derecho ni acción que ejercitar en lo futuro por ninguna materia ya sea civil penal, mercantil, administrativa, laboral o cualquier otra. -------

CUARTA. - Ambas partes ratifican en todas sus partes el presente convenio, solicitando su aprobación por no contener cláusula contraria a la moral o al derecho. --------------------------

El C. Conciliador da fe de las manifestaciones realizadas por las partes, apercibiendo a la demandada para el caso de no cumplir con lo pactado en el presente convenio, se dejaran a salvo los derechos de la trabajadora para que vía ejecución ante la Autoridad Judicial se someta al procedimiento correspondiente, ya que el presente convenio tiene la característica de un título de crédito para iniciar acciones ejecutivas sin necesidad de ratificación, al no tenerse por cumplimentado el presente convenio; así mismo, y sólo para el único de incumplimiento se estable una pena convencional de $300.00 por cada día de incumplimiento. Doy Fe. -----

NOTIFÍQUESE EN ESTE ACTO.- Impuestos los comparecientes del convenio que se eleva a categoría de cosa juzgada con fundamento en la fracción XX del artículo 123 de la Constitución Política de los Estados Unidos Mexicanos y el artículo 684-E fracción XIII, firman al margen para debida constancia legal.- Así lo acordó y firmo el LIC. HUGO ARRIAGA ESTRADA, Conciliador certificado del Centro de Conciliación Estatal del Estado de _____.- Doy Fe. ---

26. Archivo por falta de interés

Es una de las estadísticas que a pocos les interesa, pero hoy en día ante las Juntas Locales de Conciliación y Arbitraje las partes se desisten de la demanda interpuesta por carecer de interés en el Juicio.

En el nuevo procedimiento prejudicial se encuentra latente esta posibilidad, y es que no hay que olvidar que es un derecho subjetivo del ser humano hacer uso de la Autoridades para ejercer sus derechos, incluso por la vía de la conciliación laboral o cualquier otro medio de solución de controversias.

Por lo que se propone que para el caso de que exista falta de interés por parte del solicitante de la Audiencia de Conciliación se emita un acuerdo que contenga los siguientes datos:

1. Lugar y fecha de presentación de la solicitud de conciliación.
2. Lugar y fecha en que se celebró la audiencia, toda vez que la constancia
3. Parte (s) solicitante(s) y citada(s) con indicación de las que asistieron u omitieron asistir.
4. Firma del conciliador.

26.1 Modelo de acuerdo de archivo por Falta de Interés

CENTRO DE CONCILIACIÓN LABORAL
DEL ESTADO DE _____

EXPEDIENTE DE CONCILIACIÓN N° 001/2020

CONCILIADOS: PATITOS S.A. y C. ADRIANA ALÍ VARGAS

ARCHIVO POR FALTA DE INTERÉS

En la Ciudad de _____, Estado de _____ a 17 de noviembre de dos mil veinte, el Conciliador Certificado, licenciado en Derecho Hugo Arriaga Estrada da fe que ante este Centro de Conciliación Laboral del Estado de _____
COMPARECE: La parte citada PATITOS S.A., quien comparece su apoderada legal la C. ANGEL LIN MELCHOR quien acredita su personalidad con el original del Poder Notarial número 80000 pasado ante la fe pública del Notario 1 de la Ciudad de México, mismo que exhibe en original y copia para que previa constancias que obre en autos le sea devuelta el original por serle de utilidad y se identifica con pasaporte expedido por la secretaria de relaciones exteriores de número G011111148 mismo

que exhibe en original y copia para que previa constancias que obre en autos le sea devuelta el original por serle de utilidad; sin embargo, la parte solicitado omitió asistir a la Audiencia señalada para este día. Doy Fe.

NOTIFÍQUESE EN ESTE ACTO.- Impuesta la citada compareciente se expide la presente constancia para los efectos legales a que haya lugar, se archiva el presente expediente por falta de interés por parte de la solicitante, firma al margen para debida constancia legal.- Así lo acordó y firmo el LIC. HUGO ARRIAGA ESTRADA, Conciliador certificado del Centro de Conciliación Estatal del Estado de____. Doy Fe. -------------------------------

27. Constancia de NO Conciliación

Aunque parezca una paradoja, uno de los derechos que tienen los Conciliados es el derecho a NO CONCILIAR; es ahí donde el principio de voluntariedad de las partes se encuentra salvaguardado, ya que los presentes en una Audiencia de Conciliación pueden manifestar desde el mismo momento de iniciar la sesión que no es su deseo llegar a un arreglo conciliatoria. En este caso, la LFT omite fijar los requisitos mínimos de información que el conciliador debe incorporar a dicho documento, pues en debida congruencia con el principio de confidencialidad que rige la labor Conciliatoria LA CONSTANCIA DE NO ACUERDO debe de contar con el mínimo de información, cualquiera que sea el motivo de su emisión.

Por lo que se propone que la Constancia de no conciliación contenga los siguientes datos:

1. Lugar y fecha de presentación de la solicitud de conciliación.
2. Lugar y fecha en que se celebró la audiencia, toda vez que la constancia
3. Parte (s) solicitante(s) y citada(s) con indicación de las que asistieron u omitieron asistir.
4. Firma del conciliador.

27.1 Modelo de Constancia de NO CONCILIACIÓN

CENTRO DE CONCILIACIÓN LABORAL
DEL ESTADO DE _____

EXPEDIENTE DE CONCILIACIÓN N° 001/2020

CONCILIADOS: PATITOS S.A. y C. ADRIANA ALÍ VARGAS

CONSTANCIA DE NO CONCILIACIÓN

En la Ciudad de _____, Estado de _____ a 17 de noviembre de dos mil veinte, el Conciliador Certificado, licenciado en Derecho Hugo Arriaga Estrada da fe que ante este Centro de Conciliación Laboral del Estado de _____ COMPARECE: La solicitante C. ADRIANA ALÍ VARGAS, quien se identifica con su credencial para votar expedida por el INE con número de folio 0000000001, misma que exhibe en original y copia para que previa constancias en el presente expediente, le sea devuelta el original por serle de utilidad; sin embargo, la parte citada omitió asistir a la Audiencia señalada para este día. Doy Fe. --

NOTIFÍQUESE EN ESTE ACTO.- Impuesta la solicitante compareciente se expide la presente constancia para los efectos legales a que haya lugar, dejando a salvo los derecho de la compareciente para que haga valer sus derechos por la vía jurisdiccional, reanudándose el plazo prescriptivo al día hábil siguiente de la presente notificación, se archiva el presente expediente por falta de interés por parte de la solicitante, firma al margen para debida constancia legal.- Así lo acordó y firmo el LIC. HUGO ARRIAGA ESTRADA, Conciliador certificado del Centro de Conciliación Estatal del Estado de____. Doy Fe. --

CONCLUSIÓN DEL AUTOR

La trascendencia del mundo del trabajo es indudable, a todos nos preocupan las cuestiones relativas al trabajo, ya sea como patrón, trabajador o autoridad; decía Mario de la Cueva que *EL TRABAJO ES UN VALOR SUPREMO DE LA VIDA HUMANA;* la frase por si sola tiene mucho sentido, pues no se puede concebir una sociedad moderna sin que los seres humanos que la conforman tengan una manera honesta de ganarse el sustento diario para tener una vida digna.

Consecuentemente hablar de la implementación de un nuevo Modelo de Justicia Laboral que se vuelva un revulsivo que trastoque a toda la Sociedad Mexicana, otorgando seguridad jurídica a los gobernados, es una utopía que valga la redundancia parece inalcanzable. Pensar que el cambio normativo y la creación de nuevas Autoridades Laborales con varitas mágicas que resolverán todos los problemas que históricamente viene arrastrando la Justicia Laboral es un grave error.

El Poder Judicial Federal y los Poderes Judicial de las Entidades Federativas tiene quizá los mismos vicios que actualmente padecemos y las Juntas de Conciliación y Arbitraje; de las malas prácticas de un modelo de justicia y del mismo sistema jurídico mexicano todos somos culpables.

Todos los involucrados en el Derecho Laboral debemos aportar nuestro granito de arena para mejorar las bases que con las que contamos desde hace más de un siglo, concientizar a las futuras generaciones que los conflictos laborales tiene un impacto social enorme será una tarea a largo plazo a partir de la instauración de la Nueva Justicia Laboral.

Varios retos se avecinan para todos los involucrados en la Justicia Laboral, pero el más importante de todos es la de RECUPERAR LA CONFIANZA del Ciudadano, de otorgar instituciones sólidas, eficientes y eficaces que contribuyan en el ámbito del trabajo para otorgar la Paz Social que todos los Mexicanos nos merecemos; el derecho a un trabajo digno y decente, a la permanencia en el empleo y porque no decirlo; a encontrar los métodos para culminar las relaciones laborales aplicando la cultura del cumplimiento, la cultura de la responsabilidad, la cultura de la prevención y sobre una cultura de paz que nos permita resolver los conflictos laborales sin generar más conflictos.

La intención del poder reformador es que la mayor parte de los conflictos laborales se resuelva vía la Conciliación Laboral; sin embargo, el Ciudadano de a pie no lo sabe, no conoce sus derechos y obligaciones; en ese sentido resulta impensable imaginar a una sociedad resolviendo por si misma sus conflictos laborales individuales.

El Manual Sobre la Nueva Justicia Laboral tiene como principal objetivo el despertar la duda y la inquietud mediante el estudio de la teoría aplicada en la práctica, con la única intención de que su lector tenga el deseo de seguir conociendo y aprendiendo sobre esta rama del derecho que al igual de excelsa es extensa. En la última parte de la presente obra se analizó el supuesto donde el Centro de Conciliación Laboral entrega la Constancia de NO CONCILIACIÓN, abriendo la puerta a que la o las personas que se sientan afectas en sus derechos humanos laborales, lo hagan valer por la vía de la Tutela Judicial.

En el Segundo Tomo del Manual Sobre la Nueva Justicia Laboral se desarrollará precisamente la forma en la que los Ciudadanos podrán ejercer su derecho subjetivo de acceso a la Justicia; pero visto desde la visión de todos los involucrados, como lo son la clase trabajadora, la clase patronal, los Abogados de partes y por supuesto las nuevas Autoridades Laborales Judiciales.

Licenciado Hugo Arriaga Estrada

COMENTARIO FINAL

Licenciado GERARDO BECKER ANIA, Presidente del Tribunal de Conciliación y Arbitraje del Estado de México.

LA CONCILIACIÓN
LA "NUEVA" ESPERANZA DEL SISTEMA PROCESAL LABORAL

Quiero agradecer la oportunidad otorgada por el autor de la presente obra para realizar un comentario final a propósito de la Conciliación Laboral. La amplia y reconocida experiencia del licenciado Hugo Arriaga Estrada, en materia de Derecho del Trabajo y Medios para Solucionar Controversias, se plasman fielmente en el presente **MANUAL PRÁCTICO SOBRELA NUEVA JUSTICIA LABORAL EN MÉXICO.**

Entramos a una nueva era laboral, nuestra historia está por definirse, no solo como impartidores de justicia, sino como País en general.

La entrada de la reforma laboral del 2019 trajo consigo una **"Re-imaginación"** completa del procedimiento ordinario laboral individual y los procesos colectivos. Bajo dicha reforma, todos los procesos individuales (con ciertas excepciones) deberán obligatoriamente transitar por una instancia conciliatoria previa (dependiente del Poder Ejecutivo) llamados: "centros de conciliación laboral" buscando una solución amistosa del conflicto y, para aquellos casos desafortunados de no alcanzarlo, se continuará con el proceso jurisdiccional ante los nuevos Tribunales laborales dependientes del Poder Judicial.

Como sabemos, anteriormente la conciliación laboral siempre existió acorde a una etapa debidamente señalada por la ley de la materia, sin embargo, la falta de profesionalización de los servidores públicos, y sobre todo, el notorio desinterés de las partes involucradas, debilitaron la etapa procesal al grado de que muchos, la consideraron innecesaria e ineficaz.

El modelo de un organismo conciliatorio no es nuevo, tiene sus antecedentes desde 1951 conforme a la recomendación 092 de la Organización Internacional del Trabajo que se sugiere que los Países integrantes conformen organismos especializados que sean voluntarios, gratuitos, innovadores e independientes. Algunos ejemplos internacionales son: El Servicio Federal de Mediación y Conciliación de los Estados Unidos (1947), El Instituto de Mediación, Arbitraje y Conciliación en Reino Unido (1896), La Comisión de Relaciones Laborales en Irlanda (1990), la Comisión para la Conciliación, la Mediación y el Arbitraje de Sudáfrica (1995) y la fundación SIMA de España (1996) y en México, la Procuraduría de la defensa del trabajo (1929).

Ahora, con esta nueva reforma y quizá, la más importante en toda la historia laboral de nuestro País, tenemos una trascendental oportunidad de conformar un cambio verdadero y romper los paradigmas de tantos años de escepticismo de los beneficios y la utilidad conciliatoria.

Dicho cambio, para su éxito, deberá radicar en dos aspectos importantes los cuales soy un apasionado creyente: (a) La profesionalización en la materia, y (b) la entrega al servicio de los servidores públicos conciliadores con los más altos estándares éticos al servicio de la ciudadanía.

En primer lugar, pues cada nuevo conciliador deberá prepararse, ser responsable de su crecimiento profesional, buscar la mejora en sus servicios y acreditar preferentemente sus conocimientos bajo el nuevo estándar de competencia EC1250 creado por el Consejo Nacional de Normalización y Certificación de Competencias Laborales (CONOCER) que es una entidad paraestatal sectorizada a la Secretaría de Educación Pública, como un órgano de gobierno tripartita con representantes de los trabajadores, los empresarios y el gobierno, o en su defecto, aprender y poner en marcha las disposiciones internacionales sugeridas por la Organización Internacional del Trabajo (OIT) donde el Estado de México es líder en la preparación de sus mediadores.

Es elemental que, cada conciliador reconozca y desarrolle sus capacidades personales natas (**SOFT SKILLS**) como lo son la empatía, la paciencia, el liderazgo, la amabilidad, entre otros y potencializar y pulir aquellas otras habilidades adquiridas por la experiencia profesional (**HARD SKILLS**), como el trabajo en equipo, la imparcialidad, la oratoria, la proactividad, la puntualidad, entre muchas otras.

Desde mi perspectiva, resulta indispensable que cada conciliador aprenda incluso el "**poder de la lectura de la comunicación no verbal**", pues como lo describen Allan y Bárbara Pease:

> "…*El lenguaje del cuerpo es un reflejo externo de la condición emocional de la persona. Cada gesto o movimiento puede ser una clave valiosa para descubrir una emoción concreta…*".

Elementos de comunicación que el autor de la presente obra destaca de manera importante y aporta elementos que los nuevos conciliadores deberán conocer y aplicar para desenmascarar en sus reuniones conciliatorias los gestos, signos e indicios silenciosos que cada una de las partes involucradas en el proceso conciliatorio con el objetivo de interpretar las emociones; sin duda, esas herramientas incrementaran las posibilidades de éxito para alcanzar acuerdos efectivos potencialmente, pues según estudios, el lenguaje del cuerpo es responsable entre el 60% y el 80% del impacto sobre una mesa de negociación.

Así de imponente es la lectura y comprensión de los gestos humanos, donde todos los ocultan, pero pueden ser leídos por solo aquellos que tengan el interés de estudiar la materia y aventajarse en el proceso. Un saludo, una mirada, una sonrisa y hasta la posición de los brazos y piernas al sentarse, lo dicen todo.

Por otro lado, la verdadera entrega al servicio público será una nueva gran oportunidad de generar confianza ciudadana, nuestro País requiere de una nueva generación de servidores públicos que conecten con la ciudadanía y que recobren diariamente la esperanza y credulidad de las instituciones. Este desarrollo humano íntegro y puro de los conciliadores deberá ser supervisado y evaluado a la par con el desempeño de sus labores. No podemos transitar a conciliaciones efectivas si desde un inicio las partes involucradas que acuden al sistema se sienten inseguras e incrédulas.

No todos los asuntos podrán ser conciliados, algunos por restricciones de ley, otros más, por la grave falta de cultura conciliatoria, pero si nos esforzamos a lograr una constante efectividad de mínimo un 80% de negociaciones satisfactorias, un profesionalismo constante y una entrega franca y convencida al servicio público, los trabajadores, las empresas, los sindicatos, el aparato gubernamental y en sí, nuestro México, seremos beneficiados de esta integración a una nueva cultura conciliatoria y de impartición de justicia, cumpliendo así, con las expectativas de reivindicación social, la certidumbre empresarial y obrera, y con las exigencias internacionales.

El cambio es nuestro, está en ti, y es hoy.

GERARDO BECKER ANIA
Presidente del Tribunal de Conciliación y Arbitraje del Estado de México.

"La voluntad es el cambio" ®

Made in the USA
Columbia, SC
04 April 2021